中国共产党
四川历史十讲

ZHONGGUOGONGCHANDANG SICHUAN LISHI SHI JIANG

中共四川省委党校　中共四川省委党史研究室。著

四川人民出版社

图书在版编目（CIP）数据

中国共产党四川历史十讲/中共四川省委党校，中共四川省委党史研究室著. —成都：四川人民出版社，2020.2
（2021.7重印）
ISBN 978-7-220-11803-6

Ⅰ.①中… Ⅱ.①中… ②中… Ⅲ.①中国共产党-地方组织-党史-四川 Ⅳ.①D235.71

中国版本图书馆CIP数据核字（2020）第034288号

ZHONGGUOGONGCHANDANG SICHUAN LISHI SHI JIANG
中国共产党四川历史十讲
中共四川省委党校　中共四川省委党史研究室　著

出 版 人	黄立新
责任编辑	江　澄　董　玲
封面设计	张迪茗
内文设计	戴雨虹
责任校对	林　泉
责任印制	周　奇
出版发行	四川人民出版社（成都市槐树街2号）
网　　址	http://www.scpph.com
E-mail	scrmcbs@sina.com
新浪微博	@四川人民出版社
微信公众号	四川人民出版社
发行部业务电话	（028）86259624　86259453
防盗版举报电话	（028）86259624
照　　排	四川胜翔数码印务设计有限公司
印　　刷	四川机投印务有限公司
成品尺寸	170mm×240mm
印　　张	18
字　　数	250千
版　　次	2020年2月第1版
印　　次	2021年7月第4次印刷
书　　号	ISBN 978-7-220-11803-6
定　　价	48.00元

■版权所有·侵权必究
本书若出现印装质量问题，请与我社发行部联系调换
电话：（028）86259453

目录

前　言 /001

第一讲　四川党组织的创建与发展 /001

第二讲　第一次国共合作与泸顺起义 /029

第三讲　关于川陕革命根据地的几个问题 /054

第四讲　红军长征在四川 /082

第五讲　四川党组织和广大党员在抗战中的作用与贡献 /098

第六讲　第二条战线的开辟与武装斗争的开展 /123

第七讲　人民政权的建立和巩固 /161

第八讲　社会主义建设道路的艰辛探索 /193

第九讲　三线建设在四川 /221

第十讲　结束"文化大革命"，开启历史新纪元 /251

后　记 /279

前言

中国共产党四川历史十讲

本书是中共四川省委党校党史党建教研部与中共四川省委党史研究室的党史研究者们通力合作的成果。全书共十讲。

第一讲《四川党组织的创建与发展》，讲述了在中共中央的领导下，从1923年10月到1949年12月，四川地方党组织创建—发展—受挫—再发展的艰难历程，史料翔实，评论精当，文笔生动，引人入胜，富于启迪。

第二讲《第一次国共合作与泸顺起义》，讲述了1926年12月至1927年5月泸顺起义的历史背景、准备工作和主要经过，分析了起义失败的原因，揭示了起义的重大意义，使我们对大革命时期党领导的这一重大军事行动有全面、清晰的了解。

第三讲《关于川陕革命根据地的几个问题》，讲述了川陕革命根据地创建和发展的经过，描绘了红四方面军"解放通南巴"，反"三路围攻""三次进攻""六路围攻"，发动"三个战役"的壮阔画面，展示了川陕苏区在军队、政权、经济、社会和文化建设方面取得的巨大成就，还附有川陕革命根

据地主要红色旅游资源简介,为红色旅游资源开发提供了指南。

第四讲《红军长征在四川》,讲述了中央红军(红一方面军)四渡赤水、南渡乌江、佯攻贵阳、威逼昆明、巧渡金沙江、穿越大凉山、强渡大渡河、飞夺泸定桥、会师懋功、翻越夹金山、跨过草地、终于到达陕北吴起镇的波澜壮阔的历程,高度赞扬了遵义会议后毛泽东的正确领导和高超的军事指挥艺术,严厉批判了张国焘另立中央、分裂中央的罪恶行径。

第五讲《四川党组织和广大党员在抗战中的作用与贡献》,讲述了在抗日战争时期,四川党组织的恢复和发展,聚焦他们做的大量工作与贡献:组织抗日集会、动员青年参军、组织群众捐款捐物、开展宣传活动和上层统战工作、投身抗战最前线等,热情讴歌了赵一曼、陈修文等抗日英雄的感人事迹,读来令人荡气回肠,肃然起敬。

第六讲《第二条战线的开辟与武装斗争的开展》,讲述了抗战胜利后四川党组织的恢复与加强,着重描述了他们在国统区开辟第二条战线、开展武装斗争和为迎接四川解放所做的大量工作,展示了共产党人在中国面临两种命运、两种前途大决战时在四川卓有成效的工作和精神风貌。

第七讲《人民政权的建立和巩固》,讲述了从1949年底到1956年底的七年时间里,四川党组织在建政、剿匪、土改、"三大改造"、少数民族地区民主改革和实施"一五"计划中取得的成就,让人重回那凯歌行进的年代。

第八讲《社会主义建设道路的艰辛探索》,讲述了四川开展整风运动、反右派斗争、"大跃进"、人民公社化运动和调整国民经济的情况,从中可以了解探索符合中国国情社会主义建设道路所经历的严重曲折,以及付出的高昂代价,令人唏嘘不已,深感中国特色社会主义道路来之不易,值得倍加珍惜。

第九讲《三线建设在四川》,讲述了三线建设的决策经过、组织实施情况和四川的重点项目,揭示了三线建设的意义和存在的问题,使我们对四川三线建设有一个全面深入的了解,对四川党组织在实施三线建设中的忘我工作、无私奉献精神由衷赞叹。

第十讲《结束"文化大革命",开启历史新纪元》,讲述了四川"文化大革命"的经过、1975年的整顿、经济管理体制改革试点等情况。令人印象深刻的是,"文化大革命"给四川各方面造成了巨大损失和破坏,但四川的改革亦开始破土萌芽。

四川地方党史是中共党史的重要组成部分,是中共党史的缩影。在90多年的奋斗中,在中国革命、建设和改革开放的各个历史时期,中国共产党人都在四川留下了坚实的脚印,这块土地上有他们的奋斗、挫折和磨难,有他们洒下的热血、献出的宝贵生命、取得的辉煌成就。在新民主主义革命时期,仅省委书记(包括代理省委书记或相当于省委书记)英勇牺牲者就有8人(杨闇公、傅烈、刘愿庵、穆青、苟永芳、廖恩波、罗世文、王璞)。可以说,四川今日之辉煌的确来之不易,是成千上万共产党人长期英勇战斗、流血牺牲、艰苦创业、顽强拼搏的结果。学习四川地方党史是学习中共党史的重要补充。

学习本书,一要学习中国共产党人坚定的理想信念。中国革命走过了十分艰难曲折的历程,在新民主主义革命时期,党曾遭遇大革命和第五次反"围剿"两次重大失败,但是,中国共产党人没有胆怯,没有迷茫,而是不忘初心,牢记使命,继续战斗。长征那么艰苦,红军为什么能完成伟大的长征?是因为广大红军指战员有坚定的理想信念。在翻越党岭时,后面的红军发现雪地上伸出一只胳膊,紧握拳头,使劲掰开,里面是一块银圆和党证,党证上写着:刘志海,中共正式党员,1933年入党。这说明,这位红军战士、共产党员牺牲时仍然对长征胜利充满信心,对中国革命充满信心,对党充满信心,对共产主义充满信心。在场的所有红军指战员无不感动得热泪盈眶,这对他们继续完成长征是一个巨大的鼓舞。1936年12月,陈毅在梅山被围,他伤病交加,在草丛中隐蔽了20多天,随时有生命危险。在这生死关头,他把棉衣脱下,掏出钢笔,在棉衣的里子上写下了一首"绝命诗",表达了他坚定的理想信念,

后改名为《梅岭三章》收入《陈毅诗词选集》。在社会主义革命和建设时期,党曾经历"大跃进""人民公社化运动"和"文化大革命"的严重挫折,但是,党没有灰心,没有气馁,在认真总结经验教训后,终于走出了困境,开创了中国特色社会主义事业的崭新局面。共产主义远大理想和中国特色社会主义共同理想是中国共产党人的精神支柱和政治灵魂。今天,坚定理想信念就是要坚定对新时代中国特色社会主义的道路自信、理论自信、制度自信和文化自信。我们要从四川地方党史中汲取力量,进一步坚定理想信念。

二要向中国共产党人学习,自觉维护党中央权威。1935年1月,遵义会议确立了毛泽东在全党全军的领导地位,广大共产党员和红军指战员都自觉维护。1935年10月,当张国焘在四川省理番县卓木碉另立"中央"时,就遭到了党中央的坚决反对,也遭到朱德、刘伯承等同志和红四方面军指战员的有力抵制,在他们的持续斗争下,最后张国焘不得不取消伪中央。这是维护中央权威的典型案例。今天,我们学习四川地方党史,就要自觉维护以习近平同志为核心的党中央的权威和集中统一领导,不断增强"四个意识",严格遵守政治纪律和政治规矩,在思想上、政治上、行动上同党中央保持高度一致,保证中央政令畅通,令行禁止。

三要学习中国共产党人治理四川的经验。四川是内陆大省,人口多,底子薄,交通不便。中国共产党人在治理四川70年间留下了丰富的正反两方面经验。对这些经验进行认真梳理、分析、总结、提炼,可以提高我们治国理政的能力和水平。党的十九大提出了在本世纪中叶建成富强民主文明和谐美丽的社会主义现代化强国的奋斗目标。四川省第十一次党代会提出深入实施"三大发展战略",奋力实现"两个跨越",加快建设美丽繁荣和谐四川的奋斗目标。要如期实现这两个目标,关键在党,关键在人,关键是要建设一支高素质专业化干部队伍,说到底,关键是要有人才。人才从哪里来?四川地方党史给我们提供了启示。时光回溯百年,如此闭塞的四川,从1918年至 1921 年 11 月，留法勤工俭学学生 511 人，占当时全国留法学生 1600 多人的近 1/3，为全国最多的一个省。在他们当中，产生了邓小平、陈毅、聂荣臻等既善于带兵打仗又善于治国理政的英才，为中国革命、建设和改革开放事业做出了杰出贡献。今天，为了实现党的十九大提出的奋斗目标，为了加快建设美丽繁荣和谐四川，我们该怎样培养人才、吸引人才呢？这是值得各级领导干部认真思考的。

四川党组织的创建与发展

四川人民富有革命传统。早在辛亥革命时期,四川就有邹容、吴玉章等大批先进分子和热血青年积极参加了孙中山领导的民主革命运动,成都保路运动成为引发武昌起义的导火线。在中国共产党成立之前,一部分思想先进的青年知识分子由于受到五四新文化运动进步思潮的影响,为了寻求救国救民的正确道路,远涉重洋,留学海外,在日本、法国等国求学和勤工俭学,在资本主义国家亲身感受和初步了解到资本主义社会的黑暗面,体验了工人阶级受压迫受剥削的苦难处境,并受到社会主义思想和马克思主义的影响。正如当时在法国勤工俭学的邓小平后来回忆说:"我自觉那时是有进步的。因为我起初在看关于社会主义的书报了……我做工的环境使我益信陈独秀们所说的话是对的,因此我每每听到人与人相争辩时,我总是站在社会主义这边的。"① 许多川籍留学生接受了马克思主义,他们回国返省后,积极传播马

---

① 中共中央文献研究室编:《邓小平年谱》(1904—1979),中央文献出版社2004年版,第15页。

克思主义和社会主义、共产主义思想,为在四川建立党团组织奠定了思想基础,并培养了一批早期党团干部。

1921年中国共产党在上海成立时,四川省虽无中共组织建立,但也是全国较早建立党团组织的地区。在中国共产党成立之前,1920年5月,四川宣汉人王维舟(1887—1970)就在上海参加了朝鲜共产党上海支部①,随后由组织派往苏俄学习。

在新民主主义革命时期,1923年,中国共产党开始在四川省正式建立党的地方组织,自1926年起开始建立省级领导机关。至1949年底四川解放时止,中共四川地方组织经历了大革命、土地革命、抗日战争和全国解放战争四个时期,建立了若干届中共四川省委员会(以下简称"中共四川省委")或相当于省委的组织机构,党组织由小到大、由弱变强,并不断组建党的外围组织和革命群众团体,领导革命斗争。整个新民主主义革命时期,中共四川地方组织几乎一直处于地下状态,多次遭到反动派的破坏,历经了建立发展、再建立再发展的曲折历程。

一、大革命时期中共四川地方组织的建立

(一)马克思主义的传播与四川早期党组织的建立

1919年4月,成都的《国民公报》就刊登了在四川宣传马克思和马克思主义的第一篇文章——《近世社会主义鼻祖马克思之奋斗生涯》。5月,该报还连续转载了《布尔什维克主义之解释》一文,指出:布尔什维克主义是马克思主义的社会主义,"马克思的学说在现代各种社会新思潮中,可算得最稳健的主张,最有科学的基础;今日之资本主义制度,在科学上实无存在之

---

① 四川省地方志编纂委员会编纂:《四川省志·人物志》,四川人民出版社2001年版,第284页。

根据，而生产公有，实为颠扑不破之科学主张，社会革命实行公有以外，别无他途可言"①。《国民公报》在川独一无二地、比较全面地刊载了介绍马克思主义和俄国十月革命的文章，在四川初期的马克思主义传播中起了重要作用。②

五四运动以后，新文化和马克思主义开始在四川广泛传播，汇入反帝反封建爱国运动的洪流。

王右木（1887—1924），四川江油县武都镇人，是四川传播马克思主义的先驱，中共四川党团组织的主要创始人之一。王右木早年在四川通省师范学堂学习期间，阅读进步书刊，受到革命思想的熏陶。1914年，王右木官费留学日本，1918年毕业于东京明治大学经济系，在此期间接触到马克思的经济理论，广泛接触各种社会主义学说。1919年夏，王右木应聘到成都高等师范学校（以下简称"成都高师"）任教，积极投身五四爱国运动。1920年底，王右木在成都组建了四川第一个学习和研究马克思主义的团体——"马克思读书会"，主要吸收成都高师等大中专院校中思想进步的学生、中小学教师、新闻记者及个别工人。1922年春，部分马克思读书会成员和先进青年自发成立了中国社会主义青年团成都组织。后来在成都高师读书的杨尚昆由其四哥杨闇公介绍，也加入了马克思读书会，在此"初步接触到马克思主义学说"③。

---

① 中共四川省委党史研究室组织编纂：《中国共产党地方组织在四川的建立》，四川人民出版社2001年版，第8页。
② 中共四川省委党史研究室：《中国共产党四川历史》（第一卷），中央文献出版社2009年版，第30—31页。
③ 杨尚昆：《杨尚昆回忆录》，中央文献出版社2007年版，第10页。

1924年，成都马克思读书会的部分成员合影，第二排右二为杨尚昆

中国共产党成立后，四川初步接受马克思主义思想的先进知识分子王右木、吴玉章、王维舟和外省入川的中共早期党员邓中夏、恽代英、萧楚女等人在成都、重庆、泸州、南充、达县、宣汉等地宣传马克思主义，发展社会主义青年团员。1921年10月，早与北京的李大钊、邓中夏建立联系、负责编辑《少年中国学会丛书》的恽代英，由四川泸县籍少年中国学会会员陈淯介绍，来到四川泸县川南联合师范学校任教务主任，次年担任川南联合师范学校校长。在他的组织下，川南联合师范学校很快建立了马克思主义研究会，并建立了中国社会主义青年团组织，为在四川发展革命力量，建立党团组织播下了种子。1923年初，恽代英应成都高等师范学校校长吴玉章、教务长王右木的聘请，经重庆到成都，在成都高等师范学校和西南公学任教，继续传播马克思主义。在他的影响下，张霁帆、余泽鸿、曾润白等一批革命战士迅速成长起来，后来相继加入了中国共产党，并为中国人民的解放事业献出了宝贵的生命。

1922年2月，王右木在成都创办了四川第一张公开宣传马克思主义的报纸《人声》，意即人民的呼声。其创刊号旗帜鲜明地宣称其宗旨是："直接以马克思主义的基本要义，解释社会上一切问题；对现实社会的一切罪恶现象,尽力的揭露和批评以促进一般平民的阶级觉悟……讨论马克思社会主义之学术及实际的一切问题;讨论新社会之一切建设问题。"王右木主张进行社会主义革命。因《人声》报旗帜鲜明地宣传马克思主义和社会主义,反对军阀和封建主义,被反动当局视为洪水猛兽,四川省警察厅勒令停刊,断断续续总共只办了五个多月。

四川中共党组织是在团组织的基础上建立起来的。先建团后建党,是四川党组织创建的一个特点。1920年,中国社会主义青年团成立,1922年5月召开第一次全国代表大会,正式组建团中央机关,会后加强了团的地方组织建设工作。1922年到1926年2月,在四川第一个中共省级组织——中共重庆地方执行委员会建立之前,成都、泸州、重庆、内江、宜宾、涪陵、綦江等七市(县)已建立了团组织。

1921年冬至1922年春,成都马克思读书会部分会员童庸生、李硕勋、阳翰笙、廖恩波等人自动成立四川社会主义青年团,推举童庸生、李硕勋、阳翰笙组成干事会并发展团员,但与团中央并无联系。1922年暑期,王右木赴上海与团中央取得联系,受团中央委托在四川建立团组织。同年10月,王右木在成都主持召开团的会议,决定成立社会主义青年团成都地委,请求团中央批准,直属团中央领导。

四川早期团组织建立情况一览表

团组织名称	成立时间	首任书记	归属领导
成都团地委	1922年10月	童庸生	团中央
成都特支	1925年12月	刘愿庵	团中央
重庆团地委	1922年10月	周钦岳	团中央
泸州团地委	1924年	陈江	团中央
内江团地委	1923年2月	钟伯勋	团中央
宜宾特支	1925年9月	尹敦哲(尹伯明)	团中央

续表

团组织名称	成立时间	首任书记	归属领导
綦江特支	1925 年	邹进贤	初属重庆团地委领导，后划归团中央领导
涪陵特支	1925 年 8 月	杨鸣皋	初属重庆团地委领导，后划归团中央领导

资料来源：中共四川省委组织部等编：《中国共产党四川组织史料》，四川人民出版社 1995 年版，第 31—32 页。

马克思主义的传播和早期青年团组织的成立，为中国共产党在四川建立地方组织奠定了思想基础和组织基础。

1923 年春，王维舟在家乡宣汉清溪场成立共产主义小组。1923 年 5 月，王右木致信中共中央，请求批准在四川建立党组织；8 月，他先赴上海、后转广州向党中央报告工作，被党中央直接吸收为中共党员，并被委派回四川建立党组织。10 月，经中共中央批准，王右木在成都建立中共成都独立小组，并任书记，直属中共中央领导。独立小组下设工人组和学生组，这是四川最早的中共地方组织。① 紧接着，经中共中央批准，1926 年 1 月，中共重庆支部、中共綦江支部、中共宜宾特支相继成立，直属中共中央领导，由冉钧任中共重庆支部书记、邹进贤任綦江支部书记、郑佑之任宜宾特支书记。

因不知道王右木已接受中共中央指示在四川秘密建立了党组织，1924 年 1 月，吴玉章、杨闇公等 20 余人又在成都秘密组织了中国青年共产党（后更名为 Y．C 团），并发行机关报《赤心评论》，与成都社会主义青年团互有交叉，彼此配合，推动成都地区的革命活动。1925 年，吴玉章在北京加入中国共产党后，在四川的中国青年共产党自行取消，其成员个别地申请加入中国

---

① 中共中央组织部、中共中央党史研究室、中央档案馆：《中国共产党组织史资料》（第一卷），中共党史出版社 2000 年版，第 563 页。

共产党。

1924年春,王右木在赴上海向中共中央报告工作途中遇害。之后,大部分党团骨干离开成都,成都独立小组自行解散,四川全省革命中心逐渐转移到重庆。1924年9月,曾在四川从事革命活动的萧楚女被社会主义青年团中央委任为特派员,负责领导和整顿成都、泸州、重庆三地的青年团组织,并以重庆团组织为重点。11月,张闻天应邀来川,先后在重庆省立第二女子师范学校和川东师范学校任教,同时创办革命刊物,宣传新思想新文化,猛烈抨击封建势力,次年5月被军阀迫害离开重庆赴上海。

王右木、吴玉章、张闻天、恽代英、杨闇公、陈毅、王维舟等革命先驱为马克思主义在四川的传播和四川党团组织的创建做出了积极贡献。

而四川的留法勤工俭学运动也促进了马克思主义在四川的传播,并为四川党团组织的建立造就了人才。从1918年至1921年11月,四川留法勤工俭学学生511人,占当时全国留法学生1600多人的近三分之一,为全国最多的一个省。其中有106人加入了社会主义青年团,刘伯坚、傅钟、邓希贤(邓小平)、聂荣臻、冉钧等人还担任过团的领导职务。他们通过在国外的工作和学习,对资本主义制度有了切身的感受和认识,在比较和分析了各种社会思潮和政治学说的优劣之后,毅然选择了社会主义和共产主义,最终成为坚定的马克思主义者。如先后留学法国和比利时、1923年春在比利时加入中国共产党的聂荣臻后来回忆说:"法国也好,比利时也好,共产主义运动的影响很大,马列主义的小册子很多,《共产党宣言》《共产主义运动中的'左派'幼稚病》《国家与革命》《共产主义ABC》这些著作很容易见到。从马克思列宁的学说中,我开始认识到,要想拯救国家民族的危亡,使四万万同胞都能有衣有食,只有建立劳工专政,实行社会主义。"[①] 1923年在法国勤工

---

① 聂荣臻:《聂荣臻回忆录》,解放军出版社2007年版,第20页。

俭学时被动员加入旅欧中国共产主义青年团的邓小平后来回忆说，当时他"一方面接受了一点关于社会主义尤其是共产主义的知识，一方面又受到了已觉悟的分子的宣传，同时加上切身已受的痛苦，有了参加革命组织的要求"，紧接着到巴黎加入旅欧中国共产主义青年团，在周恩来领导下参加旅欧共青团机关刊物《少年》杂志编辑工作。[1] 他们在欧洲创建旅欧中国共产主义青年团、旅欧中国少年共产党、中共旅欧支部等组织，并用通信等方式将马克思主义传播到四川，对马克思主义在中国、在四川的传播和中国共产党组织的创立及至以后的中国革命都产生了重大影响。

（二）第一个中共四川省级组织的建立

四川中共党组织的建立开始于中国共产党已经诞生、党的纲领和章程业已建立之后，直接在党中央的领导和指导下，经历了长达几年的时间。1925年1月，在上海召开的中国共产党第四次全国代表大会决定在全国范围内建立和加强中共组织，中共四大在《对于组织问题之议决案》中指示尚未有中共组织的东三省、河南、重庆等地"应努力开始党的组织"[2]。与此同时，中国社会主义青年团第三次全国代表大会在《组织问题决议案》中也做出相应规定：在"有团的组织而没有党的组织的地方，团的中央应听党的指挥，去为党发展其组织或代为进行其工作"，"团员在25岁以上者，应酌量介绍其入党"。根据党、团中央的两个决议案，重庆团地委着手代党发展党员，筹备建立党的组织。1925年3月，杨闇公、童庸生等主要骨干由团转党，成为中共正式党员。

在重庆整团的萧楚女按照党团中央的决议精神，开始将优秀的年龄偏大的共青团员转为中共党员。1925年春，他先后将杨闇公、罗世文、邹进贤等团的骨干转为中共党员。萧楚女在四川的整团和建党工作都取得了不小成

---

[1] 中共中央文献研究室编：《邓小平年谱》（1904—1979），中央文献出版社2004年版，第17—18页。
[2] 中共中央组织部、中共中央党史研究室、中央档案馆：《中国共产党组织史料》（第一卷），中共党史出版社2000年版，第564页。

绩，这使军阀、官僚深为痛恨，萧楚女便将自己所负责的工作移交给杨闇公，并于1925年5月离开重庆去上海。

1926年2月底，中共重庆地方执行委员会（简称中共重庆地委）正式成立，杨闇公任书记，有委员3名（杨闇公、冉钧、吴玉章）、候补委员2名（李嘉仲、程秉渊），设组织部（主任冉钧）、宣传部（主任吴玉章）及工人运动委员会、妇女运动委员会、学习委员会、军事委员会（1926年11月成立，军委书记杨闇公，委员杨闇公、刘伯承、朱德），直属中共中央领导，并受中共中央委托领导四川全省党组织，实际上相当于最初的中共四川省委。这是中国共产党在四川建立的第一个省级组织。从此改变了1922年以来四川各地党组织各自为战和团组织代行党组织领导革命的状况，在中共重庆地委的领导下，四川的革命运动进入一个全新的发展阶段。

中共中央原定建立四川区委和成都地委的计划未能实现，根据当时党章"中央执行委员会认为必要时，得委托一个地方执行委员会暂时代行区执行委员会之职权"的规定，受党中央委托，中共重庆地委领导四川全省的党组织工作。中共重庆地委成立后，团中央对重庆团地委也进行了调整，指定童庸生任书记，刘成辉负责宣传，张锡畴负责组织。改组后的重庆团地委从此成为四川全省团组织的统一领导机构。

至1927年春，中共重庆地方执委所属组织有10个特支（成都、内江、綦江、江北县、自流井、邻水、江津、宜宾、泸县、长寿）、12个支部，四川省共建立了58个中共支部或特支。

除在以上地方行政区域建立党组织外，1926年8月，朱德、陈毅还分别奉中共中央、北方区委指示到四川万县，做驻扎在那里的军阀杨森易帜北伐的工作。朱德任杨森部队国民革命军第二十军党代表兼政治部主任，其中30多名政工人员2/3是共产党员，他们在此建立了党的组织。

中共重庆地委成立后，首先致力于国共合作，大力开展工人运动，注意

领导农民运动,并于1926年7月后将工作重点转移到军事运动。1926年12月至1927年5月,中共重庆地方执委发动和领导了以刘伯承为总指挥的泸州、顺庆(南充)起义,史称"泸顺起义"。

泸顺起义的爆发和群众革命运动的发展,引起四川军阀的敌视和恐惧,并伺机镇压。1927年3月31日,中共重庆地委通过国民党左派省党部,在重庆打枪坝举行万人市民大会,杨闇公主持会议,抗议帝国主义炮轰南京的暴行,遭到秉承蒋介石旨意的刘湘所部王陵基、蓝文彬等军阀部队的残酷镇压,导致死伤千余人的惨案,史称"三三一"惨案。当天,杨闇公跳墙脱险。4月1日晚,杨闇公与任白戈等党团负责人在妻兄赵松森家开会,商议对策,决定亲自赴武汉向党中央请示工作,并准备参加党的五大。4日凌晨,因叛徒告密,杨闇公在去武汉的轮船上被捕。在轮船上他面对群众,斥责反动派制造"三三一"惨案的罪行,大声疾呼:"大家团结起来,打倒列强!反对蒋介石独裁,铲除军阀!"并对妻子赵宗楷说:"敌人眼看就要无立锥之地了,共产主义事业是一定会在全中国胜利实现的!"在敌人的监狱里,面对敌人的威逼利诱和残酷折磨,杨闇公毫不畏惧,愤怒地说:"你们只能砍下我的头,可绝不能动摇我的信仰。我的头可断,志不可夺!"[①] 敌人对杨闇公施以酷刑,割去舌头、挖掉双眼、砍断右手,他依然坚贞不屈,4月6日,在重庆佛图关英勇就义,年仅29岁。"三三一"惨案标志着国共合作的大革命在四川已失败。

"三三一"惨案发生后,中共四川第一个省级领导机关——中共重庆地委被破坏。此后,四川军阀相继投靠蒋介石,全川革命运动遭到镇压,许多共产党人和国民党左派遭到逮捕、屠杀,重庆及四川其他地区中共组织大部

---

① 中共党史人物研究会编:《中共党史人物传》(第五卷),陕西人民出版社1982年版,第129页。

分被破坏，共产党员、共青团员和其他进步人士的革命活动被迫转入地下或转移到农村。

1927年4月至6月，四川筹备成立了中共重庆临时地方执行委员会，任白戈任书记。同年4月下旬，中共临时地委派出两名代表出席了在武汉举行的中共第五次全国代表大会，这是四川第一次有代表参加党的全国代表大会。到1927年5月，四川地区共有中共党员400人。①

二、 土地革命战争时期党组织的重建

1927年4月27日至5月9日，中国共产党第五次全国代表大会在武汉召开，李嘉仲、钟善辅两名四川代表参加了大会。大会决定按当时的行政区划来改变党的组织系统名称，即中央、省委、县委、市委、区委、支部。中共五大结束后，中共中央开始组建四川省委。5月22日，中共中央政治局常委召开四川问题谈话会，总书记陈独秀出席，中共重庆地委委员吴玉章、重庆地委候补委员李嘉仲、重庆地委代理宣传部主任钟梦侠等人参加。6月6日，中共中央政治局常委会决定派江西人傅烈入川任中共四川临时省委书记，随即中央指定由傅烈、钟梦侠等5人组成中共四川临时省委。8月12日，中共四川省临时委员会在重庆成立，直属中央领导。中共四川临时省委遵照中共中央指示和党章规定，随即清理、恢复和整顿全省党组织，重新登记党员，重建全省党组织系统，按照当时行政区划改变党的组织系统名称，以前的特支除部分保留不变外，分别改称为县委、市委或区委。是年8月底，全省直属省委领导的党组织有1个区委，10个特支，314名党员。

9月10日，刘披云受中共中央委派到重庆，在中共四川临时省委扩大会

---

① 中共中央组织部、中共中央党史研究室、中央档案馆：《中国共产党组织史料》（第一卷），中共党史出版社2000年版，第579页。

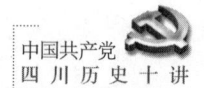

议上传达八七会议精神。该会议决定大力开展工农运动,利用军阀混战局面夺取武装,发展土地革命运动,派人到各地清理和恢复中共党组织,加强各地党组织与中共四川临时省委的联系。会议决定建立中共四川省委员会(中共中央未批准前,仍称中共四川临时省委),推举5人组成常务委员会,傅烈任省委书记兼军事部长,随即设立宣传委员会、训练委员会和编辑委员会,出版省委机关刊物《四川通讯》。

临时中共四川省委成员一览表(1927年9月—1928年1月)

职务	姓名	备注
省委书记	傅烈	兼军事部部长、军事委员会书记,1928年4月在重庆牺牲
省委常委	傅烈、刘荣简、刘愿庵、周贡植、程秉渊(曾君杰代)	
组织部长	刘荣简	兼青年部部长、审查委员会书记、学生运动委员会书记
宣传部长	刘愿庵	兼民校委员会书记、秘书处秘书长
工人部长	程秉渊(曾君杰代)	
农民部长	周贡植	兼农民运动委员会书记
妇女部长	程仲苍(女)	兼妇女运动委员会书记
职工运动委员会书记	曾君杰	

资料来源:中共四川省委组织部等编:《中国共产党四川组织史料》,四川人民出版社1995年版,第52页。

同时成立监察委员会,推选监察委员3人,分别是程志筠(女)、刘远翔、刘宗沛。

9月28日,中共中央长江局建立,四川归其管辖。11月长江局撤销后,省委直属中共中央领导。为贯彻八七会议决议,中共四川临时省委采取了一系列组织措施,使得党员和党组织都获得了较大发展。至1927年底,全省党员发展到600多人,中共四川临时省委直接领导的党组织有2个市委、8

个县委、10个特支。

1928年1月上旬,中共四川临时省委收到临时中央政治局1927年11月扩大会议关于组织全国武装总暴动的文件和中央17号通告,立即议决"全部接受切实执行","重新决定四川今后的工作计划",并对省委机构进行改组,取消省委各部,改设组织局,分设各科,特组"破坏反革命军队委员会"。

1928年2月10日至15日,中共四川临时省委第一次扩大会议在巴县铜罐驿周贡植家中召开,选举产生了中共四川省第一届委员会,傅烈、刘愿庵、张秀熟、刘亚雄、周贡植5人为常委,傅烈任书记兼军事科主任,于是傅烈成为中共四川省委第一任书记。[①] 大会选举刘愿庵为党的六大代表。

3月9日,省委书记傅烈、省委常委周贡植出席中共巴县县委会议时被捕,并于4月3日牺牲,刘愿庵代理省委书记。不久,省委决定刘愿庵到川东开展工作,由张秀熟代理省委书记。4月下旬,刘愿庵离川赴沪向中央汇报,然后去莫斯科出席党的六大。10月底,因原团省委书记彭兴道叛变告密,省委代理书记张秀熟、团省委全部常委及巴县党、团委书记等23人被捕,省委机关遭到破坏。12月,在成都组建新的中共四川临时省委。

1929年初,四川全省党员已发展到3000多人。1929年6月,中共四川临时省委在成都开会选举成立正式省委,刘愿庵、穆青、刘披云、李鸣珂、陈惠为常委,刘愿庵、穆青分别任书记和候补书记,并决定省委机关由成都迁往重庆。8月20日,省委机关在重庆建立。

1930年3月至5月,中共四川省委机关连续三次遭到破坏,付出惨重牺牲:3月,穆青因叛徒出卖被捕,5月牺牲,年仅32岁;4月,省委常委、军委书记李鸣珂在因公外出途中被捕牺牲,年仅30岁;5月,省委书记刘愿

---

① 袁南生:《谁是中共四川省委第一任书记》,《党史研究资料》,1993年第10期。

庵在主持召开常委会时因内奸告密被捕牺牲,年仅35岁。

1930年8月28日至9月9日,中共四川省委第一次代表大会在重庆召开,由于受到中央李立三"左"倾盲动主义的影响,大会根据同年7月全国组织会议关于党组织必须完全军事化,以积极配合全国总暴动的精神,将四川各级党团工会组织合并为各级行动委员会。省行动委员会(以下简称"省行委")由程子健任主席。省行委盲目地认为四川已具备了大搞武装暴动的条件,号召和部署各地发动兵变、农民暴动,但所发动的武装暴动均遭到反动派的残酷镇压,并引起敌人对共产党人的大搜捕、大屠杀。11月初,省行委召集主席团会议,决定结束党团合一的省行委,恢复党的省委,程子健任书记,余乃文、梁歌任常委。1931年4月,省委机关因难以在重庆继续活动而迁往成都。李立三的"左"倾路线虽然在四川只执行了4个月,同年11月就已被纠正过来,但它使党的损失十分严重,18个县委和特支遭到破坏,全省党员锐减至1500余人。

1931年8月,罗世文由中央汇报后返回成都,传达王明"左"倾教条主义统治的中央对四川工作的批评和指示。中央给四川省委的指示信批评四川省委不仅没有从"立三路线"上转变过来,反而"转入右倾的泥坑",要求改组省委,由罗世文任书记,程子健、廖恩波、张春帆任常委。此后,王明"左"倾教条主义和冒险主义直接影响了四川党的工作,并且中央一再批评四川省委没有坚决执行中央路线。王明"左"倾冒险主义认为"立三路线"的实质是"左"倾词汇掩盖着的右倾机会主义,右倾依然是党的主要危险,要求在反右倾的前提下改造党的各级领导机关。1932年2月,中央再次给四川省委指示信,指责省委仍然"没有真正的彻底转变",而是"左"、右摇摆,要求对犯倾向错误的人"进行无情的斗争"。1933年8月,罗世文被撤职调离,省委改组,由廖恩波任书记。同年冬,廖恩波去中央苏区工作,1935年在赣南牺牲,年仅34岁。1933年10月,由苟永芳代理中共四川省委书记，11月被捕（1934年2月牺牲）。之后，由史伯康、刘道生、刘克谐等人先后担任省委代理书记、省委书记，省委屡遭破坏。1935年6月，省委书记刘克谐被捕，省委被破坏。此后直至1937年12月，四川无中国共产党的省级组织。

从1930年夏至1935年间，在贯彻"立三路线"特别是王明的"左"倾冒险主义路线阶段，在中央一再严厉的批评下，四川党组织在政治上执行"进攻路线"，不断组织农民暴动和兵变30余次，绝大多数归于失败，许多党团员和革命群众献出宝贵的生命。此时，党内又执行残酷斗争、无情打击的方针，随着受"左"倾错误左右的中央的严厉批评，四川的党内斗争也不断升级，一大批党员、干部被戴上"右倾机会主义""立三主义残余""富农路线""阶级异己分子""农民中心主义"等帽子，受到严厉处分，甚至被清洗出党。在此阶段，四川军阀利用叛徒疯狂破坏各地中共组织，到1936年2月，仅存的自贡中共党组织也被破坏。

土地革命战争时期，中共四川省委（临委）下曾设有若干特（市）委及直属中心县委、县委，先后有95个市县建立了特支以上的党组织，7个县建立了支部。其中中共重庆市委、中共成都市委先后于1927年9月、10月成立，全省中共党员人数曾在1930年达到土地革命时期的最高峰3881人，1933年降至2000人①；中国共产党还在四川军阀部队和民团中建立了20个支部以上的秘密组织，重要支部归省委直接领导，中共四川地方组织领导了农民暴动30多次，发动川军兵变40多次，组建革命武装47支，这些革命武装大部分在短时间内失败，其中有16支武装力量参加红二军团和红四方面军。②

---

① 中共中央组织部、中共中央党史研究室、中央档案馆：《中国共产党组织史料》（第二卷），中共党史出版社2000年版，第1466页。

② 同上，第1377页。

1932年12月至1936年8月，中国工农红军第四方面军以及红二、红六军团和红一方面军先后进入四川境内，转战川北、川东、川南、川西和康藏地区，在各地建立了党、政、军和群团的各级组织。1932年底至1935年3月底，红四方面军在川北、陕南地区，建立了川陕革命根据地。从1932年12月18日进占四川通江县境内的两河口到1933年11月底，红四方面军控制了四川的通江、南江、巴中、仪陇、营山、宣汉、达县、万源等8座县城，先后建立了23个县和1个市的革命政权，影响500多万人口，红四方面军由入川时的4个师约1.5万人发展到5个军15个师约8万人，开创了红四方面军和川陕苏区革命斗争史上的鼎盛时期。

从川陕革命根据地创建时起，红四方面军及中共川陕省委就在进行土地革命、反对敌人围攻的同时开展党组织的建设。1932年12月29日，红四方面军在通江城建立了以旷继勋为主席的中共川陕省临时革命委员会，作为川陕省工农民主政府成立前的最高政权机关。1933年初，通南巴地区各地党组织先后建立。在此基础上，川陕省临时革命委员会1933年2月7日，在通江召开川陕省第一次党员代表大会，选举成立了中共川陕省委，由袁克服、曾中生、吴永康、郑义斋、傅钟等37人组成，由中央直接领导。1933年2月至1934年10月，中共川陕省委先后在通江、巴中共召开了四次党员代表大会，组建了四届省委。

历届中共川陕省领导人员一览表（1933年2月—1935年7月）

职务	姓名	任期
书记	袁克服 周光坦 周纯全	1933年2月—1933年10月 1933年10月—1934年10月 1934年12月—1935年7月
组织部长	余洪远 谢富治	1933年2月—1934年3月 1934年10月—1935年7月

续表

职务	姓名	任期
宣传部长	刘瑞龙	1933年5月—1935年7月
妇女部长	姚明善（女） 肖成英（女）	1933年2月—1933年12月 1934年1月—1935年7月
秘书长	吴永康 戚映元	1933年2月—1934年初 1934年初—1934年底
少共书记	葛贤福	1933年7月—1935年2月
工会委员长	王怀	1933年3月—1934年12月
党校校长	何柱成 陈开 罗世文	1933年2月—？

资料来源：中共四川省委组织部等编：《中国共产党四川组织史料》，四川人民出版社1995年版，第272—273页。

中共川陕省委还建立了一系列下属各级党组织。其下属地级党组织有：

1. 绥定（达县）道委（1933年11月—1934年3月）：1933年11月，根据中共川陕省委决定，将原梁达中心县委改为绥定道委（即达县道委）。道委机关先后驻宣汉县双河场旗杆坝、通江县毛浴镇、达县蒲家场，下辖达县、宣汉、渠县、万源、城口等县的党组织。道委书记为刘子才。

2. 巴中道委（1933年11月—1935年3月）：1931年11月，在巴中建立，下辖阆中、巴中、江口、恩阳、苍溪、仪陇、长胜、英安、广元、嘉陵、长赤、营山等12个县的党组织和巴中市特别市委（县级）。道委机关驻巴中县城。道委书记先后为谢富治、何柱成、冷持斋。

3. 阆苍南边区委员会（1933年9月—1933年12月）：1933年9月成立，下辖阆中、苍溪、南部三县境内赤白交界区域内的党组织，边区委员会机关驻阆中老观场，又称老观中心县委。边区委员会书记为戚映元。

4. 万源中心县委（1934年夏月—1935年2月）：1934年夏天建立，中心县委机关驻万源县城，下辖万源、红胜、城口等县委。中心县委书记为何志余。

中共川陕省委建立的下属县级党组织有赤江、赤北、红江、南江、巴

中、达县、陕南等39个县委以及苦草坝、洪口两个特别区委和巴中特别市委。红四方面军还曾在芦山、太平、天全、宝兴、雅安、荥经、名山等县建立了党组织,在大多数乡发展了中共党员或建立了党支部,建立了以红军干部为主体的中共四川省委和各级苏维埃政权。

在长征途中,1935年2月至1936年8月,红一、四方面军还在四川境内建立了一些党组织机构。其具体情况如下:

1935年2月,红一方面军在中共中央、中央革命军事委员会(以下简称"中革军委")领导下,"一渡赤水"西征入川,随即成立中国工农红军川南游击纵队,同时组建川南特委,书记为徐策(红三军团五师政委),将四川泸县中心县委及所属的叙永、长宁、古宋、兴文等县党的组织划归特委领导。特委及其领导下的游击纵队配合主力红军作战。其后便与中央失去联系。7月,川南游击纵队与红军黔北边区游击纵队会师,更名为川滇黔边区游击纵队,下辖川南、黔北两个支队,党的组织也改称为川滇黔边区特委。1937年1月,因纵队领导人相继牺牲(徐策、余泽鸿两任特委书记先后牺牲)或被捕,特委及纵队解体。

1935年6月,红一、四方面军在四川懋功会师后,7月,中共中央政治局决定撤销川陕省委,另外组建川康省委,随主要由红军总部和红四方面军组成的左路军北上,在阿坝一带开展建政工作。9月,红四方面军南下,川康省委工作逐渐结束。中共川康省委主要成员有:周纯全(书记)、袁克服(副书记)、李维海(副书记)、赖毅(组织部长)、刘瑞龙(宣传部长)、黄超(秘书长)等,下辖松潘、茂县、汶川、理番、懋功5个县委。

1935年9月,红四方面军南下后,同年10月在藏族聚居的大金川流域建立大金省(同年12月改称金川省),省委机关初设在马尔康卓木碉(今脚木足),后移驻绥靖。内设各部,下辖卓斯甲、卓克基、绥靖、崇化、懋功、抚边、丹巴、金汤8个县委和卓斯甲、党坝、阿坝3个特别区委。1936年7

月，红二、四方面军会师北上后，金川省委遂告结束。

中共金川省委领导人员一览表（1935年10月—1936年7月）

职务	姓名	任职时间
书记	邵式平 何柱成	1935年10月—1936年3月 1936年3月—1936年7月
组织部长	何柱成 陈庆先 吴尚德	1935年10月—1936年3月
宣传部长	李中权 黄少瑜 余洪远	1935年10月—1935年11月 1935年10月—1936年1月
军事部长	李彩云	1936年2月—1936年3月
经济部长	赖毅	1935年10月—1936年7月
妇女部长	吴朝祥	1935年10月—1936年7月

资料来源：中共四川省委组织部等编：《中国共产党四川组织史料》，四川人民出版社1995年版，第295页。

1935年10月，红四方面军从金川赤区出发，南下雅州（今雅安地区），准备"赤化全川"。11月17日在芦山县城成立中共四川省委员会，由傅钟任书记，朱明任组织部部长，汪季川任宣传部部长。1936年2月，红四方面军西进康北休整，党政机关随军行动，四川省委结束工作。1936年3月，在道孚县城筹建中共川康省委员会，4月成立于炉霍县城，邵式平、吴永康、李维海先后任书记，内设组织、宣传、妇女、青年各部，妇女部部长先后由女红军吴富莲、何连芝担任，下辖道孚中心县委（辖泰宁、玉科两县）和炉霍、甘孜、瞻化（今新龙）、雅江等县委。7月，川康省委随红军再过草地。

三、抗日战争时期党组织的恢复和发展

（一）省级党组织的恢复和重建

1937年5月，中共中央在延安召开了白区工作会议，总结党在白区工作

的经验教训,讨论确定革命新阶段白区的工作方针。会议批判"左"倾关门主义和冒险主义,阐述白区工作的方针和策略,提出党在白区工作的工作目标和任务就是建立广泛的抗日民族统一战线,迅速恢复各地党组织,并实行"全般转变"。刘少奇在报告中提出"各地党部应当在中央的帮助下迅速恢复起来,并且谨慎地认真地发展党员",要求彻底转变党的工作。四川是抗战大后方,中央高度关注四川党组织的重建和恢复工作。6月,中共四川省委委员、泸县中心县委书记邹风平到达延安,向中央报告了四川党组织遭受破坏的情况。在此之前,张曙时也从成都到达延安,向毛泽东和党中央负责同志汇报了他在四川的工作。毛泽东指示,张曙时为中央特派员,仍回四川做秘密工作,发展党的组织;李一氓回四川做公开的统战工作。中央还派罗世文回成都做公开的统战工作。1937年7月,全国性抗日战争爆发后,四川的党组织建设亟待加强。8月,中共中央在洛川召开政治局扩大会议,决定实行全国抗战路线,在国民党统治区广泛发动群众性的抗日救亡运动,推动桂系和川军等地方实力派拥蒋抗日。白区代表会议和洛川会议为四川党组织的恢复和发展提供了思想准备。

1937年10月,张闻天、李富春等中央领导人找邹风平和在中央党校任总支书记的廖志高谈话。中央决定派他们回川,在成都建立中共四川省工作委员会(以下简称"省工委")。这时,毛泽东、朱德、刘伯承给刘湘、刘文辉、邓锡侯等四川地方势力派代表人物写信,做他们的统战工作,为重建中共四川党组织创造条件。

11月28日,根据中央决定,邹风平、廖志高等6人从延安入川,恢复和重建四川党组织。1938年1月,中共四川省工作委员会在成都正式建立,邹风平任书记,廖志高任组织部长,张曙时分管统战工作,周俊烈任军委书记,直属中共中央领导,自2月起划归中共中央长江局领导。至此,时隔两年半后,四川才又有了党的领导机关。接着,长江局派程子健回四川参加省委工作，任宣传部长（后任组织部长），又派四川人郑伯克、阚思颖（甘棠，女）入川工作，任省工委委员。6月，组织部长廖志高调往组建重庆市委，省工委书记邹风平兼省工委组织部长。

中共四川省工委成立后，立即着手重建各地党组织，半年时间内完成了中共四川省级组织的重建和统一任务，先后下辖成都市委、重庆市委、南充县临工委、川北工委、川南工委、宜宾中心县委、自贡市委、万县中心县委、乐山中心县委、眉山特支以及泸县中心县委等涵盖四川50多个县市的党组织。

（二）南方局领导下的川西（康）特委和川东特委

1938年11月，遵照中央指示，中共四川省工委撤销，并撤销中共重庆市委和成都市委，暂时不再建省委，分别在成渝两地建立川西、川东两个特别委员会。这时全省党员发展到3258人，增加了10倍，60多个市县建立了党组织。中共川西（康）特委，邹风平任书记，直属中共中央长江局领导，以成都为中心，负责领导川西、西康和川北区南充、遂宁、阆中和川南区自贡、乐山、内江等地区党组织。

1938年底，中共川东特委在重庆建立，廖志高任书记，以廖志高、李应吉、漆鲁鱼为常委，以重庆为中心，负责领导川东及川南部分地区党组织，直属南方局领导（1940年上半年西南工委成立，川东特委改属其领导）。川东特委领导川东地区党组织和川南地区的泸县中心县委，并一度领导宜宾中心县委。1943年9月，廖志高调南方局，川东特委撤销，分设上川东、下川东特委，直到1944年3月撤销。1941年8月，川南特委撤销，所属党组织交川康特委领导。1939年1月，西康建省后，中共川西特委改称川康特委，改由南方局领导。1939年夏，南方局决定由罗世文接替邹风平任川康特委书记。邹风平、程子健、郑伯克任川康特委常委，赵利群任秘书长。

川康特委和川东特委是两个平行的党的省级领导机关。全省有了党的领

中国共产党
四川历史十讲

导机关后，党员和党组织迅速发展壮大。仅一年多时间里，四川全省党员就由1938年5月的300多名发展到1939年9月的8100多名。

1939年1月，国民党召开五届五中全会，决定"溶共、防共、限共、反共"方针，使国民党统治区域的中共四川地方组织的巩固和发展工作又遭遇到许多新的困难。同月，由周恩来任书记的中共中央南方局在重庆成立，直接领导川康特委和川东特委。1939年夏，南方局决定，罗世文任川康特委书记，邹凤平任副书记。

1940年3月12日，蒋介石特务头子康泽等人在成都精心策划制造了类似希特勒"国会纵火案"式的"抢米事件"。当日，康泽的别动队在成都抢劫了存有地方军阀潘文华大量资本的重庆银行的米仓库，并将此嫁祸于共产党，大肆逮捕共产党人，中共川康特委书记罗世文和川康特委军委委员车耀先一同被捕（1946年两人一起牺牲于重庆渣滓洞），全省出现反共浪潮。3月底，中共中央就成都事件向南方局发出指示，立即严令成都、重庆等地的各级党组织做好安全隐蔽工作。此后，中共中央连续发出指示，要求大后方党组织实行"隐蔽精干、长期埋伏、积蓄力量、以待时机"的方针；南方局决定设立西南工作委员会（钱瑛任书记）和南方工作委员会，实行分区就地领导，川康特委归西南工委领导。

1940年4月至1941年2月，川康特委书记调整为程秉渊（程子健）兼统战部长，程秉渊、郑伯克、于江震任常委。1941年2月，程秉渊撤回延安，川康特委工作由荣高棠、孙敬文负责；6月荣、孙调离，南方局调川东特委委员王致中到成都任川康特委书记。1946年4月王致中调南方局，蒲华辅任书记。同月，中共四川省委成立，川康特委撤销。

川西（康）特委领导整个川西、西康，川南区自贡、乐山、内江，川北区南充、遂宁、阆中等地区党组织，包括成都市各区区委及五大学总支、四川大学总支、成都市委、自贡中心市委和各县县委、特支中心县委等数十个机构。1941年1月皖南事变后,将川南、川北划出,分别建立中共川南、川北特委,川康特委的工作区域缩小。

抗日战争时期,中共四川省级组织先后以省工委、各省级区特委机关形式建立和发展,党组织成为抗日救亡团体的领导核心。中共中央南方局在重庆成立后的7年多时间里,四川党组织直接在南方局的领导下开展工作,四川党组织的许多革命活动都是与南方局直接领导的活动融为一体的,许多特委的领导成员也是南方局的工作人员。在南方局的领导下,中共在四川的统一战线工作和抗日救亡运动有了很大进展,取得了许多重要成就。这是抗战时期中共省级组织的一个突出特点。

四、解放战争时期中共四川省委组织的重建和发展

(一)中共四川省委的公开成立与撤往延安

全国解放战争初期,中国共产党在川、康两省的党组织没有建立统一的领导机关,川康特委、川南工委、重庆市委、南充工委和川东几个中心县委等党组织都直属中共中央南方局领导。1946年3月,中共中央开始筹建中共四川省委员会。4月22日,中共四川省委召集第一次会议,重庆局书记董必武出席,宣布了中共中央关于成立中共四川省委的决定和组成人员名单,书记吴玉章、副书记王维舟(后由张友渔继任)。四川省委直属重庆局领导,机关设在重庆。

4月30日,周恩来在重庆举办的新闻记者招待会上公布了中共四川省委成立和省委主要领导成员名单,这是新民主主义革命时期唯一一次公开成立的中共四川省级领导机关。公开成立中共四川省委,表明中国共产党对履行"双十协定"的诚意,也是中共在国民党统治区公开树立的一面旗帜。中共中央决定在重庆公开四川省委成立的消息,是一种试探和试点。由于川、康两省党组织总的秘密领导机关未能建立,中共四川省委部分领导成员在中共

代表团驻重庆办事处与各地党组织秘密联系,指导工作。5月18日,中共代表团和重庆局离开重庆迁往南京,重庆局改称南京局,中共四川省委与中共代表团驻渝联络处合署办公,属南京局领导。此时的中共四川省委,实际上承担了过去南方局的部分工作,全面领导四川、西康、云南、贵州4省党组织和《新华日报》的工作,并加强了下属党组织建设,是中国共产党当时在西南最重要的领导机关。中共四川省委指示,撤销中共川康特委,建立中共成都工委(书记蒲华辅,年底马识途任副书记),管辖原所属党组织,即成都党组织、西昌党组织、雅安党组织、乐山中心县委、宜宾中心县委,主要开展成都的工作,逐步恢复外地的党组织关系。①

中共四川省委成员一览表(1946年4月—1947年3月)

职务	姓名	任职时间
省委委员	吴玉章 王维舟 傅钟 于江震 魏传统 杨超 程子健 梁华 郑伯克	
候补委员	周文 何其芳 赵世兰(女) 袁超俊	
书记	吴玉章	1946年4月—1947年3月
副书记	王维舟 张友渔	1946年4月—1946年7月 1946年7月—1947年3月
秘书长	魏传统 袁超俊	1946年4月—1946年7月 1946年7月—1946年11月
组织部部长	于江震	1946年4月—1946年11月
宣传部部长	傅钟 张友渔(兼)	1946年4月—1946年7月 1946年7月—1947年3月
宣传部副部长	周文 何其芳	1946年4月—1946年7月 1946年7月—1947年3月

---

① 中共成都市委党史研究室编著:《中国共产党成都历史图志(1923—1949)》(第一卷),中共党史出版社2008年版,第307页。

续表

职务	姓名	任职时间
统战部部长	程子健	1946 年 4 月—1946 年 7 月
社会部部长	杨超	1946 年 4 月—1946 年 11 月
文化组组长	何其芳	1946 年 4 月—1947 年 3 月
工人组组长	杜延庆	1946 年 4 月
妇女组组长	赵世兰	1946 年 4 月—1946 年 11 月
青年组组长	周力行	1946 年 4 月
新华日报社代社长	傅钟 张友渔（兼）	1946 年 4 月—1946 年 7 月 1946 年 7 月—1947 年 3 月

资料来源：中共四川省委组织部等编：《中国共产党四川组织史料》，四川人民出版社 1995 年版，第 205 页。

中共四川省委在险恶的政治环境中坚持斗争，克服重重困难，发展组织，壮大力量。其艰险情形，正如 1946 年 9 月，四川省委给中共中央的报告中指出："四川省委自四月下旬成立以来……五个月来经过多次险恶的风浪，总算平稳的渡过了。"吴玉章以中共代表团驻渝联络代表和四川省委书记名义，积极开展公开活动。四川省委和吴玉章的一系列活动，使四川省委形成了事实上的公开化和合法化，成为领导四川人民同反动势力进行英勇斗争的指挥中心。

1946 年 6 月，国民党蒋介石撕毁"双十协定"，发动全面内战后，中共中央和南京局立即指示四川省委精简组织，疏散隐蔽干部，准备在国共两党关系破裂时便于应付。1946 年 10 月 30 日，周恩来、董必武电示四川省委，实行精简与疏散政策，保全干部，以待时机。省委是公开的，必须与地方秘密党断绝关系，如不可能建立总的秘密领导机关，让各地党组织独立工作，只把各地关系约好，省委秘密保存，同时电告中央组织部；省委的主要任务是领导《新华日报》及公开的统战工作。

1947 年 2 月 27 日，国民党重庆警备司令部致函吴玉章，令所有本市中

共人员及眷属,统限于3月5日以前一律撤离重庆。当晚,国民党派出军警包围搜查省委机关和《新华日报》报馆,实行武力驱逐。2月28日,中共中央电示四川省委,除可疏散及隐蔽者外,其他人员向延安撤退;3月7日至9日,中共四川省委和《新华日报》报馆人员包括报童380多人由重庆撤离到延安,公开成立将近一年的中共四川省委撤销,四川的地下组织因此暂时失去了与上级组织的联系,只能分散独立地开展工作。

(二)川康特委和川东临委、特委的建立与撤销

1947年5月,中共中央将中共中央上海分局改为上海局,决定由上海局管辖长江流域及西南各省,加强和统一党对国统区工作的领导,指定上海局钱瑛负责领导西南各省党组织工作,决定在四川和西康两省分川康、川东两片建立相当于省级的党领导机关。

1947年8月底,根据上海局的指示,中共成都工委改建为中共川康特委,蒲华辅任书记、马识途任副书记,领导西康、川西、川南以及川北部分地区的党组织,包括成都市工委、成都市委等组织。1948年2月,中共成都市工委撤销,建立中共成都市委(1948年2月至1949年12月)。1949年1月,蒲华辅被捕叛变,钱瑛指示川康特委主要干部到香港学习。12月27日成都解放。1950年1月初,川康特委撤销。川康特委领导的外围组织有:成都民主青年协会(1944年10月在成都成立)、火星社(1948年10月在成都成立)、民主青年联合会(1948年4月在重庆成立)以及1948年至1949年期间在重庆成立的重庆市职业青年联合会、重庆市学生联合会、新民主主义青年团、民主青年协会等。

1947年11月,根据上海局钱瑛的指示,川东临时工作委员会(以下简称"川东临委")建立,由王璞任书记、涂孝文为副书记,领导川东、川南党组织。1948年8月,川东临委结束工作。1949年1月,根据钱瑛的指示,在重庆成立川东特委,书记肖泽宽、副书记邓照明。川东临委、特委领导40

多个下属组织，所领导的外围组织有 1947 年 7 月成立的重庆"六一社"（1948 年冬改名为"新民主主义青年社"）、1949 年 9 月成立的中华青年学生研究会。11 月 30 日，重庆解放，川东特委结束工作。

解放战争时期中共四川省级组织的一个重要特点是，成立了新民主主义革命时期唯一公开的一届领导机关——中共四川省委，但它成立不到一年时间就被迫撤往延安，四川党组织工作再次被迫转入地下，全川许多地方的党组织一度与上级组织失去联系，只能分散独立活动。

在解放战争时期，中共四川省委全力配合解放四川的各项工作，起了重要作用。如省委于 1946 年 7 月，指示重庆市委加强农村工作，准备发动游击战争，同时加强城市的工人运动和学生运动。11 月，中共中央批准省委书记吴玉章起草的《西南武装斗争总计划》，要求"立即反攻"。公开的四川省委机关撤离后，两个相当于省级领导机关的川康特委、川东临委（特委）分别领导所属组织和党员，继续深入群众，同国民党反动派开展各种形式的斗争，并建立了游击队，以牵制国民党军队，配合解放战争。1947 年下半年，人民解放军转入战略反攻以后，中共组织对四川地方实力派开展统战工作，主要是争取他们和蒋介石反动派彻底决裂，尽快站到人民一边，配合人民解放军向西南进军，实行起义、投诚。在中共中央指示下，川康党组织还派人与刘文辉的代表具体商定了起义的时机、准备及其配合人民解放军的具体部署，直接促成了刘文辉、邓锡侯、潘文华率部起义。在临近解放军入川时，中共四川地下党组织传达贯彻中共中央上海局关于"保存力量，保卫城市，迎接解放，配合接管"的指示，积极配合解放军阻击、围歼国民党军队，开展迎接解放四川的斗争，为四川全境解放做出了重要贡献。

整个新民主主义革命时期，在中共中央的领导下和指导下，四川先建团后建党，以成都和重庆为重点，在全省各地建立了各级党团组织。中共四川省级组织从成立之日起，便在中共中央的领导下，历经千难万险、坎坷曲

折,付出大量牺牲,仅省委书记(包括代理省委书记或相当于省委书记者)英勇牺牲的就有8人(杨闇公、傅烈、刘愿庵、穆青、苟永芳、廖恩波、罗世文、王璞)。历届中共四川省级组织始终坚持不懈地发展党员和地方组织,到解放前夕,川康两省中共党员发展到19000多名[1];根据中共中央指示并结合四川地方实际,领导四川人民同帝国主义、封建主义和官僚资本主义进行长期的不屈不挠的英勇斗争,通过各种斗争方式(包括出色的统战工作),最终配合人民解放军解放四川全境,取得中国革命的伟大胜利,完成新民主主义革命的历史使命。

---

[1] 中共四川省委党史研究室编:《中国共产党四川历史》,中央文献出版社2009年版,第201页。

第一讲
第一次国共合作与泸顺起义

  1926年12月至1927年5月的泸顺起义，是大革命时期党在四川领导的重要军事行动，以往的党史研究和教学很少涉及这次起义。这次起义究竟是一次什么样的起义？它是在什么样的时代背景下发生的？它和国共第一次合作有什么的关系？它经历了什么样的浴血奋战过程？它对国共合作的北伐乃至后来党领导的革命产生了什么作用和影响？带着这些问题，我们一起拂掉历史的尘埃，吹散岁月的迷雾，穿越时空，重温那段尘封的历史，让一个个鲜活的面孔从历史深处走来，让浴血奋战的流血牺牲和英勇壮举告诉我们：中国共产党人是怎样从悲壮奋斗走向辉煌胜利、从辉煌胜利走向更辉煌的未来的。

一、泸顺起义的主要背景

  一切历史事件都不是偶然的，都是在特定的历史环境中发生的，特定历史环境为特定历史事件的发生提供了特定原因。特定原因综合形成了特定历

史事件发生、发展的重大历史背景。因此,历史事件的发生是多种合力的结果。泸顺起义同样如此。那么,是哪些因素构成了泸顺起义的合力呢?

(一)国共第一次合作的促成

讲泸顺起义,不得不讲的一个重要内容就是国共第一次合作。泸顺起义的整个过程与国共第一次合作紧密相连。也可以说没有国共第一次合作,很可能就没有泸顺起义。泸顺起义是国共合作的重要内容。泸顺起义的准备、发生发展,到最后的失败,都与国共第一次合作的命运和走向密不可分。从一定意义上讲,泸顺起义的整个命运,也是国共第一次合作走向的真实反映。不讲国共第一次合作,泸顺起义的来龙去脉就讲不清楚。

国共合作的主要内容是什么?这就得说一说中共三大和国民党改组后的一大。1923年6月,中共在广州召开了党的三大,三大决定共产党员以个人身份加入国民党,实行党内合作,这对国共两党都有利。对国民党来说,有利其自身的改造;对共产党来说,有利于党走上更广阔的政治舞台。1924年1月,国民党召开改组后的第一次全国代表大会,大会对三民主义做了适应时代潮流的新解释,新三民主义的政纲同中国共产党的民主革命纲领在基本原则方面是一致的,因此成为国共合作的政治基础。国民党一大确立了联俄、联共、扶助农工的三大政策。那么,国共合作后要干什么?无论新三民主义,还是党的民主革命纲领,都要求反帝反封,这一纲领在当时就集中表现为推翻北洋军阀的政治统治,这也是落实三大政策的行动纲领。

国共合作后,广东革命根据地进一步发展和巩固,全国人民迫切要求国民政府出师北伐,以结束北洋军阀的黑暗统治。北洋军阀的代表人物主要有直系的吴佩孚、孙传芳,奉系的张作霖。吴佩孚控制着湖北、湖南、河南三省及直隶的保定一带,约有兵力20万人。孙传芳割据着江苏、浙江、安徽、江西、福建五省,有兵力20万人左右。张作霖占据着东北三省、热河、察哈尔和北京、天津地区,连同受他节制、统治山东的张宗昌的军队在内,约有兵力30多万人。其他各省还有许多小军阀，而国民革命军只有八个军，兵力仅10万人左右。从双方总兵力的数量来看，北洋军阀占有很大的优势。但是，北洋军阀的统治已失尽人心，内部又存在深刻的矛盾，这就为国民革命军提供了利用矛盾、各个击破的机会。

随着广东革命根据地的发展，北洋军阀企图扼杀广东的国民革命。北洋军阀吴佩孚、张作霖，以及孙传芳在帝国主义的指使下，积极策划"围剿"革命。在北方，张作霖勾结山西军阀阎锡山进攻冯玉祥领导的国民军。在南方，吴佩孚联络控制华东、华南军阀孙传芳和四川、云贵等地军阀对广东国民政府实行围歼，妄图把革命火种扑灭。1961年吴玉章曾回忆说：当时"国民党在广东已经初步建立起一片根据地，但这片根据地陷在帝国主义和反动军阀的四面包围之中。在全国范围内，大军阀张作霖、孙传芳、吴佩孚等都企图进攻广东根据地；就是西南地区，如负隅东江的陈炯明、割据云南的唐继尧、统治湖南的赵恒惕等军阀，也都环伺着广州，虎视眈眈，待时而动；还有广东根据地内部的滇军杨希闵、桂军刘震寰，也在酝酿叛变。根据地的情况正是内外交逼，险象环生"[①]。

中共认为应先发制人，出师北伐。1926年2月21日至24日，中共中央在北京召开特别会议。会议认为：在英、日帝国主义的支持下，吴佩孚、张作霖已建立"反赤"联合战线向国民军进攻，必然对广东革命根据地构成威胁。所以，"现在的时局，实在是中国革命的生死存亡的关头。固然应该在北方努力集中一切革命势力来抵御帝国主义的反攻，然而根本的解决，始终在于广州国民政府北伐的胜利"。"党在现时政治上主要的职任"是从各方面准备北伐。

1926年5月上中旬，中国共产党在广州同时召开第三次全国劳动大会和

[①] 吴玉章：《吴玉章回忆录》，中国青年出版社1978年版，第123页。

广东省第二次农民代表大会。两个大会一致认为，巩固和扩大工农组织，建立紧密的工农联盟，并同革命军和各界革命群众结成大联合，督促和援助国民政府北伐，是当前的主要任务。两个大会联合向国民政府请愿，要求从速出师北伐，打倒军阀，统一中国，并表示工农誓作国民政府的后盾。

1926年7月，广东国民政府发表了《北伐宣言》，随即约十万大军从广东出师北伐。根据敌我情况，北伐军采取了利用敌人矛盾、集中优势兵力，先打最凶恶的直系军阀吴佩孚，侧击孙传芳，最后消灭张作霖的策略方针。在广大工农群众的大力援助下，北伐军英勇奋战，势如破竹，一举攻下长沙，并乘胜挺进，先后又占领了武汉、南昌。反革命主力被歼后，吴佩孚仓皇逃往河南，孙传芳狼狈逃跑。广东国民政府随即迁至武汉。此时，北方冯玉祥将军在我党的帮助下，率军在五原誓师南下，占领陕西，挺进河南，与北伐军形成南北呼应。北洋军阀的统治面临着全面崩溃，形势有利于革命。泸州起义就是为适应当时革命斗争的需要，在中国共产党领导下所采取的一项重要革命行动。

（二）消除四川军阀对北伐的威胁

国民政府迁至武汉有利于革命果实的巩固和更好地指挥革命的发展，但也面临着四川军阀进攻的危险。北伐虽然取得初步胜利，但是北洋军阀并不甘心失败，他们妄图重新组织力量对革命进行反扑。吴佩孚曾"密令四川军阀杨森从万县、宜昌一带侧击武汉"①。军阀孙传芳在江西战场遭到惨败后，潜入天津，向奉系军阀求救，奉系派张宗昌率部分直鲁联军南下援助，企图卷土重来。

国共统一战线内部已生隐患，面临分裂危险。国民党内部不仅有西山会议派，而且又出现了以蒋介石为首的新右派、公开纠集亲信，借北伐工农革

---

① 中共泸州市委党史工作委员会办公室编：《泸州起义》（内部资料），1986年版，第224页。

命的力量,扩大其势力,暗中与帝国主义、军阀勾结,把斗争矛头对准中国共产党和武汉国民政府,破坏革命,篡夺革命的胜利果实。吴玉章曾回忆说:当时"国民党的中枢领导机构内,右派力量还不小。以邹鲁、谢持、林森等为代表的西山会议派正在形成。左派和右派之间的一场政治决斗看来已是不可避免的了"①。英美帝国主义面对北洋军阀即将垮台的形势,开始打他们自己的小算盘。为了确保他们在中国的利益不受损失,一方面支持北洋军阀垂死挣扎,负隅顽抗,同时又拉拢新右派,妄图把中国革命引向歧途。

四川地区位于长江上游,是军阀势力盘踞的重要区域,战略地位十分重要。在其境内有刘湘、杨森、刘文辉、邓锡侯、赖心辉、刘成勋、田颂尧、何光烈和刘存厚9位拥兵自重的军阀将领,兵力达35个师、29个混成旅、19个独立旅,约50万之众。因此,四川军阀的政治态度,对北伐战争能否在长江流域取得胜利是一个重要的因素。②

如果四川军阀配合北洋军阀的行动,武汉国民政府又可能被军阀形成新的包围圈,加之新右派破坏革命,严重威胁着武汉的安全,影响北伐的胜利进军。于是,我党提出了在四川开展军事工作的任务。吴玉章在其回忆录中讲。四川军阀:"大部分在名义上都已归附了吴佩孚,他们战斗力虽差,但假使和吴佩孚联合起来,也未始不是北伐军的一个大患。好在这批军队内部矛盾很多,某些军队又跟我有些历史关系,所以我就着手从中分化他们,希望争取一部分军队反正,以减少北伐的阻力。"③ 如果能做到策反分化他们,一是可以消除四川军阀对武汉的威胁,支援北伐;二是可以建立党自己领导的军队。有了军事支柱和根据地,就可以应付突然事变。

(三)中共对军事运动的重视

随着革命形势的发展,中国共产党的领导人越来越认识到军事工作对于

---

① 吴玉章:《吴玉章回忆录》,中国青年出版社1978年版,第123页。
② 徐光煦:《泸顺起义惊破军阀迷梦》,《红岩春秋》2016年第2期。
③ 吴玉章:《吴玉章回忆录》,中国青年出版社1978年版,第135页。

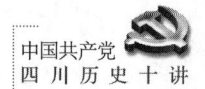

革命的重要性。1926年7月，党召开了第三次中央扩大执行委员会议，会议通过的《军事运动议决案》中就明确指出："本党是无产阶级革命的党，随时都须准备武装暴动的党，在民族革命的过程中，应该参加武装斗争的工作，助长进步的军事势力，摧毁反动的军阀势力，并渐次发展工农群众的武装势力。同时，此项工作就是使本党获得有条理的准备武装暴动的经验。"① 对如何开展军事工作，《军事运动议决案》指出："应设法在反动军阀的军队中，组织能接受我们指挥的兵士支部，并与士兵群众发生关系，利用军队中日常事故，口头的或文字的宣传兵士群众。同时应用全力在兵工厂、军械局等处活动，并组织支部，务使反动军阀不能利用这些武器。对于农民武装团体，应首先注重训练他们的下级领袖，特别是政治训练。至于工人自卫团的进行，不在人数的扩充，而在从政治上和军事上训练工人自卫团的中坚分子。"② 这次会议就明确做出了对于军事工作的指示，要求在反动军阀中做好统战的工作，积累将来武装暴动的经验。

那么，为什么首先选在四川做军事工作呢？或者说在北伐顺利进军之际为什么要做四川军阀的统战工作呢？这主要是由四川的重要战略地位决定的，四川军阀的态度至关重要。1926年1月，吴玉章在国民党二大上做了《四川省党部党务报告》，就结合四川的特点分析了四川在北伐战争中的重要地位，向国民党中央提出加强四川和重庆地区工作的建议。他指出："四川位居长江的上游，人口有七千万，地大物博，实居南北最重要的地位。现在北方军阀正在内溃的时候，我们革命军要往北展，要同西北国民军联合，四川实为一大关键，这是希望中央党部及各同志特别注意的。"③ 1926年10

---

① 中央档案馆编：《中共中央文件选集》（第二册），中共中央党校出版社1989年版，第227页。
② 中央档案馆编：《中共中央文件选集》（第二册），中共中央党校出版社1989年版，第228页。
③ 吴玉章：《吴玉章文集》，重庆出版社1987年版，第87页。

月，国民党中央在广州召开执、监委员会联席会议，讨论国民党最近的政纲和国民会议召集方案等重大问题。会上国民革命军总政治部主任邓演达就要求四川左派临时省党部要设法解除川军特别是军阀杨森部对武汉的威胁，以支援北伐。北伐开始后，邓演达又强调："川军杨森对湖北宜昌、武汉威胁太重，共产党同志要负这方面的工作。"① 除了中共对军事工作的重视外，四川革命基础好，党对川军的策反已有初步基础，川军态度的向背对北伐影响很大等，也是党决定首先选在四川做军事工作的重要因素。

二、泸顺起义的准备工作

（一）摸清四川军阀基本情况

凡事预则立，不预则废。泸顺起义前，刘伯承、吴玉章、杨闇公、童庸生等党的领导人是做了充分准备的。当时，刘伯承离开川军已经两年多，四川各派军事力量发生了许多变化。熊克武第一军系统在讨贼战争失败后已经瓦解，一部投归刘湘、赖心辉等，主力转去贵州、湖南、广东，分别被当地军阀和实力派收编。这使刘伯承失去了直接利用原部队关系进行活动的条件。为了调查军界的历史和现状，掌握各派军阀的新动态，他和吴玉章、童庸生等，利用多种关系，先后到顺庆（今南充）、合川、泸州、万县等地进行调查。一面在上层活动，一面在下级军官和士兵中开展工作。刘伯承等人在重庆佛图关的住处，成了进步军人经常聚会的场所。吴玉章后来回忆说："我和杨闇公同志分工，他负责发展共产党的组织，发展工农运动；我负责整顿国民党的组织，并在中上层和军队中进行活动。当时刘伯承同志也在一起工作。我出院后大部分时间就住在重庆浮图关刘伯承同志的家里。我们的

---

① 陈石平：《泸州顺庆起义》，人民出版社1982年版，第21页。

工作进行得很顺利。"① 刘伯承不但对老部下做工作,就是几度兵戎相见的对手,也不念旧恶,多方联络,耐心劝导他们参加国民革命。1926年8月3日,中共重庆地委向中共中央呈送了《四川军事调查》和《四川各派军阀的动态》两个报告,详细列举了四川军阀各部队的番号、枪支概数、所占防地,并简略注明了各部队主官的派系渊源、参战经历、政治态度、战斗力以及能否争取等情况。

(二)确定四川武装起义的设想

1926年8月上旬,刘伯承和吴玉章途经上海前往广州。在上海,他们向中共中央负责人详细汇报了四川军事运动的情形,商讨关于组织武装起义的设想,即争取"在四川建立自己的军队或策动一部分四川部队起义,就可以推动四川军阀易帜,参加国民军。必要时也可以带领起义军会师武汉,或拉到川陕鄂边、北出西安,接应冯玉祥军队,配合北伐"②。

根据中共中央的设想和四川的情况,重庆地委向中共中央提出建议:"在川中若果我们要扶起朱德、刘伯承,造成一系军队是可能的。"③ 并提出由刘伯承组织旧部,在泸州、顺庆一带发动武装起义的具体方案。中共中央对此建议十分重视,在回信中指出:"四川工作现在十分可以发展,虽然现时一般军人之'左'倾是投机的;然而,我们却可利用这个机会迅速扩大民众运动,在各方面建立起一些基础。"事后,中共中央还就派人加强军事运动、组织"左"倾部队配合起义和援助饷械等项事宜,做出了具体决定。并且预言:"在军事运动上,我们亦有造成自己的一种局面之可能。"④

8月中旬,刘伯承随吴玉章到达广州,参与研究北伐军事,为准备起义寻求国民政府的支持。同时,负责接洽四川军阀派来广州向国民政府致意的

---

① 吴玉章:《吴玉章回忆录》,中国青年出版社1978年版,第134页。
② 中共泸州市委党史工作委员会办公室编:《泸州起义》(内部资料),1986年版,第224页。
③ 中共重庆地委给中共中央的报告。
④ 中共四川省委党史工作委员会主编:《泸顺起义》,四川省社会科学院出版社1986年版,第43页。

代表。这期间,在北伐胜利的震撼下,四川军阀惊慌不安,纷纷派遣私人代表到广州活动,做出种种革命姿态。实际上是为了维持自己的统治,并伺机扩展势力。

(三)同四川各路军阀签订《六条协定》

1926年9月中旬,刘伯承在广州以国民党四川省党部"特务委员会"名义,主持同四川各军阀代表的谈判,利用矛盾,进行工作,并签订了著名的《六条协定》。其内容是:"一、川军将领为救国计,愿一致加入国民党,共同努力国民革命,服从党纪;二、国民政府对川军将领须应给以相当名义,与其他国民革命军一律待遇;三、为完成国民革命计,川军将领应实行出兵,以共同扫除反革命势力,同时国民政府予以充分之援助与接济;四、川军应一律施行政治训练;五、川当局应予人民以集会、结社、言论、出版之自由;六、本约经双方代表签订,呈送政治会议备案后即为有效。"《六条协定》标志着四川国民革命进入一个新的阶段,是革命势力在政治上的一次胜利。然而,刘伯承跟四川军阀打了十多年的交道,对军阀们首鼠两端、见利忘义的反动本质看得十分清楚。他清醒地认识到,谈判只是同反动势力做斗争的一种形式,要促进国民革命军的胜利,必须依靠全体国民,必须依靠共产党的领导,必须依靠真正革命的武装。

9月20日,中共中央关于最近全国政治情形与党的发展的报告中指出:"我们还要开始注意四川,因为在那个地方的军人既倾向国民政府,故意表示'左'倾,政治的环境是比较自由,可以容许我们活动。在军队中我们有几个高级军官及一部分国民党左派,也可以发展成一个局面。"[①]

(四)组建泸顺起义领导机构

正当北伐军席卷两湖,直捣武汉三镇的时候,驻在万县的杨森率数万人

---

① 中央档案馆编:《中共中央文件选集》(第二册),中共中央党校出版社1989年版,第355页。

侧击武汉,对北伐军造成严重威胁。为了钳制四川军阀,保证国民革命军迅速北上,10月中旬在广州召开的国民党执、监委联席会议,根据吴玉章的建议,决定给刘伯承以"国民党中央党部特派员"的名义,全面负责四川军事运动。10月下旬,刘伯承离开广州,取道香港乘海轮到达上海。向中共中央汇报了广州方面的情形,以及四川军事近况。请求派人加强共产党在四川的力量,以支援即将发动的武装起义。中共中央对四川工作更加重视,即派欧阳钦前往协助。

11月中旬,杨闇公、朱德、刘伯承等人在重庆刘伯承家开紧急会议。会上,根据中共中央的意图,成立了中共重庆地委军事委员会,由杨闇公、朱德、刘伯承组成,地委书记杨闇公兼任军委书记。第一次军委会,以泸州、顺庆起义为中心议题。首先由刘伯承传达中央关于加强四川军事运动的指示,和利用川军矛盾,组织泸顺起义的战略构思和具体策略。军委会经过反复讨论,确定组织起义的具体计划是:争取驻顺庆和合川的三个旅首先起义,在川中站住脚跟;随即发动驻防泸州的两个旅起义,以相策应;然后把泸州起义军迅速北调,到顺庆会合,扩编为6个师,由刘伯承统一指挥,组建四川国民党左派军队。

(五)打好起义前的政治仗

1926年11月25日,即泸顺起义前夕,国民党左派莲花池省党部在重庆市中山学校召开国民党四川省第一次代表大会,从政治上造成革命声势,以配合武装起义。在大会上,刘伯承和杨闇公、朱德等人被选为大会主席团成员和省党部执行委员。会议期间,杨闇公先后做了政治报告、工人运动报告、农民运动报告。

11月27日,刘伯承向大会作军事报告,对北伐军在各个战场的形势,作了生动的描绘和深刻的分析,指出:"我革命军处处胜利,政府成立不到两年,竟能将全国三分之二的地面,划入革命势力的范围,这实在是一件大可庆幸的事。"① 他在总结北伐胜利的经验时强调指出:"我们一面不能不归功于革命将士之忠于党国,能将多数敌人,一一打倒;一面却不可忘掉民众的力量,民众予我们党军以巨大的助力……老实说,此次北伐的胜利,不完全是革命军本身的力量,而是民众拥护本党的力量。"② 刘伯承的讲话,多次博得与会者的热烈掌声。在那时,正当蒋介石揽北伐胜利之功为己有的时候,刘伯承以如此鲜明的历史唯物主义观点,论述民众力量在北伐中的决定作用,表现出非凡的政治水平。

根据泸顺起义即将爆发,军事问题极为紧迫的形势,刘伯承在报告中详细介绍了四川军阀队伍的复杂政治背景和左右逢迎、专事投机的封建特性,剖析了军阀们的反动本质和目前面临的困境。最后郑重指出:"四川在革命军势力包围之中,成了瓮中之鳖。四川将领只有两条路可走:一条是反革命,就立即放弃四川地盘,冲出此包围线,渐而与破裂之奉系联络,以救须臾之死;一条是革命,不但可以保持固有地位,且可以图事业之发展。就是非说,他们自然该革命,就利害说,他们尤其要革命。"并满怀信心地预示,"一齐来革命,这种事实,在不久之将来,一定可以实现的"③。

一如刘伯承所料,四川军阀在北伐胜利和民众革命情绪的冲击下,为保存原有地位和实力计,纷纷宣布易帜,归入国民革命军序列。杨森、刘湘、赖心辉、刘成勋、刘文辉、邓锡侯、田颂尧,依次被任为第二十、二十一、二十二、二十三、二十四、二十八、二十九军军长。但当国民革命危及他们的根本利益时,他们一个个都暴露出反动的真面目。

三、泸顺起义的主要经过

泸顺起义包括泸州起义和顺庆起义,1926年12月1日,泸州起义爆发,

---

① 刘伯承:《刘伯承军事文选》,解放军出版社1982年版,第3页。
② 刘伯承:《刘伯承军事文选》,解放军出版社1982年版,第3—4页。
③ 刘伯承:《刘伯承军事文选》,解放军出版社1982年版,第5页。

12月3日顺庆爆发起义。两次起义都在四川境内,起义爆发的时代背景相同,目的相同,二者相互影响,都是中国共产党领导的武装暴动。通常我们把这两次起义合起来称为泸顺起义。

(一)顺庆起义

1926年12月1日,泸州起义提前爆发。当时,莲花池党部召集的"一大"会议正在进行。刘伯承立即与杨闇公等人紧急磋商。12月3日,顺庆也爆发起义。鉴于顺庆是预定借以依托的根据地,决定按原计划由刘伯承赴合川,率黄慕颜部起义,然后驰援顺庆,主持和指挥整个起义。

5日傍晚,当刘伯承赶到合川时,黄慕颜部已接到顺庆急电,离开了驻地。于是,刘伯承在滂沱大雨中连夜追奔,终于在大河坝赶上了起义军。深夜,刘伯承和黄慕颜等人就行军路线和部队情况计议了一番。次日清晨,刘伯承率部挥戈北指,直奔顺庆。

顺庆是四川中部出产富庶的地区。该地驻军川军第五师师长何光烈,原属第一军系统,但一贯拥兵自重,自谋发展,不听调遣。讨贼战争中先是与刘湘达成默契,不出一兵一卒;后待熊克武失败离川后,率部投向了刘湘,被刘湘仍委为第五师师长,并保住了原驻地。何部旅长秦汉三和杜伯乾,在刘伯承、吴玉章、童庸生等人的影响下,逐渐靠拢革命。中共党员吴季蟠、黄直峰分别到两个旅当政治部主任。后来,秦汉三也被发展为共产党员。

在对四川军阀的策反上,吴玉章曾回忆说:"我最先选择驻在南充的川军第五师师长何光烈作为争取的对象。何本是熊克武的部下,与我相识,他自称是无政府主义者。我们起先以为这个人比起那些腐朽的军阀总会开通一点,哪里知道他的头脑也像花岗岩石一样的顽固不化。我劝他归广州革命政府,晓之以理,喻之以势,反复譬说,仍然是一窍不通。"① 当然吴玉章在南

---

① 吴玉章:《吴玉章回忆录》,中国青年出版社1978年版,第135页。

充的策反工作也是有重大成绩的,他讲:"不过我这次去南充也没有白跑,我利用旧的关系,天天到士兵中去演讲,宣传革命的道理。何光烈部下有两个旅长倒比他们的'无政府主义'上司(即何光烈)好得多,这两个旅长同情革命,终于被我争取过来了。后来这两旅队伍参加了刘伯承同志领导的顺(庆)、泸(州)起义。"① 这两个旅长即秦汉三和杜伯乾。

何光烈对秦汉三、杜伯乾两位旅长日益倾向革命大为不满。对他们提出的响应北伐、拥护国民革命等主张更是百般反对和压制。他时常越权指挥团、营长,借以架空秦、杜,伺机夺其兵权,以至除掉秦、杜。在情势越来越紧迫的形势下,秦、杜秘密商定在12月5日趁何光烈在顺庆土门寺操场检阅时,逼何就范,宣布起义,并派人密告刘伯承。不料,事机泄露,使起义不得不提前举行。

12月3日下午5时,秦、杜指挥所部向何光烈的帅部进攻,在城内激烈交战。由于起义军英勇作战,何光烈携家眷、弃兵及少数部队仓皇出逃,并放火烧城。当天起义军胜利占领顺庆城,并很快组织了地方临时权力机构。

12月9日,刘伯承率合川起义军到达顺庆,随即召开紧急会议,详细了解起义经过,审视整个局势变化,对巩固和发展起义成果,处理各部队关系,整肃内部纪律、布置民众生活等做了安排。第二天,刘伯承召集起义军7个团另两个营共7000多人在果山公园举行誓师大会。会场两边的红柱子上贴着长联:"英吉利、美利坚赶紧缩头;法兰西、小日本各自滚蛋。"会上,刘伯承身穿国民革命军服装,正式宣布就任"国民革命军川军各路总指挥"。并向起义军官兵讲话,号召各路部队团结一致,拥护和参加国民革命,打倒帝国主义,打倒军阀,坚持革命到底。同时,黄慕颜、秦汉三、杜伯乾也分别就任第一、二、三路起义军司令。在刘伯承总指挥的主持下,起义军设立

---

① 吴玉章:《吴玉章回忆录》,中国青年出版社1978年版,第135页。

了总指挥部,采取了坚决的应急措施,使顺庆的混乱局面得到改变,恢复了社会秩序。

然而,四川的反动军阀很快向起义军扑来。而泸州方面的义军,迟迟没有向北运动。面对这一形势,刘伯承提出:迅速撤出顺庆,向川鄂边境前进,发挥起义军的精神优势,吃掉弱小军阀,壮大革命力量,向武汉政府靠拢。正当顺庆的第一、二、三路起义军商议移动之际,重庆送来杨闇公的紧急密信,告知已严令泸州起义军火速北上,并指示顺庆起义军原地坚守,等候会合。于是,刘伯承又和黄、秦、杜进行会商,并在兵力部署上做紧急调整,改撤出城防为坚守顺庆。此时,军阀邓锡侯早已派两个团进驻嘉陵江右岸李渡一带,从南面对顺庆取监视状态。紧接着又加派李家钰旅4个团,从西面逼近顺庆。逃窜到顺庆北面南部县的何光烈,抓住手下的独立旅和骑兵团,并向邓锡侯部罗泽州师借来16个营的援兵,叫嚣着要"杀回顺庆报仇!"

在敌军压城的危急情况下,刘伯承命令秦汉三部第二团团长姚元锋率兵3个营,在城西紫云寨、二郎庙、插旗山一带担任警戒,日夜巡逻,防止敌人袭击。12月13、14两日,敌人以8个团的优势兵力,分三路向起义军进攻。刘伯承指挥起义军狠狠打击来犯之敌。但由于泸州起义军并未北来会合,寡不敌众,起义部队处于十分不利的地位。他立即召集营以上军官会议,讨论放弃顺庆向东转移的方案,决定起义军全部撤出顺庆。

12月15日晨,为集中兵力攻城西之敌,掩护全军向东转移,他命令起义军第一路出两个营,第二、三路各出3个营,共计8个营的兵力,由秦汉三任前敌指挥,向李家钰部发起猛攻。因敌人兵力众多,火器精良,起义军多次进攻均未能得手。在战斗最激烈的时刻,他亲临西山前线督战,鼓励起义军官兵英勇杀敌。敌人一面以"敢死队"猛烈反扑,一面利用何光烈的名义,在阵前乱喊乱叫,进行煽动,致使起义军内部的动摇分子弃枪逃走,甚至有的临阵倒戈,对起义军造成极大威胁,形势异常严峻。

12月16日上午9时,双方在小老君进行激烈交火。刘伯承派部队拼死力战。但终因敌众己寡,难以挡住敌人"敢死队"的疯狂进攻。当天下午,顺庆起义军向东北面的灯台场方向转移。到黄昏时,刘伯承和黄慕颜、秦汉三、杜伯乾就地召开紧急会议,商讨下一步行动方案,刘伯承提议起义军暂退开江县整顿。

12月下旬,刘伯承率起义军2000多人,由梁山猫儿寨经达县大树坝、葫芦潭到达开江。刘伯承与黄慕颜等人联衔打电报给武汉国民政府,陈述落后、闭塞的四川尤需革命的理由,报告已"于12月东、江①两日,肃清反动分子,举义泸、顺,响应北伐。并为军事统一计,推选刘伯承同志为总指挥,黄慕颜同志为副总指挥,党国大事,义不容辞……伯承等既为民众利益而兴师,誓当为之奋斗到底!大义所在,矢志不渝"②。

此时,杨森由于进攻武汉北伐军遭到惨败,转而伪装倾向革命,表示欢迎起义军,并邀请刘伯承和杨闇公到万县指导工作。于是,刘伯承、杨闇公先后抵达万县,与朱德一起研究时局的变化,商讨顺庆善后和泸州方面的军务,并对杨森进行工作,利用他与刘湘的矛盾来牵制刘湘。

为了迎接新的斗争,应付泸州战局,重庆地委军委陆续调集力量到万县,中共中央从汉口派往泸州义军中做政治工作的人员也相继到达万县。其中许多人对武装斗争缺乏认识,对战争没有经验,大家纷纷要求刘伯承讲军事知识,介绍作战经验。刘伯承便利用早晨和晚上的时间,给大家讲了十来个亲历的战斗故事。他启发大家总结顺庆起义的经验教训,在实践中学习打仗,学会带兵。

---

① "东"是指《韵目代日表》中的1日,"江"是指3日。
② 中国人民政治协商会议四川省重庆市委员会文史资料研究委员会编:《重庆文史资料选辑》(内部资料),1979年版,第7页。

起义军在开江县纪律严明,深受群众欢迎和称赞。据重庆《新新日报》3月14日报道:"刘(伯承)黄(慕颜)部队,军风纪异常严肃,市场交易公平。主客两军及人民俱相亲善。"四川《国民公报》3月15日发表题为《开江民众大有觉悟》的报道:"开江民众运动,以有革命军一、二、三路驻扎该县,近来颇形发展。民众方面在回龙场已成立两个农民协会,共四百余人。甘棠乡已成立农民协会三个,区农民协会一个,共五百多人。普安乡已组织两个农民协会,共四百多人。甘棠乡、普安乡各组织商民协会一个,各百余人。"

(二)泸州起义

泸州,川南重镇,位于四川省南部长江与沱江的汇合处,地形险要,易守难攻,水陆交通便利,有"铁打的泸州"之称,历来为兵家必争之地。自贡的盐,内江的糖,富顺、江安、纳溪等县的土特产,云贵两省及上川南的山货、药材都要从此地转运,从省外进口的五金、棉纱、日用百货也要从水路运至泸州再转各地。因此,泸州的税收为四川较多的县份之一,仅盐税一项每月就高达十万元以上。其他货物税收亦多,税源极为丰厚,被称为"金泸州"。

泸州起义爆发前,驻防泸州的军队是赖心辉部的三个混成旅。赖心辉,四川三台人,早年毕业于云南讲武堂,时为"四川省长"兼"边防军总司令",拥有人枪一万四千多,下辖两个师、五个混成旅,分驻泸州、顺庆、江津等地。

在驻防泸州的三个旅中,第二混成旅旅长李章甫是赖心辉的亲信,拥有人枪近2000,驻守泸州城内。第十混成旅旅长陈兰亭,绿林出身,素与李章甫不合,拥有人枪3000多,驻守沱江北岸小市一带。第四混成旅旅长袁品文,拥有人枪2000余,驻守长江南岸蓝田一带。

袁品文的第四混成旅是讨贼战争失败后由熊克武部第二混成旅改编的,

该旅许多官兵曾在刘伯承指挥下驰骋川中,具有初步的民主主义思想。旅长袁品文曾在刘伯承属下任连、营长,归属赖心辉以后处处受到排挤和歧视,当时在苦闷中寻找新的出路,有反对北洋军阀统治的激情和急于改变自身窘境的强烈愿望。1926年上半年,重庆地委就先后派遣了共产党员刘孟伉、邓作楷、童庸生等人去该旅工作。刘孟伉在袁部任秘书,常以三民主义的道理启发袁品文的觉悟,开导他脱离旧军阀阵营,走革命道路。邓作楷被袁品文任命为政治顾问,负责主持全旅的政治训练工作。袁品文对该旅官兵的训词、报告,均悉由邓作楷起草,官兵们经常受到革命思想的教育。同年9月,童庸生以国民党四川莲花池省党部"泸州军运特派员"的名义到泸,向袁品文转交了刘伯承嘱其响应北伐、参加革命的亲笔信。刘伯承的信对袁品文震动很大,他两次与童庸生秉烛长谈,详细询问刘伯承对四川军事的意图和设想;童庸生也向他介绍了北伐战争对四川政局的影响,指明革命发展的前途。9月下旬,袁品文派邓作楷为其代表到重庆参加杨闇公召集的川军部分将领会议,讨论起义计划。

驻防泸州的三个旅之间,矛盾很深。李章甫为人骄横暴戾,他作为赖心辉的亲信,独霸泸州的税收大权。他的部队丰衣足食,按月发饷,而袁、陈二旅经济拮据,朝不保夕。入冬以后,李旅都穿上了棉衣,而袁、陈二旅还靠单衣御寒,下级官兵怨气很大,不满情绪在部队中滋蔓。陈兰亭原为绿林出身,脾气暴躁,因自己实力较强,不甘居人篱下,为了分享泸州税收,多次当面与李章甫争吵,两人矛盾愈积愈深。1926年10月初,李章甫部在城内大北街泸康茶园宴客。陈部士兵去茶园门口闹事,李部巡查队立即从中拿获二人,就地枪决,并在布告上称之为"土匪士兵",故意戳陈兰亭的痛处。这样一来,陈更是与李誓不两立,必欲杀之而甘心。李对陈也心存狐疑,戒备较严。

针对袁、陈、李三部的情况,中共重庆地委军委和国民党莲花池省党部

决定以袁品文部为起义的基本队伍,争取吸收陈兰亭参加起义,解决李章甫,摧毁泸州的军阀统治。通过在袁品文那里工作的邓作楷,向袁品文下达起义指示。

袁品文接到起义指示后,与邓作楷等进行了商议,确定了联络陈兰亭、铲除李章甫的具体计划。袁品文经与陈兰亭密商,陈兰亭欣然同意,他们又商定借军士训练学校学生毕业的机会,请李章甫来训话,然后乘机起事。12月1日,袁品文、陈兰亭依计行事。上午8时许,李章甫谈笑风生,随前来迎接的袁品文同舟横渡长江,到达袁品文旅部。袁部举行了隆重的欢迎仪式,彩旗招展,号角齐鸣,李章甫完全被蒙在鼓里。袁品文随即按预定计划,将大小船只调集南岸,又派人以去陈部借"留声机"为名,通知陈兰亭:李章甫已上钩,事态进展顺利。待李章甫进入袁部客厅坐定后,伏兵冲出,将李及随行人员全部缴械,扣押起来。泸州起义后李章甫被处决于忠山。袁品文、陈兰亭树起国民革命军旗帜,宣布起义。经过一天一夜的激烈战斗,起义军于次日早晨将李章甫旅解决,胜利占领泸州城,通电全国宣布起义。

泸州起义胜利后,起义军内部发生了很大变化。陈兰亭参加起义有自己的打算,现面对泸州每月十万元的盐税,留恋不已,整天想的就是抓钱、抓粮,以肥私囊,又在暗中与贵州军阀周西成勾结,准备拉部队入伙。陈部原聘的政治部主任黄季陆,是国民党右派分子,他暗地里挑拨各部之间的关系,极力阻挠部队到顺庆集中的计划。袁品文部第一团团长皮光泽自恃在起义中功劳最大,目中无人,对集中顺庆的命令根本听不进去,热衷于守着地盘吃饱饭,抱着泸州好发财,整天跟在陈兰亭的屁股后面跑。袁品文虽然愿意服从命令,将部队北调,去顺庆集中,但陈、皮二人拖住了部队,孤掌难鸣。刘孟伉等共产党员奔走于各部之间,反复耐心地做劝导工作,仍无成效。12月中旬,莲花池省党部派陈达三先生前来泸州,代表刘伯承催促起义军北上，亦无济于事。由于失去泸州方面的及时支援，顺庆起义失败。

为了巩固和扩大泸州起义的成果，杨闇公、朱德、刘伯承于1927年1月中旬在万县开了军委会会议，分析研究了当前的局势与发展趋势，商讨了控制泸州的方案。最后决定：由刘伯承即刻到泸州，全权指挥泸州起义军。1月下旬，刘伯承赶到泸州城。针对起义军内部涣散不统一的状况，他采取了果断有力的措施，颁布了《国民革命军川军各路总指挥部布告》，开始对泸州起义部队进行整顿。首先，刘伯承在原泸县道署内设立总指挥部，原来的四、五路军联合办事处撤销。每日午后，各路司令集中在总指挥部办公。泸州的军、政、财大权，统一于总指挥部。其次，整编部队，成立国民革命军川军第六路军，司令皮光泽，下辖两个团，驻防兰田坝。再次，筹办"泸纳军团联合军事政治学校"，为部队培养军事政治骨干力量，刘伯承任校长，学员由部队、团防选送，校址设在城内原都司衙门，第一期招收学员近五百人。同时，还在城内轩辕宫筹办了"泸县国民师范学校"，招收高中学生，培训政治工作人员。中共中央、重庆地委先后派出的政治工作人员陆续到达泸州。刘伯承将他们分派到各起义部队。第四、五、六路军设政治部、党代表，各团设政治指导员，绝大多数由共产党担任。最后，整顿财政，废除军阀一年征收几年赋税的规定。果断运用政权力量，全面整顿税收、财政机构，统一税收，简化纳税手续，废除苛捐杂税，处罚少数贪官污吏，罚款数万元补充军饷。在起义军内部，实行财政公开，每周将收入总数开会公布，然后按各部队实有人数分发，杜绝上报不实、分派不匀的问题。

由于刘伯承号令严明，措施得当，在两个来月的时间里，就使混乱的泸城面貌为之一新。革命的泸州，声威远播，引起川中各界瞩目，吸引着反帝、反军阀的各种力量。四川军政、教育、文化各界人士和人民群众，纷纷发来函电，表示对泸州起义军的崇敬和支持，附近地区的许多有志青年，也纷纷前来投效。

1927年3月31日，重庆市民万余人，抗议英、美帝国主义炮击南京，在打枪坝举行大会。刘湘派军警特务进行镇压，当场打死打伤革命群众1000多人，随后又派遣刽子手到莲花池党部、省农会、市总工会等处进行搜捕，疯狂残杀共产党人和进步人士，杨闇公等人惨遭杀害，制造了骇人听闻的"三三一"惨案。关于这一惨案，1959年刘伯承在一次谈话中曾这样评价："重庆'三三一'惨案是革命力量与反革命势力的一场尖锐剧烈的斗争。它是蒋介石反叛革命，勾结英、美帝国主义，拉拢全国各地军阀、地主反动集团，执行屠杀政策整个计划的一部分。"①

刘湘在重庆等地施行大屠杀、大搜捕之后，又派兵向泸州进逼，从4月13日起，先后占领小市、排山坳、滩场、胡市等地。贵州军阀毛光翔师早已占领泸州东侧沙湾一带。夺回地盘的赖心辉担任了川黔联军总指挥，几万人马气势汹汹地从四面八方向泸州进逼，形成了对泸州的包围态势。

"三三一"惨案以后，中共重庆地委被完全破坏，莲花池国民党左派党部被彻底摧毁，紧接着又传来上海"四一二"大屠杀的消息，革命处在极端危急之中。4月中旬，泸州召开军民大会，愤怒声讨刘湘的反革命罪行。4月21日，刘伯承以国民革命军川军各路总指挥的名义，率先呈请讨伐与蒋介石进行勾结的四川军阀刘湘，呈文历数刘湘依附北洋军阀荼毒川境，易帜后阳奉阴违，压制爱国民主运动，尤其秉命蒋介石一手制造了"三三一"惨案等罪行，表示："呈请中央政府，免其军职，明令讨伐，执彼鬼蜮，交民审判，扫除革命魔障，而为死者复仇，职等秉总理之遗志，誓效忠于党。"

在敌人的包围之中，刘伯承审时度势，冷静地分析了敌我友诸方的情况，召集各路司令及营以上指挥官会议，反复讲清利弊，认真进行商议，决定先依托"铁打的泸州"据险防守，等形势发展，再作下一步打算。这时，

---

① 刘伯承：《刘伯承回忆录》，上海文艺出版社1981年版，第68页。

除刘湘的第二十一军外，第二十二军马昆山师已进驻兰田坝，第二十四军张仲铭旅也进抵龙透关。围城敌军增至28个团，共约7万人，比起义军兵力大10倍。

面对数倍于己的兵力，刘伯承迅速做出防守部署，他在总指挥部再次召集军事会议，决定第四路陈兰亭部从小关门起向东沿长江岸防守，阻止敌人从两江交汇的管驿嘴渡河攻城。第五路袁品文部，防守沱江沿岸，阻敌从沱江渡河攻城。第六路皮光泽部，防守龙透关城墙脚下，阻敌从陆路进攻。河中大小船只二三百艘，均为起义军集中控制，并在大、小河沿岸一带，挖掘战壕，安置刃钉。城内各街口用砖石砌成坚固工事，并用柜台做成活动障碍，准备进行巷战。严谨的部署，英勇的作战，打退了各部军阀的多次进攻。

龙透关是通往城内的唯一陆地通道，地势极为险峻。敌军先后20多次前来抢关，每次都遭到起义军的英勇抗击，溃败而逃。4月下旬，敌军又组织2000多人的"敢死队"，猛攻龙透关，并以数团兵力和肖镇南的民团沿岸佯攻，企图一举攻占龙透关，拿下钟山，敲开泸州大门。刘伯承侦知敌军诡计，遂将预备队移往龙透关加强防御。为控制关下的一个死角，伏击敌人，他命令夜间派出一个连到关外的隐蔽处构筑工事，潜伏等敌。第二天拂晓，当敌人"敢死队"张牙舞爪地攻到关下，起义军营长聂文清率部奋勇出击，与敌肉搏。此时，埋伏在城外的连队纵身而出，夹击敌军，接连三次打垮敌人的冲锋。敌"敢死队"弃尸200余具，抱头鼠窜。

4月18日，蒋介石在南京另立国民政府，并纠集反革命武装，企图以武力颠覆武汉国民政府。新旧军阀更紧密地携起手来，把枪口对准共产党和革命人民。蒋介石任命刘湘为第五路总指挥，杨森为第五路前敌总指挥。5月12日，刘湘再次发出"讨伐"泸州革命军的通电，随即又调集大批部队向泸州增援，妄想一举扑灭泸州义军。为加强进攻火力，刘湘倾出老本，拿出最

新的装备——法造路易式大炮、重机枪等,对泸州展开猛烈的进攻。

5月上旬,经过吴玉章的一再努力,武汉国民政府任命刘伯承为国民革命军暂编第十五军军长。刘伯承闻命更感责任重大,继续坚守阵地,指挥起义军英勇作战。不久,刘伯承接到中共中央通知,证实杨森已出兵宜昌,向武汉国民政府进攻。这样,重庆军委会利用杨森牵制刘湘的打算已落空。他随即召开军事会议,讨论撤退方案。但陈兰亭、皮光泽对撤退表示冷淡,因为他们早已与赖心辉达成默契,准备出卖刘伯承和政工人员,换取高官厚禄。5月中旬,刘湘又以5万元巨款,悬赏通缉刘伯承。刘伯承因处境险恶,加之此时泸州已是一座孤城,粮食和弹药供给极为困难。16日,刘伯承偕参谋长韩百诚、参谋周国金(均为中共党员),从龙透关脱出包围圈,离泸去南昌。泸州起义失败。

四、关于泸顺起义的历史思考

泸顺起义已经过去90多年了,90多年在历史的长河中只是短短的一瞬,但泸顺起义这一重大历史事件,却值得后人去认真地总结与思考。

(一)泸顺起义失败的原因

1. 革命力量尚处于弱小的地位,领导革命的经验不足。当时中国共产党刚建立不久,从全国来看,还没有领导武装革命的经验,也没有自己独立组建的部队。对如何组建武装力量以及如何领导武装力量向敌人开战,显然准备不足。刘伯承曾回忆说:"总的说来,我们对革命事业当时都非常缺乏经验。对革命形势的发展都认识不够,热情有余,经验不足。"[①]

2. 中国共产党对改造旧军队的经验尚不成熟,对起义部队改造不成功。顺庆起义被迫比预定计划提前爆发,显得非常仓促。吴玉章曾回忆说:"刘

---

① 刘伯承:《刘伯承回忆录》,上海文艺出版社1981年版,第71页。

伯承同志及我党派去的其他人员赶到时，各路军阀部队的反扑已经逼近。由于起义的是旧军队，还没有得到改造就遭到围攻，又没有与工农群众运动相结合，因此战斗力差，很快就遭到失败。只有一小部分跟着刘伯承同志到了开江县。紧接着顺庆之后，泸州起义也爆发了。按原定计划，泸州起义部队是要迅速开到川北去与顺庆起义部队会合的。但起义部队的将领都是些军阀，他们起义的目的只不过是为了升官发财，现在因起义胜利才得到泸州这块肥肉，他们哪里肯放呢？为了争夺泸州城每月十万元的盐税，他们甚至发生内讧。陈毅同志也曾对他们反复劝说，他们哪里肯听。陈毅同志见他们无望，就离开了。"① 起义仓促，起义部队特别是各部队出身军阀的将领革命思想不彻底，这应当是起义失败的重要原因。在这些起义部队里，无产阶级思想没有最终战胜非无产阶级思想、军阀思想，这为起义失败埋下了伏笔。

3. 反革命力量过于强大。1926年12月10日，刘伯承在顺庆果山公园举行誓师大会时，召集起来的起义军也才7个团另加两个营，共7000多人。1927年5月，泸州守城战时，当时围城敌军增至28个团，共约7万人，是起义军兵力的10倍。尽管起义军作战英勇，但终因寡不敌众，致使起义失败。

4. 国民党叛变革命，四川军阀投机。蒋介石发动"四一二"反革命政变，大肆屠杀共产党人和进步群众，四川军阀纷纷投入蒋介石反革命阵营。吴玉章曾回忆说：当时"蒋介石已公开反动，他指示四川军阀，一面在重庆布置大屠杀；一面调动军队包围泸州，企图消灭起义部队；而川黔各个地方军阀，为了抢夺泸州这块地盘，凡是能赶得上的，各人都派出一支军队把泸州包围起来。等刘伯承同志赶到后，泸州城已被团团围困了"②。刘伯承同志

---

① 吴玉章：《吴玉章回忆录》，中国青年出版社1978年版，第165页。
② 吴玉章：《吴玉章回忆录》，中国青年出版社1978年版，第166页。

率领全城军民英勇地坚持了四十多天的守城战斗。"当整个形势已经不利,而且起义军阀正在酝酿着投降出卖的阴谋时,刘伯承同志便乘机突围而走。接着,所谓起义将领,果然投降敌人,泸州起义就最后失败了。"① 起义部队撤到川黔边境后分裂,后被杨森和周西成收编。

泸顺起义虽然失败了,但在当时产生了巨大影响,《新蜀报》称其"惊破武人之迷梦,唤醒群众之觉悟,影响川局,关系至巨"。

(二)泸顺起义的重大意义

1926年12月至1927年5月爆发的泸顺起义,是中国共产党策动和领导的一次大规模武装起义,是在一个特定历史背景中发生的重大历史事件。从历史的时空看,这一起义发生在国共两党第一次合作走向分裂的转折时段,发生在大革命从胜利走向失败的转折时段,发生在国共合作开展革命运动到中国共产党单独领导革命斗争的转折时段;发生在中国共产党的工作重心从工农运动为主转为武装斗争为主的转折时段。这样的重要历史背景,使泸顺起义具有特殊的重要意义和深远的政治影响。

1. 泸顺起义是牵制敌人配合北伐的重大军事行动。泸州起义有力地推动了四川革命运动的发展,争取地方军阀倾向国民革命政府,成为中国共产党在大革命时期争取改造旧军队的一个范例,在一定程度上达到了中共中央关于牵制四川军阀东下、减轻对武汉侧翼威胁的战略目的,是除北伐主战场外,国内支援、配合北伐战争最重大的军事行动,为推翻北方封建军阀势力做出了重要贡献。

2. 泸顺起义为中国共产党培养锻炼了军事领导骨干和人才。泸顺起义的主要领导人和组织参与者刘伯承、朱德、吴玉章等随后转赴江西,参加领导南昌起义,成为八一南昌起义的重要领导人和人民军队的重要缔造者。领导

---

① 吴玉章:《吴玉章回忆录》,中国青年出版社1978年版,第166页。

泸顺起义的杨闇公、刘伯承、吴玉章、朱德、陈毅等老一辈无产阶级革命家、军事家为中国人民的革命斗争建立了不朽的功勋，为中华民族的独立、解放和伟大复兴做出了卓越贡献。

3. 泸顺起义为中国共产党领导武装斗争提供了经验。泸顺起义是中国共产党力图掌握武装的一次勇敢的尝试，充分体现了中国共产党人"敢为天下先"的革命品质和创新精神，为中国共产党独立领导武装斗争，开辟农村包围城市、武装夺取政权的中国特色革命道路提供了经验借鉴，也为后来领导八一南昌起义以及创建新型人民军队提供了宝贵经验。泸顺起义，同时还是共产党人早期通过军事行动开展统一战线工作的探索和尝试。

第三讲 关于川陕革命根据地的几个问题

一、川陕革命根据地的概况

（一）川陕革命根据地创建时期

川陕革命根据地是随着军事斗争的发展而发展的。1932年10月，为了保存有生力量，拓展发展空间，红四方面军2万余人在张国焘、徐向前等人率领下，离开鄂豫皖苏区，历时两个多月，转战3000余里，于1932年12月下旬抵达川北通江县两河口，"先后歼敌近万人，自己仍有1.4万人"①。随后，在由两河口到通江县城途中的苦草坝，张国焘主持召开高级军政干部会议，决定部队行动方针。会议决定红四方面军向通江、南江、巴中县展开，开始创建以通南巴为中心的川陕新苏区。

红四方面军进占通江县两河口之后，即与陕南、川北当地革命力量相结

---

① 徐向前：《徐向前元帅回忆录》，解放军出版社2005年版，第166页。

合，直下通江县城。1个月之内，红军连战皆捷，共歼敌3个团，溃敌8个团，占据通江、南江、巴中三座县城及周围大片地区。1932年12月29日，红军在通江成立了以旷继勋为主席的川陕省临时革命委员会，作为临时权力机关，在西北军委和红军总指挥部指导下展开创建苏区工作。经过开展分兵发动群众，开仓分粮，平分土地，发展党员，建立党组织，建立红色政权，建立群众组织，发展陕南游击战争等工作，很快便打开了局面，建立了通江、赤北、红江、南江、巴中5个县苏维埃政权，为川陕苏区的建立开辟了良好的局面。

1933年2月7日—13日，中共川陕省第一次党员代表大会在通江县城召开，大会历时一周，成立了中共川陕省委。接着，2月17日—24日，在通江召开了川陕省苏维埃第一次工农兵代表大会，大会宣布以《中华苏维埃宪法大纲》为指导川陕省各项工作的根本大法，讨论和布置了当前开展土地革命战争、扩大红军，建立地方武装和粉碎敌人进攻等问题，并通过了《川陕苏维埃组织法大纲》，正式成立了川陕省工农民主政府，选举熊国炳为主席。会后，各级临时革命委员会，亦均由正式的苏维埃政府机构取代。中共川陕省委和川陕省苏维埃政府的成立，是川陕苏区基本形成的标志。会后，川陕省苏维埃政府相继发布了关于土地改革的布告和关于土地、粮食、"肃反"问题的布告。西北革命军事委员会也发布由张国焘、陈昌浩签署的《关于土地问题的布告》，土地革命随即在川陕地区全面展开。

（二）川陕革命根据地发展时期

川陕苏区的创建，使国民党当局大为震惊。1933年2月18日，根据蒋介石"着重左翼，防'匪'西窜"的指令，田颂尧令孙震率主力38个团共6万余人，分左中右三路向通南巴进击。

3—4月间，红军先后放弃了南江、巴中两县城以及通江县城，两次收紧阵地。红军在总指挥徐向前安排下，以少量兵力配以地方武装，坚守前沿阵

地,消耗敌人,而将主力红军集中到方圆不及百里的空山坝地区,待机反攻。为给敌人造成错觉,并解除翼侧刘存厚部的威胁,指挥部首先派一部兵力东出,突袭竹峪关,将刘敌的八个团打得落花流水。同时令王树声率七十三师,死死顶住敌左纵队的进攻,为反攻争取时间。5月17日,红军在空山坝召开军事会议,部署总反攻。21日下午,徐向前总指挥发出总攻击令。红军已将一部兵力卡住垭口、谷口,以大部兵力向敌猛烈穿插,分割围歼,经三昼夜激战,红军全歼敌7个团,溃敌6个团,敌左纵队被彻底摧垮。由于红军在余家湾以西的大两路口配置兵力不足,被孙震率一部夺路而逃。敌中纵队和右纵队见左纵队溃败,吓得抱头鼠窜。徐向前令部队沿南江方向和通江、巴中方向猛打穷追,扩大战果。至6月中旬,反"三路围攻"战役胜利结束。

历时4个月的战役战斗,红军先后共毙伤敌1.4万余人,俘敌旅长杨杰、覃世科、陈玉清及以下官兵1万余人。[①]徐向前认为,反"三路围攻"的胜利,使"以通南巴为中心,包括苍溪、广元、仪陇、万源一部新区的川陕根据地的革命根据地,扩展到3万平方公里,人口逾200万,进入一个巩固和发展的新阶段"[②]。

(三)川陕革命根据地鼎盛时期

1933年6月底,徐向前、陈昌浩在旺苍县的木门场召开了军事会议。会议总结了反"三路围攻"的经验,并将原来的4个师扩编为4个军,10月底,又将川东游击军改为第三十三军(1万人)。红四方面军战斗力大大提升。木门会议后,红军各部队掀起了大练兵的热潮。这期间红军总指挥徐向前还亲自写了《简略卫生常识》一文,提出防治常见病、传染病的一些具体措施。大练兵运动后期,由于红色政权愈加巩固,红军战斗力明显加强。红

---

① 梅黎明、匡胜、余伯流主编:《星火燎原全国革命根据地要览》,中国发展出版社2014年版,第407页。
② 徐向前:《徐向前元帅回忆录》,解放军出版社2005年版,第209页。

军趁势出击,对敌各个击破,发动了三个战役。

1. 仪陇、南部战役

红四方面军首先攻打田颂尧部,以四军牵制仪陇以东的杨森部、刘存厚部;以三十军、三十一军各一部西向嘉陵江边的广元、苍溪、阆中进逼,牵制西敌;而以九军全部去担任主攻仪陇、南部的任务。1933年8月12日,红军总指挥徐向前命令部队出击。经半个月的时间,九军克仪陇全县及嘉陵江以东的南部地区,占领了100多口盐井,胜利实现了战役企图。同时,三十一军和三十军分别进占了广元、昭化、苍溪、阆中的一部分地区。共歼敌3000余人,缴枪千余支。这场战役保证了苏区军民的食用盐供应,打破了国民党军对苏区的经济封锁。

2. 营山、渠县战役

1933年9月22日,大雨滂沱。红四方面军命令九军和四军十一师连夜从东西两侧向敌迂回,配合正面的三十军待次日拂晓发起攻击。23日拂晓前,三十军从正面突击,九军和四军一部从背后突击,将玉山场、鼎山场之敌打得不知所措,乱成了一团,不到两天,就解决了战斗。杨森手忙脚乱,赶忙增兵营山、渠县、蓬安防堵,同时接连发电刘湘告急救援。红军总指挥徐向前亲率部队冒雨前进,向纵深突击。29日,攻下渠县城北之险要据点楼佛寺、杨家寨;30日,攻克达县的石河桥;10月3日,解放营山;6日,占领蓬安对面的周口。是役历时半个月,共歼杨森部3000余人,缴枪2500余支,根据地向南扩展百余里,有90多万人民群众得到了解放。

3. 宣汉、达县战役

1933年10月,红四方面军向通江以南的得胜山进发,得胜山会议确定了奇袭刘存厚的战役部署。10月17日拂晓前,总指挥部下达攻击令,红军突然出现在东线,分左中右三路纵队打向刘存厚的腹地。敌人遭此突然袭击,全线崩溃。19日,红军攻克宣汉,20日,攻克达县。刘存厚惶惶然带上家眷

细软,出城逃命去了。21日红军又攻克万源,刘存厚的独立王国遂告覆灭。

三次进攻战役历时两个半月,先后歼敌近两万人,相继给敌军田颂尧部、杨森部和刘存厚部沉重打击。红四方面军扩展到近8万人,根据地纵400里,横500里,达4.2万余平方公里,人口500余万。根据地拥有通江、南江、巴中、仪陇、营山、宣汉、达县、万源等8座县城,共建立22个县和一个特别市的苏维埃政府,全川军阀为之震动。① 三次战役的胜利使川陕根据地进入鼎盛时期。徐向前称之为"红四方面军发展史上的新高峰"。

(四) 川陕革命根据地的曲折发展与丧失

1. 反"六路围攻"

1933年10月6日,刘湘发起"六路围攻"。红军在通江召开军事会议,决定继续采取"收紧阵地,节节抗击,待机反攻,重点突破"的方针,分为东西两路粉碎"六路围攻"。

1933年12月中旬,刘湘的第一期总攻正式开始,以损兵折将近两万人告终。1934年春,敌军又连续发起第二期、第三期总攻,皆因红军利用有利地势坚决反击而失败。1934年6月下旬,刘湘第四期总攻开始,7月上旬,红四方面军在万源前线召开军事会议,决定实施决战防御,7月中旬,展开了著名的"万源保卫战"。至9月23日,历时10个月的反"六路围攻"作战胜利结束。反"六路围攻"是红四方面军的历史上战役规模最大、持续时间最久、战果最辉煌的一个战役。东西两线的红军和地方武装付出了伤亡2万余人的代价,先后共歼敌8万余人,缴枪3万余支,炮百余门,击落飞机1架。北起广元,南至阆中的嘉陵江东岸地区,均被红军收复,基本上恢复了反"六路围攻"前根据地的辖区,并发展了新的苏区。②

---

① 梅黎明、匡胜、余伯流主编:《星火燎原全国革命根据地要览》,中国发展出版社2014年版,第409—410页。

② 徐向前:《徐向前元帅回忆录》,解放军出版社2005年版,第249页。

2. 广昭战役

1934年秋，正当红四方面军胜利结束反"六路围攻"战役之际，江西革命根据地的中央红军，因第五次反"围剿"失败，开始了战略转移。蒋介石加紧"川陕会剿"的部署，企图置红四方面军于死地。

11月中旬，红四方面军在巴中清江渡召开军事会议，决定依托老区，发展新区，以打击胡宗南部为主要目标，夺取甘南的文（县）武（都）成（县）康（县）地区，将川陕根据地发展为川陕甘根据地。1月22日，红四方面军发起广昭战役，以一部兵力逼近嘉陵江东岸的广元，而以主力11个团连夜涉水渡江，向敌侧背三磊坝、羊模坝地带出击，切断两城敌军的联系，完成了对广元、昭化的包围。24日开始攻城，但因敌军凭坚固守，红军久攻难克。2月初，徐向前、陈昌浩决定撤围回师，另图发展。

3. 强渡嘉陵江战役

1935年2月初，红四方面军总部于旺苍坝召开会议，决定立即投入强渡嘉陵江的准备工作。3月28日夜，总指挥徐向前发出渡江命令。红四方面军的左中右三路纵队胜利渡江。至此，渡江战役的第一阶段即告结束。

趁敌慌乱之际，红军西进涪江流域打击邓锡侯部，尔后挥军进取甘南，打击胡宗南。4月上旬末，红军总指挥部令右路部队向北推进至羊模坝、三磊坝地区并围广元，中路一部出青川、平武，以固右侧安全；以中路主力和左路全部直取江油。4月14日、15日，红军与敌军激战于塔子山、雉山关一带，将援敌击溃，歼敌4个多团，乘胜追击，克中坝、彰明、北川。中旬末，北部的青川、平武也尽在红军手中，仅江油围攻不下。至此，嘉陵江战役宣告结束。嘉陵江战役历时24天，红军连克阆中、南部、剑阁、昭化、梓潼、平武、彰明、北川等8座县城，控制了东起嘉陵江、西至涪江纵横二三百里的广大地区，共歼川军1万余人，创造了红军战史上大规模强渡江河作战的范例。

主力红军过江后，张国焘率后方红军部队和党政军机关撤出川陕苏区。

同时,由于红四方面军决定只留下刘子才、赵明恩等300余人马就地坚持斗争,实际上等于完全放弃川陕根据地。

二、川陕革命根据地时期的党政军建设

(一)川陕革命根据地时期党的建设

1. 历次党代会的召开

1933年2月7日,在建立了通、南、巴地区各县、区党组织的基础上,中国共产党川陕省委第一次党员代表大会在通江城召开。中共中央代表、西北革命军事委员会主席张国焘等指导大会。到会的地方和军队代表500余人,大会历时一周,成立了中共川陕省委。大会热烈地讨论并通过了《关于目前形势与川陕省党的任务》《发展党的组织与扩大红军》和立即召开第一次工农兵代表大会等决议,决定在川陕地区广泛开展土地革命,发动群众,创建苏区,决定创办省委机关报《共产党》,组建川陕省委党校以便培养干部。

1933年6月25日,中国共产党川陕省委第二次党员代表大会在通江召开。到会代表248人。会议听取了曾中生所作的政治报告,做出了《关于目前政治形势与川陕省党的任务》决议。分析了国内外的政治形势,着重指出川陕党的当前任务是消灭四周敌人,巩固已有的胜利,争取苏维埃政权在西北一省、数省首先取得胜利。党的具体任务是扩大军队,近期动员10000名新战士加入红军,加强党对游击队的领导;领导贫苦农民进行土地革命;健全工会组织,动员工人加入苏维埃和红军,形成工人干部;扩大共产党与共青团的组织和反帝同盟的组织;开展白区工作,等等。大会还通过了《关于组织问题决议案》,对建立健全党的支部、增强党员的理论学习和提高党的质量等都做出了一定的规定。大会还通过了《红军与地方武装决议案》。

1933年12月1日,中共川陕省委在巴中城召开了第三次党员代表大会。参加大会的代表有1000多名,会议进行了10天。会议的主题是关于进一步

动员全体人员参加反"六路围攻"。大会分析了消灭刘湘的优势以及不足，同时就如何进行动员发出了号召，指出要对群众进行深入的宣传鼓动，组织各群众团体，组织大规模的游击战争，发展赤区的经济建设，同时要积极对白军进行宣传。

1934年10月，中共川陕省委在巴中城召开了第四次党员代表大会。会议对反"六路围攻"的经验进行了总结，并指出当前的紧急任务是要巩固赤区的胜利，打过嘉陵江去。大会还讨论了当时的形势和任务，土地革命等11项议程，改选了省委。

2. 组织机构的完善与党员的选拔和培养

"省、道、县、区党的组织相同，因职权大小不同，人的多寡亦不同；乡设支部，村设小组，城市中有街道支部，受市（县）委领导。"[①] 川陕革命根据地鼎盛时期共有23个县和1个市，都设有县（市）委。另外，还设有绥定和巴中两个道委。随着川陕革命根据地的发展，党组织也发展得很快。

另外，川陕省委对党员的选拔与培养也是很重视的。在群众中选出代表去领导工农，表现好的介绍入党，通过这样建立党的支部。支部定期召开会议，人多了就进行分组。不分组的支部半个月开一次会，分组的支部一月开一次会。接受新党员时，都要进行审查与办理一定的手续。

为了提高党员的政治觉悟和工作能力，川陕省委重视党员的教育工作。其一，创办省委党校。1933年7月，省委党校在通江创办，后随川陕省委迁移到巴中，校长是陈开。教材为省委机关报《共产党》和《中国共产党章程》等，另外，省委同志还会为学生做报告。300余学生，按班、排、连编制，分高级班、初级班和专业班，上午学习理论，下午进行练习，晚上爬山

---

① 《川陕革命根据地历史长编》编写组编：《川陕革命根据地历史长编》，四川人民出版社1982年版，第48页。

和夜战。一般学习3个月，毕业后分配工作。其二，县委建立党员、团员和流动训练班，主要讲授政权和支部工作与土地政策等。干部的培养为革命工作提供了人才，这些人为苏维埃政权的巩固和革命的开展做出了重要贡献。

3. 巡视工作的开展

川陕省委和苏维埃政府非常重视巡视工作。中国共产党川陕省第一次党员代表大会通过的《关于组织问题决议案》中"建立党的巡视工作"这一决定标志着川陕苏区党的巡视工作的确立。中国共产党川陕省第二次党员代表大会通过的《关于组织问题决议案》中再次强调要开展巡视工作。巡视工作的任务主要是了解下级党部工作，培养新干部，指导地方工作。巡视工作的人员主要是由了解党的路线的干部、群团组织的负责人、接受过专门培训的巡视员等组成巡视机构，在各级党委的统一领导下，由秘书长负责组织开展工作。巡视工作的开展使得土地革命进行得很顺利，保证了土地革命任务的圆满完成。

（二）川陕革命根据地时期的政权建设

1. 历次苏维埃代表大会的选举和召开

川陕省苏维埃代表大会代表的选举，总体上体现了民主平等。基层苏维埃，采取村、乡两级群众大会直接选举的方式，选民可以直接表达自己的意志；另外几级苏维埃代表大会代表的选举，采用无记名投票的方式，选举的程序一般是提出候选人—讨论—选举，选举的具体方式有口头表决、举手表决、投票表决和"盘中放粒"。这两类选举方式都体现了工农民主专政的性质，使得劳动阶级可以当家作主，掌握政权。另外，基层苏维埃经常选举，也有利于干部的提拔和基层政权工作中弊端的防止与减少。[①]

---

① 中共巴中市纪律检查委员会等组织编写：《巴山星火——川陕苏区党群关系纪实》，四川人民出版社2017年版，第23—25页。

1933年2月中旬，川陕省第一次工农兵代表大会在通江城召开。到会代表150余人，其中妇女代表约30名，会议历时一周。会议宣布了《中华苏维埃宪法大纲》为川陕苏区的根本大法，通过了《川陕省苏维埃临时组织法大纲》，成立了川陕省工农民主政府，熊国炳担任主席，副主席为杨孝全、罗海青，秘书长黄超。大会还对扩展红军、粉碎敌人围攻和开展土地革命等进行了讨论。

　　1933年8月1日，川陕省第二次工农兵代表大会在巴中县城召开。到会的代表共1160人，其中妇女代表340名，选出了由32人组成的执行委员会，主席仍为熊国炳。大会决定以中共六大制定的《中国共产党十大政纲》为川陕苏区的施政纲领，贯彻落实川陕省第二次党员代表大会确定的方针政策。大会通过了《关于目前的政治形势和川陕省苏维埃的任务》的决议，改选了新的川陕省苏维埃政府的成员，组成了新的执行委员会，并成立了省工农监察委员会；制定了省、县、区、乡、村各级苏维埃行政机构的设置和编制原则；制定了关于禁止鸦片和优待红军家属等条例；对反"围攻"发起了新的号召；向在反"三路围攻"中表现突出的部队授予锦旗。改造后的省工农政府，设有经济建设、财政、交通、土地、文化教育等委员会和革命法庭、戒烟局、政治保卫局。

　　1934年12月11日，川陕省第三次工农兵代表大会在巴中县召开。到会代表1440人。熊国炳担任新的工农民主政府主席，副主席为余洪远、祝义亭，委员27人。会议讨论和学习了川陕省第四次党员代表大会的决议，决定进一步深入开展土地革命，粉碎新的围攻。会议还针对工作中所犯错误，要求颁发各种布告，并对"肃反"中具体的行动做出了明确规定。

　　2. 苏维埃政府组织机构的完善

　　"按照《川陕省苏维埃临时组织法大纲》规定，苏维埃有一套组织系统。省、县、区、乡、村各级都要建立苏维埃政权。各级苏维埃里，都有主席、委员和分管土地、粮食、劳工、内务、经济、裁判、文化教育、保卫工作的委员。只是因各级苏维埃机构的大小不同,委员有多有少。"① 截至三次进攻战役之后(1933年10月),川陕苏区面积达4.2万平方公里,人口约600万,红四方面军扩军5倍,陆续建立各级苏维埃政权,拥有区苏维埃160多个,乡苏维埃990个,村苏维埃4300多个,川陕苏区进入鼎盛时期。由于川陕苏区面积扩大,为了便于管理,川陕省又设置了相当于市级的道苏维埃政权。于是,川陕苏区政权由5级扩大为省、道、县(市、特别行政区)、区、乡、村六级。省苏维埃政权下设"一部九委一局一庭",有关于中央集权的省军区指挥部、财政委员会、经济委员会、外交委员会、交通委员会、政治保卫局和革命法庭,有关于地方分权的土地委员会、劳工委员会、粮食委员会、文化教育委员会和内务委员会。

(三)川陕革命根据地时期的军事建设

1. 重要军事会议的召开

小河口会议。"小河口紧急会议,是决定去向的会,是关键性的会,争论到底往哪里去,这是中心问题……开小河口会议也是各种形势所迫。它对红军入川起了很大作用。"② 红四方面军撤离鄂豫皖革命根据地后,一路西征,毫无重返根据地的迹象,再加上人员的伤亡,广大指战员对张国焘日益不满。张国焘为了缓解这种情绪,于1932年12月10日在小河口召开师以上干部会议。会上,大家对他提出了不少的意见,并要求将广大指战员的意见书交给中央和日后要将方面军的行动报告给中央。张国焘表面上采纳了大家的意见,却未实施,并对会上那些对他进行批评和提意见的人心怀不满。小河口会议虽然未彻底纠正张国焘的错误,但是却对张国焘一味地向西撤离

---

① 《川陕革命根据地历史长编》编写组编:《川陕革命根据地历史长编》,四川人民出版社1982年版,第64—67页。
② 《访曹广化同志纪要》(内部资料),存四川省社会科学院历史所,1979年4月记录。

起到了一定的抵制作用，并且使得他的军阀主义作风也开始变得稍微收敛了些，这些都对川陕革命根据地的创建产生了积极的影响。

钟家沟会议。小河口会议后，红军向南行进，随后准备在陕南创建革命根据地，但遭到蒋介石"围剿"军的威胁，再加上陕南连续五年的灾荒，在陕南建立根据地的计划破灭。之后，红四方面军将视线转移到四川的北部地区。1932年12月15日，红四方面军于西乡县钟家沟召开团以上干部会议，对向川北行进并在川北建立革命根据地的可行性进行了评估，最终，会议通过了建立川陕革命根据地的决定。12月17日，红军73师217团先行出发，18日抵达通江县北部边界两河口，打响了入川后的第一枪，拉开了创建川陕根据地的大幕。

木门会议。木门会议是红军入川后召开的第一个具有重要意义的军事会议，对于川陕革命根据地的巩固具有重要意义。1933年底，红四方面军于木门召开了军事会议，到会干部100余人。会议总结了反"三路围攻"的作战经验；检查了红军在过去"肃反"运动中存在的问题；检查了各师干部之间的关系，强调加强团结；最重要的是针对军队战士和武装部队人数增加的情况做出了扩编军队的决定。遵照会议决定，部队于1933年7月上旬进行了整编运动，将原有的四个师扩编为四个军，各军的司令部、政治部也以原来各师的领导机构为基础建立起来，西北革命军事委员会为最高军事领导机关，主席张国焘；部队在扩编中，建立和健全了各级党的组织和政治工作机关，各级后勤机构也建立和完善起来，进一步加强了军队的政治工作和后勤建设；根据部队和敌军的情况，红四方面军在总结以往作战经验的基础上进行了有针对性的军事训练和政治教育，掀起了练兵高潮，提高了军队的战斗力。

另外，空山坝军事工作会议、得胜山军事会议、万源军事会议、毛浴镇党政工作会议和清江渡军事会议等都是红四方面军在创建、巩固和发展川陕

革命根据地过程中召开的重要会议。

2. 人才的培养和地方武装建设

红四方面军的军事建设首先注重加强部队党的建设和政治工作建设,而这一工作的开展需要大量的干部。部队扩编后,各军、师、团分别举办训练班,训练基层政工干部、支部委员和党团骨干,比如发放《党员必知》《支部组织及其工作》《连指导员须知》等教材,为干部各自的职责和工作任务指明了方向;出版《干部必读》,发表和印发领导干部撰写的《与川军作战要点》等文件,组织干部学习军事理论知识和实战经验,提高干部的军事素养;1933年2月,创办彭杨军事政治学校,招收18—25岁的工农群众,旨在培养他们成为红军和地方武装中的基层干部。

为了进一步加强地方武装的建设,中共川陕省委于1933年8月8日在通江县北新场公社召开了地方武装代表会议,有百余人参加。会议成立了工农红军川陕省军区指挥部,指挥长为张广才。会议对《川陕省军区指挥部组织条例(草案)》和《西北军区赤卫军条例(草案)》进行了讨论和学习。参加地方武装的成分,绝大部分都是贫农、雇农、手工业工人,个别中农、贫苦青年、牧童、劳动妇女等,按照年龄分为儿童团(8—15岁)、少先队(16—23岁)和赤卫军(23—45岁)。其中,16岁以上的,只要成分好,体力强,无不良嗜好,均可参加少先模范连、战斗连、独立连、独立营、独立团和游击队等。地方武装的任务是支前支战和参军参战。一般由县军区指挥部派人教军事,县委派人教政治。地方武装的军事教育为跑步、爬山、射击和侦察奇袭等,政治教育为"三大纪律八项注意",读《共产党》《苏维埃》《红军》报和土地法令、劳动法令。川陕苏区所有脱离生产的地方武装,都先后编入了正规红军兵团。

三、 川陕革命根据地时期党的群众工作

（一）宣传鼓动群众

1. 完善宣传工作机构

川陕苏区的宣传工作，由中共川陕省委领导，省委宣传部、省文化教育委员会和红军总政治部负责。省苏维埃文委会负责文艺团体和出版事业。宣传部下设有宣传队、钻字队、粉笔队、贴发队和木工组等工作队。其中，宣传队200余人，多是青年妇女，其任务主要是宣传党的主张，兼之扩红；由石匠组成的钻字队，20余人，主要负责在城墙、石岩和石碑上刻字；粉笔队10余人，负责在墙壁上书写标语口号；贴发队10余人，负责贴发标语、传单、布告等，或者由专门指定的人在黑夜将这些东西送往白区；木工组5人，负责用墨汁在木板上写标语口号等。县委宣传部的工作主要是配合中心工作进行宣传，宣传队除部长外，还有11人，分经常和临时两种，地方各级机关，县以上设经常宣传队，区以上可设临时宣传队。除党政机关外，各级工会也成立宣传队，红军也有自己的宣传队，"当时师以上的部队有政治部，团有政治处，都有宣传队，每个队30余人……受政治部、处主任领导"[①]。

2. 丰富宣传工作形式

川陕苏区采用多样的宣传工作方式，主要有文字宣传、口头宣传和戏剧宣传三种。其一，文字宣传。包括钻字队、粉笔队和木工组完成的各种标语口号，贴发队所贴发的标语口号、传单、布告，另外，还有石刻对联、石刻文献和中央印发出版的报刊和书籍等。其中，标语口号有长有短，有大有小，涉及面广，有宣传马克思列宁主义的，有宣传中国共产党、苏维埃和红军的性质和

---

① 《访问巴中明阳公社杨绍玉记录》（川陕苏区革命史调查综合资料）：存四川省社会科学院历史研究所，杨绍玉曾在红四方面军二十七师宣传队工作过。

任务的，还有关于川陕苏区的政治、经济和文化建设的；传单、布告等贴发式宣传较为灵活，可传到白区；石刻文献是十分壮观且其他革命根据地所少见的；报刊和书籍则反映了苏区宣传方式的进步性。当时根据中共川陕省委、省苏维埃政府的决议，省文化教育委员会下成立了国家出版局，苏区出版的报纸，种类多，数量大，质量较高。其二，口头宣传。包括做报告、演讲和唱歌。在当地流行的山歌、秧歌、民歌、小调等曲调的基础上，填入新词，采用民众听得懂的语言，有时甚至是用当地方言演唱，当地百姓甚是喜欢。现在收集到的当地的红色歌谣有几千首之多，可以说，根据地的红色歌谣，是革命人民胜利的纪念碑。其三，戏剧宣传。1933年9月，川陕省工农剧团（又叫蓝衫剧团、新剧团）成立，接着巴江、通江和绥定的新剧团先后成立，1934年初二者合并。另外，川陕省少共办有青年剧团。剧团演话剧、歌舞、活报、川二黄，内容多为揭示统治阶级罪恶、弘扬人民配合红军作战、反映四川军阀失败等。歌剧，曲子也都是群众喜闻乐见的山歌、小调，剧本多是自编自演。

3. 建立多种群团组织

各级党组织、苏维埃政府和红军在领导和发动群众进行革命的斗争中，都分别建立了工、农、青年、妇女和儿童等群众组织。其一，工会（雇工会）。红四方面军入川后，开始建立工人组织。1933年3月，川陕省第一次全省工人代表大会在通江城召开。到会代表400余人，会议历时半个月。会议号召工人阶级拥护劳动法令，规定了工会章程和各级工会的组织法草案，选举了省工会委员会。这次代表大会的召开和省总工会的成立，统一了工人组织，进一步动员了工人支援战争。"川陕省工会，组织了22个县工会，160余个区工会，吸收10万左右的各业工人到工人组织中来。"[①] 其二，贫

---

① 《川陕革命根据地历史长编》编写组编：《川陕革命根据地历史长编》，四川人民出版社1982年版，第359页。

农团。随着土地革命的开展，贫农团随之建立。贫农团"只是乡里有，各村设小组。乡以上没有组织"①。贫农团负责参加并监督土地委员会平分土地，动员贫农支前参战。无产阶级通过领导贫农团，才能统一贫农，联合中农，消灭封建残余。其三，共产主义青年团。省委指定一些同志于1933年2月召开了川陕省第一次团的会议。会议指定了一些同志组成临时省团委，并讨论和通过了临时省团委的工作方针和计划。之后，团的工作在会议决定的九个地区开展起来，培养了一批团的青年干部，发展了共产主义青年团员。1933年7月6日，川陕省第一次团员代表大会在通江新场坝召开。到会代表100余人。会议改选与正式成立了川陕苏区团省委的最高领导机关。大会后，团的工作得到了进一步加强。其四，少年先锋队。1932年2月10日，中国共产主义青年团中央做出了《关于苏区少年先锋队决议》，1933年12月9日，团中央又通过了《苏维埃区少年先锋队工作决议》，川陕省团省委将后者进行了翻印，并将其作为少先队组织建设的指导性文件。其五，儿童团。除县一级儿童团的组织不够健全外，各级的组织还是比较健全的。川陕省委为儿童团编印了《童子团站岗读本》，对儿童团站岗的任务、纪律和工作方法等进行了规定。其六，妇女生活改善委员会。党中央1931年12月11日颁布的《关于扩大劳动妇女斗争决议案》，对妇女的任务和实际工作做出了规定。后妇女生活改善委员会改名为女工农妇会。这一名称将女工和农妇也包括在这一妇女组织之中，成为广大劳动妇女的群众性组织。此外，川陕省委还发布了《妇女斗争纲领》，对妇女和女工应该享有的合法权利分别做出了规定。其七，反帝拥苏大同盟。在川陕省第一次党员代表大会上就决定了发展反对帝国主义大同盟的

---

① 《川陕革命根据地历史文献选编》编委会：《川陕革命根据地历史文献选编》（上），四川人民出版社1979年版，第523页。

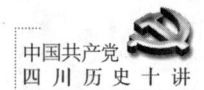

组织。第二次全省党员代表大会也要求川陕省党的组织要成立反帝大同盟的组织。后来,反帝拥苏大同盟"这个组织与省工会合并了,时间可能是在 1934 年下半年或 1935 年初"①。

(二)一切为了群众

1. 划分阶级成分,重新分配土地

川北的自然条件很好,而一无所有的赤贫户竟占百分之五六十。封建地租、高利贷、苛捐杂税,像是套在农民身上的三条追命索。加上连年不断的战祸、匪患,许多农民被剥夺得"屋里光光,肚里空空",背井离乡,逃荒要饭,境地十分凄惨。红四方面军一入川北,西北革命军事委员会、军区政治部就颁发了《关于土地问题的布告》。1933 年 1 月,中共川陕省第一次党代表大会做出决定,充分发动群众,广泛开展分配土地的斗争,彻底打垮封建势力。省、县、区、乡各级设置土地委员会,村设分田小组,由苏维埃主席、土地委员会和工会、贫农团、女工农妇会、少先队等组织的代表组成,人数一般十多二十人,负责进行分配土地的工作。分田依照《关于土地问题的布告》的精神,基本上是以乡村为单位,按土地和人口的总量,抽多补少,平均分配。除留部分红军公田外,一般成人人均各五背田②,小孩人均各三背田,大体能维持温饱生活。地主豪绅的土地、山林、房产、耕畜、财物全部没收,富农的部分没收,分给贫苦农民。中农的土地和财产不动。1933 年 7 月,粉碎了军阀田颂尧的"三路围攻"后,在巴中召开了川陕省第二次党代表大会。大会决定,在新老苏区扩大和深入土地革命,于是土地革命运动又在更广大的范围内展开。土地革命的深入发展,苏维埃政权的普遍建立,使川陕苏区人民政治上抬起了头,经济上翻了身,激励着广大翻身农

---

① 《访湖北军区吴朝祥记录》,转引自《川陕革命根据地历史长编》编写组编:《川陕革命根据地历史长编》,四川人民出版社 1982 年版,第 394 页。

② "背"是川北计算土地的单位,每背相当于二斗粮的产量。

民踊跃参加红军。

2. 发展经济建设，改善人民生活

经济建设上，川陕省党和政府提出要自力更生，组织民众进行土地革命，并实施了一系列发展农业、工业、商业、金融业、交通运输业的措施。这些措施有：颁发"加紧春耕和禁烟运动"的布告，组织变工队推行代耕制，举办耕牛农具合作社，兴建水利、灌溉农田，帮助农民解决在劳动力、耕牛、种子和水利等方面存在的困难，大力发展粮食生产和经济作物，取消鸦片烟的生产，加强对春耕生产的领导；创办了工农银行、造币厂、兵工厂、被服厂、织布厂、制药厂、农具厂、斗笠厂、盐厂、酒厂、脚码子厂等；鼓励发展国营商业和合作商业，恢复私营商业，颁布《苏区营业条例》；开通赤白贸易，生产出了布币、铜币和银币，后实行"流通券"，以克服铜币影响货币流通的困难；领导修塘、筑堰、筑堤、筑坝、疏通渠道、开沟、开河、架桥、建津渡，沟通了根据地腹心地带的水运航线，解决了水患和水路交通、航运的问题；另外，在内地水陆交通要道都建有桥梁，建立了交通邮电事业；等等。川陕省党和政府依据实际，着眼群众利益，采取了切实维护群众利益的有效措施，使得川陕苏区群众的生活水平得到了提高。

3. 重视文化教育，开展文教活动

文化建设上，根据地设有普及义务教育的列宁学校和培养干部的各类学校，出版发行各种革命刊物。譬如，出版发行《共产主义ABC》《革命三字经》等各类政治书籍，川陕省委机关报《共产党》、川陕省苏维埃政府机关报《苏维埃》、西北军事革命委员会机关报《赤化全川》、红军总政治部机关报《红军》等广为流传；红军大学、苏维埃学校、列宁学校、贫民学校、工农中学、专科学校遍布苏区；红军石刻标语随处可见，通江县红云崖顶部的巨型石刻标语"赤化全川"，堪称世界之最的"标语王"，豪气冲天，令人叹为观止；红军石刻文献《中华苏维埃共和国宪法大纲》《中国共产党十大政

纲》《中华苏维埃共和国劳动法》等极为壮观,世所罕见。

4. 开展戒烟运动,重塑社会风气

社会建设上,根据地的党和政府十分重视禁烟工作,川陕省第一次工农兵代表大会,专门对禁烟相关事项进行了讨论,随之在省、县苏维埃政府内成立了禁烟局,建立了禁烟所,组成了宣传队,大力开展禁烟运动,主要是采取禁种、禁吸和向人们宣传吸食鸦片的害处。禁烟工作取得了很大的成绩,增进了人民的健康,改变了人们的精神面貌,节约了社会财富,为红军强健的兵源提供了保障。根据地还注重保护工人、农民、妇女、儿童的权益,提倡妇女解放,男女平等,婚姻自由,男女同工同酬,妇女有选举权和被选举权,打碎了套在妇女身上的枷锁,使她们挺起了腰杆,见到了天日。据徐向前元帅回忆,根据地成立了妇女委员会,成员为贫雇农、中农、工人、县城居民中的青壮年妇女,负责领导工作的有张琴秋、吴朝祥等同志,后会员发展到30余万人之多。

5. 普及卫生知识,开办多所医院

医疗卫生方面,红四方面军入川以前,川陕地区人们缺衣少食,不注意卫生,流行病多,再加上吸食鸦片,所以人民的身体健康情况可想而知。又因为生活穷苦和受封建迷信的影响,生病不去看医生,导致病情延误。川陕革命根据地的建立和发展,使得这一情况出现了转变。省苏维埃政府卫生局负责卫生检查,研究疾病症状与治疗方法。1933年12月下旬,总指挥部医院改编为西北革命军事委员会红军总医院。1933年8月,省苏维埃政府建立了工农总医院。总医院、分医院和各军的医院,主要负责治疗红军的伤病员,同时也为当地的干部和群众治病。医院培养红色卫生人员,组织和接收当地医护人员,尤其是优待老中医,甚至积极争取白军中的医务人员。1933年夏,总医院在医护人员训练班的基础上,成立了"红色卫生学校",为根据地培养了大批的医务人员。省工农医院开办了红色中医训练班和看护训练队，开展医务教育。"苏区各县大多建立了工农分医院或医务所，区、乡则有经济公社开办的工农药铺；加上私人开业的医生，整个苏区形成了初步的医疗卫生网。"[①] 中共川陕省委宣传部编辑出版《卫生常识》等书籍，大力普及卫生知识，提倡体育锻炼，说明流行病的病因、症状、预防和治疗的方法，等等。这些都向人民普及了卫生健康知识，提高了人民的健康水平。

6. 开展优抚工作，优待军人家属

做好军人家属的优待工作可以解除军人的后顾之忧，同时军人家属又可以进一步支援红军。川陕苏区非常重视优待红军家属。1931年11月，第一次全国苏维埃代表大会召开，制定和通过了《中国工农红军优待条例》，并颁布了《红军抚恤条例》。依据这两个文件，川陕苏区又制定了《西北军区政治部关于优待红军家属条例摘要》《中国工农红军第四方面军总政治部布告》和《川陕省苏维埃政府优待红军及其家属条例》，这些条例提出了更具体的优待措施。如，红军家属物质上、生活上的一切问题由当地苏维埃政府负责解决，并享受一切优待。另外，对于白军参加红军者也有具体规定。1933年2月，中国共产党川陕省委员会和川陕省苏维埃政府成立后，优抚执行局是中共川陕省委员会和川陕省苏维埃政府的下一级机构，是一个非常重要的部门。

四、川陕苏区人民对根据地的巨大支持

（一）人民群众踊跃支援红军和根据地建设

在川陕省各级党组织和政府的宣传教育下，人民意识到要想推翻军阀、豪绅和地主的反动统治，粉碎敌人的进攻，保卫川陕革命根据地，就必须要

---

① 《川陕革命根据地历史长编》编写组：《川陕革命根据地历史长编》，四川人民出版社1982年版，第547页。

有强大的红军和地方武装,于是,人民积极地参加红军和地方武装。

红四方面军由鄂豫皖根据地撤离,转战入川时约 1.4 万余人。经过反"三路围攻"和三次战役之后,不断发展壮大,至 1933 年 10 月,红四方面军共辖 5 个军 15 个师 40 多个团,8 万余人。① 另外,红军取得的一个又一个胜利与人民群众的作用是分不开的。如,1933 年 10 月宣达战役结束后,从军阀刘存厚处缴获了大量的战利品,尤其是要将刘存厚在达县的兵工厂全部搬来通江。"从绥定(原达县)到通江 360 华里,大山横亘,沟壑交错,道路崎岖。兵工厂有 138 台机器,拆卸过后,主件仍有几百斤重的,其中英国、德国、日本制造的三台大圆车,主体重 900 余斤,子弹厂的碾碎机重 800 余斤","还有机器、布匹、盐巴、衣物等总数也在 100 万斤以上","从 1933 年 10 月至 12 月,从绥定到通江 360 多华里的崎岖山道上,每天运输大军往来不绝,加之川军虽然战败,但妄图疯狂反扑,地下有残敌骚扰,天上有飞机轰炸,运输工作十分艰难。工会、农会组织运输队人员每天达 1 万多人",这些人历尽艰险,毫无怨言,保证了任务的完成。② 在强渡嘉陵江战役中,苏区群众特别是当时渡江所在地的苍溪县人民发挥了重要的作用。首先,人民群众积极投入造船工作,"苏区群众听说要造船渡江,铁匠、木工等技术工人背着干粮带着工具,从大巴山、渠江两岸昼夜兼程赶到苍溪王渡,短时间就迅速集中了 140 多名技术工人,200 多名青壮民工",没有图纸,工人中的能工巧匠便自行设计,没有造船的材料,群众便都从家用里省下来并从数百里外送来木料,没有钉子,老百姓自力更生地制造,经过日夜奋战,75 只船只很快就造好了;其次是趁着夜晚把船运到 40 里外的渡口,工人们用锅烟墨将整个船体染成黑色,一个班分三组轮换抬船,云峰山山高

---

① 中共党史研究室:《中国共产党历史(第一卷)》(上册),中共党史出版社 2002 年版,第 451 页。
② 中共巴中市纪律检查委员会等组织编写:《巴山星火——川陕苏区党群关系纪实》,四川人民出版社 2017 年版,第 117—118 页。

坡陡，不断有人跌倒，有人被划伤，但却都继续坚持，毫无怨言，实在太难了，就在船底垫上圆木，前拉后推滑着前进，最终顺利完成任务。①红四方面军正是得到了群众的支持才最终战胜敌人，取得了一个又一个的胜利。

（二）人民群众积极参与生产活动

人民群众不仅踊跃地参军参战，而且还在后方积极地发展生产，支援前线，人民群众的生产活动为红军的生活提供了保障。

仅仅从《通江苏维埃志》关于兵工厂、被服厂这两项的记载中，就可见当年根据地的建设规模之大。红四方面军的兵工厂于1933年1月建于通江县城南的苟家湾，1934年3月迁建于苦草坝对河的锣坪。苟家湾兵工厂开始位于通江城东，老底子是红四方面军的一随军小型兵工修配厂，有工人百余，设备不全。十余日后搬到通江县城南的苟家湾，招新工人300余人。1933年10月，红军占领绥定，缴获了刘存厚兵工厂的全套设备及原料并搬到苟家湾。计有：大圆车、压片机、压力机等轻重机械138台，铜砖800余块，硫酸铜、硝酸1百余缸，进口钢材1万余斤，杂铜2万余斤，焦炭2万余斤，子弹数10万发，枪8千余支。与此同时，还转过来600余老技术工人，兵工厂的规模迅速扩大。1934年3月，兵工厂迁至锣坪，生产能力又不断发展。锣坪兵工厂内设有兵器修配厂（有工人400余人）、子弹厂（有工人100余人）、炸弹厂（有工人150多人）、制药厂（人数不详），此外还附设有数十人不等的木工队、石工队、运输队、职工医院、保卫营。锣坪兵工厂的子弹厂一开始每天生产8到9箱（每箱500发），后实行双班制后，日生产子弹19—20箱，共生产90万余发，比在苟家湾时多9倍。炮弹厂每天生产手榴弹10箱、手持迫击炮弹10箱、迫击炮弹20箱，共生产手榴弹11

---

① 中共巴中市纪律检查委员会等组织编写：《巴山星火——川陕苏区党群关系纪实》，四川人民出版社2017年版，第123—125页。

万枚 270 余箱、迫击炮弹 3 万余发，比在苟家湾时多十余倍。兵工厂在锣坪时处在极盛时期。有从鄂豫皖来的 109 个工人、达县来的 600 多工人，加上在苟家湾时新招收的 300 多工人，巴中枪厂来的 50 多工人，到锣坪又招的 400 多工人，全厂共有职工 1500 多人。加上洗衣队、后勤队、运输队，当时在锣坪兵工厂进出的职工达 3000 人左右。① 当年根据地的被服厂较多，有红军总经理部建的，有各军部建的，也有地方各经济公社建的。譬如，红军总经理部建立的苦草坝被服厂，全厂在 1933 年 10 月时有男女工人 360 余人，男工厂每人每天缝军装 10 套，日生产军装 650 套；女工厂全系手工操作，正常情况下每人每天缝 1 套，女工兼做军帽、军鞋、军用挎包、子弹袋等，日生产军装 50 套；红四方面军总医院 1934 年春建立的王坪被服厂，有工人 350 多名。另有总医院在 1933 年春建立了竹子坎被服厂，红军总供给处计有工人 80 余，红江县的涪阳坝被服厂鼎盛时有 360 余工人，赤江县被服厂最多时有 170 余工人，等等。② 另外，红军在川陕革命根据地的两年多的时间里，部队、工厂、学校及各级苏维埃政府、地方武装人数共达 10 万多人，按每人每年消耗 150 公斤粮食计算，两年多时间耗粮共 4000 万公斤左右，这些粮食全都靠老百姓的支援。群众大力参加生产，有力地支援了红军。

五、 川陕革命根据地的历史贡献和精神财富

（一）川陕革命根据地的红色资源

川陕革命根据地现有红色资源众多，下列几个主要红色资源。

川陕革命根据地红军烈士陵园。原名为"王坪烈士墓"，坐落于四川省巴中市通江县沙溪镇王坪村，是中国唯一一处红军为战友修建的陵园，现为

---

① 中共通江县委党史工作委员会监修：《通江苏维埃志》，四川省社会科学院出版社 1988 年版，第 266—269 页。

② 中共通江县委党史工作委员会监修：《通江苏维埃志》，四川省社会科学院出版社 1988 年版，第 271—273 页。

中华人民共和国最大、最早的大型红军烈士陵园。陵园始建于1934年7月，最初是西北革命军事委员会为缅怀自1933年下旬以来在反击军阀刘湘的"六路进攻"中光荣牺牲的革命烈士，在红四方面军总医院旁修建的烈士墓区，并由时任红四方面军总医院政治部主任张琴秋亲自设计并题写碑名、绘制图案，集中安葬红军烈士7823名；1985年扩建为王坪烈士陵园；2002年经国务院批准更名为"川陕革命根据地红军烈士陵园"。2011年，中共四川省委、省人民政府对陵园进行改建和扩建，将原来的35亩陵园核心区扩展到350亩，把分散在通江县50处的17225名烈士散葬遗骨迁移至烈士陵园，整个陵园安葬的英烈达到25048名，成为全国最大的红军烈士陵园、全国爱国主义教育示范基地。1988年1月，被国务院列为全国重点文物保护单位。1989年8月，被国务院批准为全国烈士纪念性建筑物重点文物保护单位，并纳入全国100个红色旅游经典景区、全国爱国主义教育基地。

川陕革命根据地博物馆。该馆由邓小平同志亲笔题书馆名，坐落于四川巴中市城南南龛半山腰。占地面积16466余平方米，馆藏文物2万余件，展示面积1950平方米。始建于1951年，前身为巴中县人民文化博物馆；1979年3月经四川省人民政府批准，邓小平同志亲笔题书馆名，易为现名。新馆于1982年动工兴建，1984年7月正式落成对外开放。它是集收藏、研究、展示、宣传、交流红四方面军和川陕苏区历史文物于一身的综合性博物馆，同时肩负着巴中市博物馆的职能。馆内现藏文物资料2万余件，史料2千余万字，其中国家一级文物有11件、二级文物有85件、三级文物有2307件，全面反映和展示了在1932年12月至1935年3月期间，中国共产党领导的中国工农红军第四方面军和川陕苏区人民创建、巩固和发展全国第二大苏区——川陕革命根据地的光辉业绩。1995年，川陕革命根据地博物馆被中共四川省委、省人民政府列为四川省爱国主义教育基地，四川省青少年教育基地。2000年9月，被共青团中央列为全国青少年教育基地。2016年12月，

被纳入全国红色旅游经典景区名录。2017年3月，被中宣部列为全国爱国主义教育示范基地。

巴山游击队纪念馆。位于四川省南江县桃园镇北七公里铁炉坝村，是由厘金局遗址、广场、主题雕塑、巴山游击队指挥部旧址、史迹陈列馆、巴山游击队赵明恩烈士墓、绿化带七个部分组成，占地面积为7300多平方米，因纪念南江巴山游击队的武装斗争事迹而得名。巴山游击队是红四方面军西渡嘉陵江前组建的一支留守川陕革命根据地的正规武装力量。这支队伍于1935年2月至1940年春，在刘子才、赵明恩等人的领导下，活动在以南江县桃园镇为中心的茫茫林海中，在极其艰苦的条件下坚持战斗长达5年之久。该馆于2003年12月被巴中市人民政府公布为"近现代重要史迹"类文物保护单位，是光雾山景区重要的景点；2016年12月，巴山游击队纪念馆被列入全国红色旅游经典景区名录。

四川仪陇朱德故居。朱德故居始建于清代嘉庆末年（1820年），是朱家先辈从广东入川的第二住地，至今已有190多年的历史。这是一座坐北朝南的土木结构房屋，是典型的川北三合院民居，现保存完好。整个建筑占地2000多平方米，建筑面积336平方米。朱德从9岁开始在这里住了整整14年，度过了他的青少年时代。屋内按照朱德离家时的原貌陈列着朱德及其家人使用过的物品，堂屋门楣上方的匾额系一代文豪郭沫若亲笔书赠，屋侧的"双柏树""琳琅井"是朱德当年劳动、生活和学习的见证物。1988年国务院公布其为全国重点文物保护单位。与朱德故居遥遥相望的是朱德故居纪念馆。纪念馆于1978年12月13日经中共中央批准兴建，1982年8月1日落成开馆，邓小平亲笔题写了馆名。2005年，按照胡锦涛的重要指示进行了改扩建。纪念馆主体建筑3760平方米。大门正上方悬挂的是邓小平亲笔题写的"朱德同志故居纪念馆"馆名，整个馆区由序厅、四个展厅、影视厅、接待室组成，展厅通过文物、文献、图表、照片等反映了朱德的生平事迹。纪念馆的四个展厅分别命名为:"从爱国名将到马克思主义者""从人民军队的缔造者到红军总司令""从八路军总司令到解放军总司令""开国元勋和社会主义事业开拓者"。展览用丰富的图片、翔实的史料、珍贵的文物展示了朱德元帅伟大的一生。朱德同志故居纪念馆先后被命名为"全国爱国主义教育示范基地""全国中小学生爱国主义教育基地""国家国防教育示范基地""全国青少年教育基地"和"全国廉政教育基地"。是广大党员干部和中小学生进行革命传统教育、国防教育和爱国主义教育的理想场所。

(二)川陕革命根据地的历史贡献及精神财富

川陕革命根据地是土地革命战争时期中国共产党创建的仅次于中央革命根据地的全国第二大苏区,将中国苏维埃红色版图进一步推进至中国的西南。川陕苏区成为土地革命战争时期中国南部大本营中央苏区与北部大本营陕甘苏区的桥梁,标志着中国共产党领导的革命战争重心从东南引向了西北,中央苏区、川陕苏区、陕甘苏区互为犄角,成为苏维埃中国的三大中流砥柱。上文关于川陕根据地的发展与壮大的历程,也印证了这一论断。

1933年8月25日,在中央红军与红四方面军断绝交通关系近一年之后,中央在发出的《中央致红四方面军的信》中指出,"据《申报》所载,红四方面军已增至10万人以上,而昌浩报告则谓苏区现已包括通、南、巴、庆、万、绥、营、宣、阆、苍、宁、城、西、镇共川陕十四县,通南巴全为苏区。这种惊人的胜利,给整个西北的革命运动,奠下了最强固的基础,在征服中国各省革命不平衡上,前进了一大步。"[1]

1934年1月24日,中华苏维埃共和国中央政府主席毛泽东在中华苏维埃共和国第二次全国苏维埃代表大会的报告中提出:"中国苏维埃区域是全

---

[1] 《川陕革命根据地历史资料选辑》编写组编:《川陕革命根据地历史资料选辑》(内部资料),1979年版,第5页。

中国反帝国主义的革命根据地,中国工农红军是全中国反帝国主义的主力军。中国苏维埃与工农红军在全中国民众的拥护之下,由于中国共产党的正确领导,已经成为不可战胜的力量。至于中央苏区,这里是苏维埃中央政府的所在地,是全国苏维埃运动的大本营","川陕苏区是中华苏维埃共和国的第二个大区域,川陕苏区有地理上、富源上、战略上和社会条件上的许多优势,川陕苏区是扬子江南北两岸和中国南北两部间苏维埃革命发展的桥梁①。中央和毛泽东对川陕革命根据地做出了极高和很公正地评价。在全苏二大,川陕苏区进入中央政府执行委员会的有十余人,如张国焘、徐向前、陈昌浩、周光坦、熊国炳、张琴秋、李先念等。川陕革命根据地的党和政府大力开展土地革命,实践了中国共产党"为民谋利"的政治宣言;通过普遍建立红色政权和开展大规模的经济、社会和文化建设,树起了一面"赤化全川"的红旗。根据地的红四方面军作为土地革命战争时期中国共产党领导下的三大主力红军之一,有力地配合了中央和湘鄂川黔两个革命根据地的斗争。红四方面军将士骁勇善战、浴血拼搏、英勇杀敌,将领素以打大战、打硬战、打恶战著称,涌现了徐向前、李先念、王树声、许世友、秦基伟、洪学智、陈锡联、王近山等400多名杰出将帅、英才,为川陕苏区的巩固发展,为中国人民的解放事业立下了不朽的功勋,在中国革命史和中国红军史上,写下了辉煌的一页。

对川陕革命根据地的研究和宣传,不仅具有深远的历史意义,而且具有重要的现实意义,是继承光荣革命传统、深化中国革命史中共党史和苏区史研究的需要,也是全面建成小康社会、推进乡村振兴的时代呼唤。川陕革命老区具有丰富的矿产、天然气和水利资源,而且还具有得天独厚的自然生态资源、历史人文资源和红色旅游资源。但由于地形和交通的影响,老区的发

---

① 中国现代史资料编辑委员会编:《苏维埃中国》(内部资料),1957年版,第248—249页。

展受到很大的限制，具体表现在基础设施建设较为落后、生活生产条件较差、区位地理劣势明显、引进外资能力差、结构调整困难多、农民收入低而不稳，等等。因此，推进对川陕革命根据地的研究和宣传，有助于我们真正找准老区发展的潜力和优势，为党和政府科学决策部署提供依据和参考。各级党员干部应该多了解和关注革命老区的发展和老区人民生活的改善情况，制定符合老区实际的发展规划，使老区经济社会与其他地区同步发展。

第四讲 红军长征在四川

长征在中共党史、军史和中华民族发展史上具有十分重大而深远的意义。"这一惊天动地的革命壮举,是中国共产党和红军谱写的壮丽史诗,是中华民族伟大复兴历史进程中的巍峨丰碑。"① 红军四渡赤水、巧渡金沙江进入四川。以四川为舞台,中国工农红军书写了长征途中最灿烂辉煌的篇章。红军长征在四川征战时间最长,前后达 20 个月;遍及地域最广,途经近 70 个县,面积达 30 多万平方公里;自然环境最恶劣,山高路险,河急涧深;敌我战斗最惨烈,党内斗争最激烈。红军长征在四川的胜利,是中国革命从挫折走向胜利的转折点。党中央和中央红军在这里最终"确立北上方针,奔赴抗日前线"。

一、红军长征入川的背景和经过

1934 年 10 月,中央苏区红军第五次反"围剿"失利,在苏区内打破国

---

① 习近平:《在纪念红军长征胜利 80 周年大会上的讲话》,《人民日报》,2016 年 10 月 22 日。

民党军的"围剿"已无可能,为了保存有生力量,被迫撤出苏区,实行战略大转移,这就是党史上有名的二万五千里长征。

1935年1月15日至17日,中共中央在遵义召开了政治局扩大会议,史称"遵义会议"。会议批评了中央苏区第五次反"围剿"和长征开始以来中共中央主要负责人博古及李德等在军事领导上的错误,通过了《关于反对敌人五次"围剿"的总结决议》,肯定了毛泽东等提出的关于红军作战的基本原则。会议推选毛泽东为中央政治局常委,取消博古、李德的军事指挥权,决定仍由中革军委主要负责人周恩来、朱德指挥军事。会后在行军途中,中央先后决定由张闻天代替博古负总责,由周恩来、毛泽东、王稼祥组成三人军事小组,负责军事行动。会议结束了王明"左"倾错误领导,在极端危急的历史关头,挽救了中国共产党和红军,是中国共产党历史上一次生死攸关的转折点,也是中央红军长征的转折点,为整个红军长征的胜利奠定了基础。中央红军占领遵义后,蒋介石调集几十万重兵分路向遵义地区进逼,企图围歼红军于川黔边地区。中央红军根据遵义会议确定的战略方针,准备从泸州以西至宜宾间选择适宜地点北渡长江,进入川西北,会合红四方面军,以川陕苏区为依托,争取赤化四川。1935年1月至1936年8月,红军三大主力长征期间在四川境内转战近20个月,全省10个市州69个县(区)留下了红军将士的足迹。

(一)红一方面军(中央红军)长征在四川

1935年1月29日,红一方面军(即中央红军,时辖第一、三、五、九军团及中央纵队)共3万多人进入川南,到当年9月10日离开四川若尔盖地区北上陕甘,在四川共转战8个月,行经28个县,行程在10000里左右。

红一方面军又称中央红军。1934年10月10日,在第五次反"围剿"失利后,为了保存实力,中共中央机关和中央红军8.6万余人退出中央苏区,从江西瑞金、于都和福建长汀等地出发,先后转战广东、湖南、贵州、云南

等地进入四川。中央红军长征期间,经过了泸州、宜宾、凉山、甘孜、雅安和阿坝6个市州。

1935年1月29日,刚在土城战斗中失利的红一方面军进入四川,开启了红军长征在四川的伟大征程。这是红军长征在四川的起点。进入四川后,在3个月的时间里,毛泽东指挥中央红军四次渡过赤水河,转战川黔滇三省,在运动中大量歼灭敌人,牢牢掌握了战场的主动权,取得了红军长征史上以少胜多、变被动为主动的光辉战绩。这就是中共党史和军史上著名的"四渡赤水"。

四渡赤水后,中央红军大队人马立即向金沙江挺进,1935年5月3日至9日,在七天七夜的时间里,红军主力靠7只小船巧渡金沙江,进入四川会理,摆脱了几十万敌军的围追堵截,赢得了战略转移的主动权。

红军进入会理后,休整一周,5月12号,中央召开了著名的会理会议。此次会议主要总结遵义会议以来的战略方针,确定红军过金沙江后的行动任务,统一思想认识。

1935年5月22日,中央红军进入凉山彝族地区。红军北上先遣队司令员刘伯承与果基部落首领小叶丹,在彝海边举行了结盟仪式。随后,小叶丹派人护送红军顺利走出凉山彝区,直达安顺场。"彝海结盟"是中国共产党的民族政策在实践中的第一次体现并取得重大胜利,给万里长征增添了光彩的一笔。

红军在前有堵截、后有追兵的危情下,来到金沙江与大渡河之间的群山之中。此时,蒋介石已布下重兵,狂妄叫嚣,要使红军成为"石达开第二"。毛泽东则说:"我们不做石达开第二。"1935年5月24日晚,中央红军先遣队攻占大渡河西岸的安顺场。5月25日,红一师一团一营营长孙继先率熊尚林等17名勇士组成奋勇队,冒着枪林弹雨,分两批乘船登上大渡河对岸,为中央红军北上开辟了一条重要通道。从安顺场到泸定桥共320里,红军本来计划用3天的时间来完成夺桥任务。因此红四团第一天走了80里路，第二天即5月28日一早，红四团团长黄开湘、政委杨成武突然接到命令，要求他们提前一天完成任务。于是，5月29日晨，红四团急行军赶到泸定桥西桥头，创下了一天一夜急行军240里的纪录。下午4时，红四团第二连连长廖大珠等22名突击队员，冒着东岸敌人的火力封锁，在铁索桥上边铺门板、边匍匐射击前进，夺下泸定桥。接着，中央红军主力从泸定桥上越过天险大渡河，粉碎了蒋介石歼灭红军于大渡河以南的企图。

1935年6月12日，中央红军先遣部队在翻越夹金山，北进达维途中，与红四方面军一部不期而遇。中央红军和红四方面军会师后，红军主力的总兵力达10万余人，为红军北上、粉碎敌人的围追堵截奠定了坚实的基础。

红一、四方面军会师后，面临新的战略方针和任务。1935年6月26日至28日，中共中央在懋功（今小金县）以北的两河口召开了政治局扩大会议。此次会议决定新的战略方针，是集中主力向北进攻，建立川陕甘革命根据地。

鉴于张国焘顽固坚持南下错误主张，甚至企图裹胁党中央，要"彻底开展党内斗争"的情形，毛泽东与张闻天、周恩来等紧急磋商，为贯彻北上方针，并避免红军内部可能发生的冲突，决定连夜率部先行离开四川，北上甘南。1935年9月9日深夜至10日凌晨，毛泽东等率红三军和中央纵队先行北上，进入甘南。

（二）红四方面军长征在四川

红四方面军是一支有着光荣传统的革命队伍，它以湖北、河南和安徽苏区的部队为主力，于1931年11月7日在湖北黄安（今红安）成立，总指挥徐向前、政委陈昌浩。1932年12月18日，红四方面军进入四川，至1936年8月离开四川，历时近4年。红四方面军建立的川陕苏区成为当时全国第二大革命根据地。

1935年3月底,红四方面军撤离川陕苏区,开始长征。在四川长达17个月,行程在6000里左右。

红四方面军长征在四川可分为四个阶段。第一阶段(1935年3月至1935年9月):策应中央红军,会师后共同北上。第二阶段(1935年9月至1936年2月):红四方面军南下川康边。第三阶段(1936年2月至1936年7月上旬):转战康北休整。第四阶段(1936年7月上旬至1936年8月上旬):迎接红二、红六军团,会师共同北上。

除了红一、四方面军,还有一支红军主力部队,长征也经过了四川,这便是红二方面军(红二、六军团)。1935年11月19日,红二、红六军团共1.7万余人,在贺龙、任弼时、萧克、王震等领导下,由湖南桑植地区出发,开始长征。红二、红六军团1936年5月初,由云南进入四川,经甘孜和阿坝11个县,历时近4个月,行程在5000里左右。

红二、六军团兵分两路进入四川,左路军红二军团由贺龙、任弼时率领,沿金沙江北上。1936年7月初,红二、红六军团在甘孜与红四方面军会师。7月5日,红二方面军成立。

二、 四川在红军长征中的独特地位

四川在红军长征中具有特殊的战略地位和作用,红军长征在四川的历史是整个红军长征史中浓墨重彩的篇章,具有鲜明的特点。长征途中,毛泽东离开四川不久,即创作著名的《七律·长征》,全诗提到5处地名,其中有4处是与四川有关,包括乌蒙山、金沙江、大渡河及岷山。习近平总书记在纪念红军长征胜利80周年大会上的讲话中指出:"长征途中,英雄的红军,血战湘江,四渡赤水,巧渡金沙江,强渡大渡河,飞夺泸定桥,鏖战独树镇,勇克包座,转战乌蒙山,击退上百万穷凶极恶的追兵阻敌,征服空气稀薄的冰山雪岭,穿越渺无人烟的沼泽草地,纵横十余省,长驱二万五千里。"

习近平总书记讲话中提到的8个著名战斗、战役中,与四川相关的就有5个,包括四渡赤水、巧渡金沙江、强渡大渡河、飞夺泸定桥、勇克包座。红军长征经过的雪山草地,也主要在我们四川。可见,四川在红军长征中的确具有不可替代的战略地位和作用。

1. 四川是红军长征经过地域最广、行程最长、时间最久的省区。

红军长征的三大主力都经过四川。红军长征在四川转战地域达30余万平方公里,总里程达21000余里,时间长达20个月。无论是长征中的三支红军主力,还是其他红军部队,四川都是红军长征经过地域最广、行程最长、时间最久的省区。

2. 四川是革命战略重心由南向北转移最关键的省区。

在红军长征所经过的江西、福建、广东、湖南、广西、贵州、重庆、云南、青海、河南、湖北、甘肃、四川、陕西等15个省(市、自治区)中,四川是一个极其重要的省份。

中央红军1934年10月从中央苏区出发踏上长征之路,经过湖南、广东、广西、贵州和云南等地进入四川,在红四方面军的接应下,终于实现了在懋功与红四方面军会师的战略目标。这时的中央红军经过长途、长时间的转移,遭受重大损失,在四川得到休整与补充。在四川各族人民的支援下,党中央率领中央红军主力终于到达陕甘苏区,胜利结束长征,并由此开创了中国革命的新局面,迎接伟大抗日战争的到来。

3. 四川是党中央在长征途中召开会议最多的省区。

为解决重大政治、军事问题,党中央在长征途中先后召开了一系列会议,重要的共32次。其中,在四川召开的便有14次,占了四成还多。主要有鸡鸣三省会议、会理会议、泸定桥会议、两河口会议(两次)、卓克基会议、芦花会议(两次)、沙窝会议(两次)、毛尔盖会议、巴西会议(共4次,包括班佑寺和牙弄寨召开的会议)等。

4. 四川是长征中发生重要战役战斗最多的省区。

红军经过四川期间,遭遇了国民党中央军和地方武装军阀的围追堵截。为生存或完成既定任务,红军在四川进行了一系列战斗战役,例如四渡赤水战役、嘉陵江战役、北川河谷战役、巧渡金沙江、抢渡大渡河、飞夺泸定桥、包座战斗、绥(靖)崇(化)丹(巴)懋(功)战役、天(全)芦(山)名(山)雅(安)邛(崃)大(邑)战役、康(定)道(孚)炉(霍)战役等。

5. 四川是红军长征中经历自然条件最为恶劣的省区。

中国红军长征是我国乃至全世界的一个伟大奇迹。提起长征,人们立刻就会想起"爬雪山、过草地",它已经成为象征红军长征的代名词。《长征——前所未闻的故事》的作者索尔兹伯里曾说:"对于大多数红军战士来说,翻越雪山、草地是长征开始以来最艰苦的一关。其艰苦程度超过湘江之战,超过翻越五岭,也超过四渡赤水。比起只有少数人参战的抢渡金沙江或飞渡泸定桥更是艰苦得多。"红军战士在"爬雪山、过草地"途中所经受的艰难困苦是人间罕见的。红军以其坚定不移的革命信念、坚韧不拔的革命意志、艰苦奋斗的作风、英勇无畏的气概,以及团结友爱、先人后己的高尚风格树立了一座震撼世界的历史丰碑。

长征期间,给红军造成重大损失、非战斗减员最严重的雪山草地都在四川。据不完全统计,红军在长征期间,共翻越4000米以上的雪山多达72座,其中67座位于四川。草地位于青藏高原与四川盆地的过渡地带,纵长500余里,横宽300余里,面积约15200平方公里,海拔在3500米以上。

6. 四川是红军长征中开展民族工作最频繁、成效最显著的省区。

红军长征在四川期间经过的四川少数民族地区包括:川南土家族与苗族地区、川西南彝族聚居区、川西北藏族聚居区、川西北羌族地区、回民聚居区。这些少数民族地区存在千差万别的社会形态、民族习俗、宗教信仰、语言文字。

除了"彝海结盟",红军在川西北高原还帮助建立格勒得沙共和国、波巴共和国等少数民族革命政权。红军长征经过四川少数民族地区时,充分尊重少数民族的风俗习惯和宗教信仰,进行广泛的民族平等政策和红军政策宣传,使长期受到民族压迫和阶级压迫的少数民族群众第一次感受到民族平等的温暖。红军在顺利通过了少数民族地区的同时也取得了推行党的民族政策的伟大胜利。

7. 四川是为长征提供人力物力最多的省区。

红军长征过四川时,为支援红军,全川各族人民做出了巨大的贡献和牺牲。据不完全统计,至少有十余万四川儿女汇进红军的铁流。红一、二、四方面军的 10 多万人马,先后在四川共 20 个月,仅每天食用的粮食就是一个惊人的数字。人民群众忍饥挨饿腾出来的粒粒粮食,是四川各族人民支援红军长征的颗颗红心。红军长征在四川时,外有强大而凶恶的敌人追堵,内有错误路线干扰破坏,还有雪山草地等极其恶劣的自然环境,其形势之严峻,矛盾之复杂,斗争之激烈,是人类活动史上罕见的。数以万计的四川儿女与红军将士一道,为支援长征、保护红军及其失散的战士,血洒山林,用鲜血和生命为红军长征的胜利立下了不朽的功勋。据不完全统计,红军长征中,四川各族人民先后有 28.8 万人次积极支援前线,10.7 万群众踊跃参加红军,7.9 万巴蜀儿女英勇捐躯。四川人民为红军筹集了大量粮食、食盐、棉布、牛肉等军需物资。

红军长征在阿坝州的 16 个月里,先后创建的松里茂赤区和大小金川革命根据地,其总面积不足 6 万平方公里,人口仅有 20 万人。当时生产力水平低下,物产不丰,各族人民生活相当困难,年人均粮食 500 斤左右、畜不到两头,在这种情况下却承担着支援 10 万主力红军的任务。根据地内平均每天支前的强劳动力在 5 万人次以上,支援红军粮食 3000 万斤以上,各类

牲畜20多万头，参加红军主力部队的各族儿女在5000人以上。1936年毛泽东在保安对斯诺说："这是我们唯一的外债，是红军拿了藏民的粮食而欠的债，有一天我们必须向藏民偿还我们不得不从他们那里拿走的给养。"长征到达陕北和全国解放后，毛泽东曾多次讲述并高度评价红军长征爬雪山、过草地时期，四川各族人民对红军长征、对中国革命做出的重大贡献，并称之为"牦牛革命"。

8. 四川是长征中党内斗争最激烈的省区。

张国焘从坚持南下错误方针，反对党中央北上正确战略方针开始，发展到严重分裂党和红军，是红军长征中发生的非常严重、非常重大的政治事件，也是一次严重的党内斗争。

四川是党中央和广大红军指战员与张国焘分裂活动斗争的主战场，是斗争最尖锐最激烈的地方。

三、红军长征对四川的影响

红军长征在四川的战斗历程，沉重打击了国民党在四川的反动统治，打破了反动派的封锁，把光明和希望送到了巴山蜀水，将革命的真理和共产党的主张传播到各族人民中，唤起了人民群众对革命的向往和觉悟。

（一）把革命真理传到巴山蜀水

中国工农红军长征过四川，对中共四川地方组织及其领导的四川人民的革命斗争产生了十分深远的影响。它把曙光送到四川的通都大邑、穷乡僻壤，唤起了全川人民群众对革命的向往，促进了四川各族人民的大觉醒。长征精神永远是四川党和人民前进的强大动力。

毛泽东在谈到红军长征的伟大意义时曾指出：长征是宣传队，"它向十一个省大约两万万人民宣布，只有红军的道路，才是解放他们的道路。不因此一举，那么广大的民众怎么如此迅速地知道世界上还有红军这样一篇大道理呢?""长征又是播种机,它散布了许多种子在十一个省内,发芽、长叶、开花、结果,将来是会有收获的"①。红军长征过四川,对四川革命运动产生了重大的影响。

红军长征过四川,时间长达 20 个月,途经四川 69 个县,其中多数在远离城市的穷乡僻壤,特别是当时社会经济文化都还十分落后的少数民族地区,包括尚处于奴隶社会的凉山彝族地区。这些地区的反动统治者,一方面残酷剥削压迫各族人民,另一方面为维持其统治,从精神上奴役人民,把社会主义思想和共产党的主张视为洪水猛兽,千方百计阻止先进思想的传播,而且对中国共产党和红军竭尽攻击之能事,挑拨红军与各族人民的关系,以达到消灭中国共产党和红军的目的。所以,在红军到达这些地方之前,中国共产党和红军的影响是微弱的。然而,红军长征进入四川广大地区,打破了反动派的封锁,把革命的真理和共产党的主张传播到各族人民中,唤起了人民群众的革命觉悟。

除了打仗消灭敌人外,红军还宣传革命、动员群众参加革命斗争,这是红军与剥削阶级军队的一个重要区别。长征途中,红军发挥了宣传队的作用。所有指战员,从总司令朱德到每一个战士,既是战斗员,又是宣传员。数万红军长征入四川,就是一支数万人的宣传大军进入四川。红军每到一处,利用一切机会,广泛开展宣传工作,除召开群众集会外,还深入村寨和家庭开展宣传工作。红军还利用张贴或散发宣传品的机会,在道路两边显眼的山崖上或在房屋等建筑物上刻写标语口号。如在剑阁县城东门外顺城街上署名为"中国工农红军政治部"的大型石刻《中国共产党十大政纲》,所占面积宽 1.2 米、长 10.5 米,至今字迹还清晰可辨。

红军长征过四川所进行的革命活动,对四川各族人民,特别是对地处边

---

① 毛泽东:《毛泽东选集》(第一卷),人民出版社 1991 年版,第 150 页。

远山区的各少数民族人民,是更深刻、更具体的宣传教育。红军广大指战员为了人民的利益而战斗的献身精神,红军所实行的各项政策和严明的纪律,处处保护群众利益,消灭地主和土豪劣绅,帮助劳动人民建立自己的政权,让劳动人民当家作主,尤其是红军尊重各地少数民族的风俗习惯,实行团结平等的民族政策等,这些都使四川各族人民深受教育。红军所到之地,宣传和发动群众建立苏维埃政权和各种群众组织,把广大群众组织起来投入革命斗争,使四川各族人民在参加革命斗争的实践中经受了教育和锻炼。例如,中央红军在四渡赤水,转战川南古蔺、叙永地区时,多次召开群众大会,发动群众建立了农会、革命委员会,没收了大土豪彭正楷、周进威的粮食等物资分配给穷苦大众,处决了民愤极大的国民党税卡员肖宝之。红四方面军转战川康时,在各地建立了中共地方组织、苏维埃政府和各种群众组织,把川康边各族人民动员起来,投入轰轰烈烈的革命斗争中,使广大人民在斗争实践中接受了革命真理,提高了政治觉悟,经受了革命斗争实践的锻炼。当时,红四方面军在芦山、太平、天全、宝兴、雅安、荥经、名山等地建立中共县委和区委,在大多数乡发展了中共党员或建立了党支部,并建立了以红军干部为主体的中共四川省委,建立了川康边革命根据地,还建立了省级苏维埃政府1个、县级苏维埃政权6个、区级苏维埃政权20个、乡级苏维埃政权78个、村级苏维埃政权324个,另外还建立了贫农团、抗日救国同盟、少先队、儿童团、妇女会等群众组织。红四方面军转战进入康北的甘孜、炉霍、道孚等地,也建立了波巴政权及各种群众组织。这样,各族群众都被组织起来参加到革命斗争中,经过革命的洗礼,受到了深刻的革命教育和锻炼,明白了自己受苦受难的根源,懂得了革命的道理,知道了中国共产党及其领导的红军是为中国人民谋求翻身解放的,中国人民只有在中国共产党领导下才能获得解放。可以说,红军长征过四川,是对四川各族人民进行了一场革命教育,使共产党的主张在四川各族人民心中深深地扎下了根,这是红军长征对四川革命运动的发展所产生的最深刻的影响。至今,川西北羌族群众还能熟练地唱诵红军长征路过羌寨时教唱的《革命三字经》:"工农兵,来革命。共产党,是救星。苏维埃,好章程。工农兵,来专政。我红军,穷人军,分土地,打豪绅。"

红军长征离开四川后,四川各族人民十分怀念红军,想方设法甚至冒着生命危险保存红军留下的各类物品,殷切盼望红军早日回来帮助他们获得解放。尽管国民党为了消除红军的影响,千方百计搜查红军留下的物品,销毁和铲除红军书写的标语口号,甚至残杀流散红军和帮助过红军的各族人民,但是这不仅不能消除红军的影响,反而使各族群众在鲜明的对比中更加相信红军宣传的革命真理,更加热爱共产党和红军,更加珍惜红军留下的东西。理县下孟屯羌族青年秦金山,在红军长征经过理县地区时,积极帮助红军筹粮、送信。红军转移时,送给他一面绣着镰刀铁锤的中国共产党党旗。秦金山为了躲避国民党反动派的搜查,怀揣党旗逃进深山老林躲藏了好几个月。下山后,他把党旗埋藏在神龛的香炉内,直到临终前才把党旗交给他儿子,并嘱咐道:红军总有一天要回来的,哪怕赔上性命,也要把党旗保存好。1935年11月,红四方面军南下川康边攻打汉源县时,农村妇女陈张氏给红军做饭,红军付给了她一些铜圆,当时她拿来还了一些账,还留下44枚铜圆锁在箱子里。她冒着生命危险千方百计躲过国民党反动派的搜查,把这44枚铜圆保存下来。困难时期,有人劝她把这些铜圆拿去换粮食,或者卖了来打油盐她都不肯。她说宁愿饿死也不换这些铜圆。年近90岁时她还一直珍藏着这些铜圆,临终前她把这些铜圆分给她的孙子孙女,叫他们永远记住红军救过穷人的命,永远跟共产党走。在凉山地区,到1950年春解放时,群众精心保存的红军文物仍然有数千件,仅会理县就有保存完好的标语108条、文物37件。各族人民群众从红军留下的标语、物品中受到极大的鼓舞和教育,增强了红军一定会回来、革命一定会胜利的信心。红军长征时,当

过区苏维埃妇女委员的黑水县瓦钵梁子藏族妇女俄满说:红军走后我们虽然受了些苦,但当我们看到红军住过的房子、用过的东西、在山梁上刻写的标语时,浑身的劲就来了。想到红军给我们讲的那些革命道理,就相信红军一定会回来。中国共产党还会帮助我们分得土地,建立起我们自己的政府,过那种扬眉吐气的日子,反动派的统治是不会长久的。类似这样的事例在四川地区不胜枚举。由此可见,通过红军的宣传和影响,中国共产党的革命主张在四川各族人民心中深深地扎下了根,并传给了后代。

红军长征经过四川各地时,曾有计划地派出一批又一批的干部到当地工作,或者调出一部分红军指战员到地方,帮助地方党组织发动群众,开展革命斗争。红军长征途中,在紧急情况下将部分伤病员留下,就地安置在可靠的群众家里,还有一些掉队人员和流散的红军留在各地,仅红二、四方面军离开甘孜地区北上时,就在当地留下了200多名伤病员,安置在积极分子家中治病养伤。据不完全统计,留在雪山草地的红军多达数百人,其中女红军100余人。在宝兴县盐井坪一地,红军留下了20多名伤病员。红军到达各地培养了大批革命积极分子,不少是各级苏维埃政权的成员以及农会会员。这批革命积极分子有的随红军长征了,但大部分留在原地坚持斗争,成为红军散布在四川各地的革命种子。中央红军转战川南时,红八军团第二十三师第六十七团参谋刘湘辉受伤后掉队,被古蔺太平渡附近的群众保护下来,并帮他治好了伤。刘湘辉召集其他9名养好伤的红军战士,隐蔽在太平渡地区。1937年9月,刘湘辉得知在平型关歼灭日本军队的八路军就是以前的红军时,立即给朱德总司令去信,请求回八路军参加战斗。1938年4月,刘湘辉等收到周恩来从武汉写来的信。周恩来在信中除对刘湘辉等流落在川南的红军指战员表示慰问和致意外,还指示他们就地配合抗日民族统一战线,开展力所能及的革命工作,动员人力物力到抗日阵线上去。遵照周恩来的指示,刘湘辉立即和古蔺县的中共地下党组织以及中共泸县中心县委接上了组织关系,在太平渡以做小生意为掩护,发展了一批共产党员,成立了党支部,刘湘辉担任支部书记。他们联络流散在当地的原红军伤病员,发动群众,积极开展抗日运动。在宝兴县灵关乡的罗家坝,游击队排长王海云在红军北上之后,仍然坚持在群众中开展革命活动,他向穷苦群众宣传共产党和红军的主张,号召穷苦群众组织起来和国民党反动派做斗争。他领导组织了一支近百人的人民武装自卫队,处决了专门搜捕杀害红军伤病员和流散人员以及苏维埃干部的反革命分子裴学仁,为当地人民除了一大害。曾担任过天全县两路乡苏维埃主席的柯玉洪,在红军长征后,以原来的苏维埃委员和游击队为骨干,组织群众开展秘密革命斗争,处决了横行乡里的恶霸陈思普。

红军长征散布在四川广大地区的革命种子,在四川各族人民中生根、发芽、开花、结果,在后来的抗日战争、解放战争中发挥了重大作用,为四川革命运动的发展做出了很大贡献。

(二)沉重打击了国民党在川的反动统治

红军长征途经四川近70个县,时间长达20个月,从各个方面给予国民党在四川的反动统治以沉重的打击,削弱了四川地区反动统治力量,有利于四川革命运动的发展。

首先,红军长征过四川,使国民党四川军阀继川陕革命根据地之后,又一次受到了沉重打击。中央红军四渡赤水河、转战川滇黔时,歼灭四川军阀刘湘一部分兵力,仅土城战役就重创川军4个团。红四方面军在西渡嘉陵江战役中,歼灭四川军阀邓锡侯、田颂尧等部12个团万余人,后又在北川河谷战役中歼灭川军万余人。红四方面军南下转战川康边,先发动绥崇丹懋战役,击溃川军杨森、刘文辉部6个旅,毙伤俘敌3000多人。在接着进行的天芦名雅邛大战役中,毙、伤、俘川军各部2.5万人。红军长征过四川,当时统治四川地区的几个主要军阀都受到红军不同程度的打击和削弱。蒋介石调集数十万国民党军队围追堵截红军,不仅未能消灭红军,反而遭到红军的沉重打击,四川军

阀遭受的打击尤为沉重。从此,这些四川军阀认识到中国共产党及其领导的红军是不可战胜的。出于自身的考虑,他们一方面继续投靠蒋介石,执行蒋介石的命令,镇压共产党领导的革命;另一方面,又不敢死心塌地为蒋介石卖命,有的还同共产党保持一定的联系,这些都对中共四川地方组织领导开展革命运动十分有利。尤其是抗日战争时期,四川地方实力派纷纷表示拥护中国共产党建立抗日民族统一战线的主张,并率川军出川抗战;在解放战争后期,纷纷起义,站到人民一边。这当中的原因是很多的,但其中红军长征过四川对这些地方军阀的影响是一个重要因素。

其次,红军长征过四川所到之处,发动群众打土豪分田地,建立各级人民政权,镇压当地反动势力,摧毁了国民党地方基层政权,惩办了一些贪官污吏,镇压了一批反革命分子,解散了封建社团组织,这对国民党反动统治也是一个沉重打击,有利于中共四川地方组织领导革命运动的发展。中央红军在川南地区镇压了"清乡"中队长皇甫少云,攻破了古蔺最大的土豪曾庶凡、曾光鲁的土围子"云庄"。红四方面军南下后,在1935年12月15日至23日召开雅安县苏维埃第一届代表大会期间,召开全县公审大会,处决了当地8名罪大恶极的反革命分子。在消灭地方反革命武装方面,1935年11月,驻宝兴的红军在游击队配合下,消灭了当地大恶霸彭德轩、杨克举率领的数百名地方反动武装,还歼灭了太平乡"剿共大队长"黄正全为首的土匪武装。红军在天全县时,歼灭了当地匪首马文渊为首的反动武装。在雅安县的陇西、七盘、下里、中里、上里等地,红军共镇压了顽固坚持反革命立场、破坏红军和苏维埃政权的反革命分子41人。在名山县的万古等5个乡,红军镇压了反革命分子30多人。

(三)孕育了四川丰富的红色资源

1934年至1936年的红军长征,是中国革命的伟大壮举。红军长征在途经的15个省份内,都留下了丰富的长征资源。红军长征在四川是长征史上最为光辉灿烂的篇章,给四川留下了众多遗址及纪念地。这些遗址遗存与红军征战四川的革命实践有机结合,形成了四川境内长征资源的显著性特质,是值得四川人民倍加珍惜的宝贵财富。根据全省党史部门普查,红军长征途经四川留下的遗址遗迹有1000余处,其中重要遗址及纪念地120余处。这些具有特性的长征资源,对于凝心聚力走好新时代四川新的长征路,奋力推动治蜀兴川再上新台阶,有着极其重要的现实价值,需要深入挖掘和合理开发利用。

第五讲 四川党组织和广大党员在抗战中的作用与贡献

中国人民抗日战争的胜利是一百多年来中国人民反抗外敌入侵第一次取得完全胜利的伟大的民族解放战争。四川在整个抗日战争中具有极其重要的战略地位,是这场长达14年的反侵略战争的大后方。周恩来同志曾用四句话高度概括四川的重要作用,即:抗战最后根据地,联结西北和西南的枢纽,两个民主运动中心,坚强的战斗的西南党组织。正是由于抗战时期四川所处的特殊而重要的地位,中共四川组织肩负特殊历史使命,在中共中央南方局的直接领导下,认真贯彻落实中共中央的路线方针政策,坚持和维护抗日民族统一战线,带领全川人民掀起了声势浩大的抗日救亡运动,为夺取抗日战争的胜利做出了重要贡献。

一、四川党组织的恢复与发展

全国性抗战爆发和第二次国共合作形成,促使四川局势发生重大变化。四川成了国际国内各派政治力量争夺的中心,特别是早已进入四川的国民党中央势力，进一步加速了控制四川地方政权的步伐。相形之下，中国共产党在四川的工作基础则显得相当薄弱。恢复党的各级组织，建立党的省级领导机关，成为非常紧迫的任务。

（一）在党中央的关心和指导下，中共四川组织得到了恢复和重建

全国抗战爆发前，自1935年6月起，四川没有党的省级领导机关，各地各级党组织也遭到严重破坏。但是，分散在省内各地的共产党员和他们建立的党组织，却没有停止活动，反而有所发展，在全面抗战爆发前后，形成了分散在各地的几个不同系统的党员群体。经过初步清理，全省共有党员100余人。这些分散在各地的党员和党组织，虽然互不相属，但却为各地党组织的恢复和重建准备了条件，成为建立党的省级领导机关的重要组织基础。党中央十分关注四川党组织的恢复和重建工作。早在1935年"一二·九"运动爆发后不久，中共中央上海局就派张曙时到四川开展工作。1937年夏，毛泽东、周恩来、张闻天在延安听取张曙时关于四川统战工作和组织情况的汇报后，决定派张曙时为中央特派员，仍回四川发展党的组织。1937年6月，曾担任中共四川省委委员、泸县中心县委书记的邹风平到达延安，向中共中央报告了四川党组织遭受破坏的情况。通过各种途径，中共中央和中央领导对当时四川形势的发展、对四川党组织的基本情况及发展趋势有了一个比较清楚的认识与判断。全国抗战爆发后，第二次国共合作局面形成，为中共四川组织的恢复重建创造了条件。针对全国形势的发展和四川在抗战中的重要地位，中共中央指出：四川的地理位置很重要，很快就会成为全国各党派各实力派争夺的重点和全国的政治中心。因此，应迅速加强四川党的工作。在中共中央的直接领导下，在毛泽东、周恩来等中央领导的亲自关心和指导下，中共四川组织很快得到了恢复和重建，并在斗争中不断发展壮大。

1937年9月，受中共中央委派回四川做公开统战工作的罗世文从成都到陕西，在西安写了入川报告，对四川统战工作和中共地方组织的重建向党中

央提出建议。10月，张闻天、李富春代表中央找邹风平和在延安中央党校任总支书记的廖志高谈话，告诉他们中央决定派他们到四川重建党的组织，要求他们在成都建立中共四川省工作委员会。为加快四川工作步伐，中央还决定派于江震、王子模等川籍党员和邹风平、廖志高等一同回川工作。11月28日，邹风平、廖志高等一行6人带着中央的重托离开延安回四川。12月14日，邹风平、廖志高到达成都与张曙时、罗世文接头展开恢复和重建四川党组织的工作。1938年1月10日，中共四川省工作委员会（省工委）在成都正式成立，邹风平、廖志高、张曙时任省工委委员。至1938年下半年，省工委组织逐渐健全，委员有邹风平、罗世文、廖志高、程秉渊（程子健）、于江震、郑伯克、张曙时、阚思颖、韩天石，邹风平、程秉渊、郑伯克为常委，邹风平为书记，廖志高调重庆组建重庆市委后，组织部长由邹风平兼，宣传部长程秉渊兼工委书记，青委书记韩天石，秘书长阚思颖。最初成立的省工委直属中共中央领导，长江局成立后改由长江局领导，南方局成立后则改由南方局领导。省工委主要活动包括恢复和发展中共四川各级基层组织、进行各种形式的抗日救亡宣传、加强对地方实力派的统战工作、争取民族资产阶级和开明绅士加入抗日民族统一战线等。

（二）抗战初期，四川党组织得到了迅猛发展

1938年5月，省工委传达了中共中央《关于大量发展党员的决议》和长江局关于"大量发展党员，不要搞关门主义"的指示，要求各地党组织都把发展党员作为一项重要工作，使各级地方组织和党员队伍获得前所未有的大发展。为完成此项任务，省工委对工委机关和各地党组织进行全面调整，分别成立了成都、重庆市委，撤销川北工委，建立南充中心县委和阆苍南中心县委，撤销川南工委，分别成立泸县中心县委和宜宾中心县委。在过去没有党组织活动的地区，也派人前往建立组织，发展党员。在省工委领导下，全省各地党组织和党员迅速行动起来。他们深入工厂、学校、军队和各抗日救

亡团体开展工作。一方面组织工人、学生和进步青年以及广大市民参加轰轰烈烈的抗日救亡运动;一方面对抗日救亡运动中的积极分子进行帮助教育,吸收他们加入中国共产党。到1938年11月,四川从1938年3月底仅有的340多名党员发展到3250多人。党直接领导的进步团体19个,团结和组织的群众2400多人。经过努力,四川地方组织迅速发展壮大,不仅党员人数有了大的增加,组织机构也更加完善,至1938年10月,建立了成都、重庆、自贡3个市委和宜宾、泸州等7个中心县委,全川近20个市、县建立了市委、工委、中心县委、特支、支部,60多个县有了党的组织。

1938年11月21日至25日,省工委在成都召开扩大会议,川西各地代表参会,经过民主选举,成立川西特委(次年1月因西康建省,改名为川康特委),邹风平为书记(1939年夏,南方局决定由罗世文任书记)。川康特委属南方局领导。川康特委成立之初,以成都为中心,领导川西、西康、川北和川南部分地区的党组织,有党员1700多名,次年9月发展到4500多名。

(三)"抢米事件"后,四川党组织采取紧急措施,缩小机构,疏散下乡

1940年3月,国民党特务机关在成都制造"抢米事件",嫁祸共产党和八路军,借机逮捕罗世文、车耀先等共产党员和进步人士,掀起有计划的大规模反共恶浪。川康特委根据中央和南方局的指示,采取紧急措施,缩小机构,疏散下乡。1946年4月,川康特委撤销。

省工委扩大会结束后,川东特委于1938年底在重庆成立,廖志高为书记。1940年10月至1942年3月,川东特委贯彻隐蔽精干方针,干部调动频繁,组织机构相应缩小。川东特委直属南方局领导,川东特委以重庆为中心,领导川东和川南部分地区党组织,到1939年10月,有党员3600多人。1943年9月,廖志高调南方局,川东特委撤销。

川康特委和川东特委是两个平行的省级党的领导机关,共同任务是:一方面在组织大发展的基础上,通过加强党员学习和集中培训,提高党员质

量,达到巩固党的目的;另一方面,在巩固党的同时,严格履行入党手续,继续发展党员。经过一年多的努力,到 1939 年 10 月,川东、川康党员人数发展到 8000 多人。这时,全国的共产党员人数也从抗战开始的 4 万多发展到 50 余万。党的组织已从狭小的圈子走了出来,成为具有广泛群众基础的大党。

以后,随着形势的变化,四川党的领导机构又做了一些调整:

1941 年皖南事变发生后,南方局根据中央关于缩小领导机关和划小工作区域的指示,决定将川康特委划小,成立川南特委,属川康特委领导;成立川北特委,直属南方局领导。1943 年 9 月,川东特委撤销,成立上川东特委和下川东特委,直属南方局领导。

川南特委 1941 年 2 月在宜宾成立,以于江震、张文澄为委员,于江震为书记,不设内部机构,领导自贡、乐山、宜宾中心县委。8 月,于江震调川东特委,张文澄调南方局,川南特委结束,所属党组织仍归川康特委领导。

1941 年 3 月,南方局将遂宁、阆中、三台中心县委所属组织从川康特委划出,在南充成立川北特委,领导遂宁中心县委、剑南边区区委、潼南县委。原川东特委领导的南充、岳池等县组织亦划出归川北特委领导。川北特委以李维、杜桴生为委员,李维为书记。1942 年 3 月,李维调往南方局,任川北特派员,领导川北党的工作,川北特委撤销,所属组织先后撤销固定的组织形式,所属党员由王叙五、黄友凡、张光昭、张文轩、朱光璧、王朴庵先后分片联系领导。1945 年 8 月,李维奉调延安。

上川东特委 1943 年 9 月在重庆成立,书记孙敬文,不设内部机构,直属南方局领导,下属重庆市委和北碚(合川)中心县委,1944 年 3 月撤销。

下川东特委 1943 年 9 月在重庆成立,书记曾惇,不设内部机构,直属南方局领导,下属万县中心县委和巴县中心县委,1944 年 3 月撤销。

二、党组织推动全省抗日救亡运动的蓬勃发展

(一) 党组织成为全省抗日救亡团体的领导核心

抗战初期,党组织加强了对四川抗日救亡运动的领导,从三个方面逐步成为抗日救亡团体的领导核心:其一,在四川党组织恢复之前,主要是分散在各地的共产党员及其自发建立的秘密团体,在全面抗战爆发后迅速公开活动,在抗日救亡运动中起到了带头作用。其二,党组织在恢复和重建阶段,把推动抗日救亡运动作为一项中心任务,并且通过群众性抗日救亡运动发现和培养积极分子入党,在抗日救亡团体中成立党的组织,形成了党的领导核心。四川省工委成立后,通过学委、文委、妇委直接领导了成都和各地抗日救亡运动的开展。其三,党中央和长江局采取措施,推动了四川抗日救亡运动的深入发展。

七七事变之前,分散在各地的共产党员在与上级党组织失去联系的情况下,自觉地建立起联系群众的秘密抗日救亡团体。正如后来省工委向党中央报告四川工作时所说:"四川工作条件好,各地皆有自发的群众组织。"全面抗战爆发后,成都、重庆、宜宾、南充、自贡、泸州、万县等地的秘密组织,迅速行动起来,声援华北抗战,在全省的抗日救亡运动中从两个方面起到了带头作用:一是促进了新的抗日救亡团体的大量涌现;二是开展声势浩大的群众运动,推动川军出川抗战。

7月8日,由著名文化人士、共产党员车耀先和韩天石等人在全国抗战爆发前成立的"成都各界救国联合会"发起,召开了援助平津抗战市民大会,参加大会的各界民众达3万多人。这是成都也是全省最先响应全国抗战的一次群众性抗日动员大会。"成都各界救国联合会"公开活动之后,著名民主人士张澜等人建议立即成立全省性的抗日救亡组织。车耀先两次召集执委扩大会,做出了将"成都各界救国联合会"改组为"四川民众华北抗战后

援会"(以下简称"华抗")的决定,推举张澜为会长,由韩天石负责具体工作。

在秘密团体公开活动和全国抗战爆发新形势的推动下,国民党四川省党部准备成立全省统一的抗日救亡团体,并向华抗会长张澜提出了共同成立"四川省抗敌后援会"(以下简称"省抗")的要求。7月下旬,华抗负责人韩天石等同国民党四川省党部书记曹叔实谈判,就共同开展抗日救亡运动达成协议:共同组织"四川抗敌后援会",由张澜任主任;华抗领导成员进入省抗,其下属组织机构不变;办公地点设在国民党省党部大院内。21日,"四川省抗敌后援会"举行成立大会,向全国发出通电,呼吁全国人民总动员,"冀以倾国之师,大雪积年之恨,敌忾同仇,曷胜奋勉"。此后,由"成都市妇女华北抗战后援会"改名的"四川省妇女抗敌后援会"也并入省抗之中,使这一省级抗日救亡组织更加壮大。

参加省抗的除了国民党省党部的代表以外,还有四川实力派的代表。韩天石等"民先"队员虽然不是以公开的共产党员身份参加省抗,但由于他们的努力,基本上掌握了省抗的中下层组织,起到了一定的核心作用,实现了中共中央提出的"迅速地、切实地组织统一战线,以扩大救亡运动"的要求,成为国共合作抗日民族统一战线在四川形成的一个重要标志。

省抗的成立,在全川起到了示范作用。四川各地各界以省抗为例纷纷成立抗日救亡团体,掀起了抗日救亡运动的新高潮。成都文化界知名人士张澜、李璜、王干青、车耀先、刘披云等发起组织的中苏文化协会四川分会、中苏文化协会成都分会,其中成都分会有会员441人,黄季陆任会长,车耀先等任理事。一批由北平、上海、天津等地转学到四川大学的学生,一些共产党员和"民先"队员,也开始在校内校外组建抗日救亡团体。成都学生抗敌宣传团、大众抗敌宣传团、大众壁报社、工人抗敌宣传团、少年抗敌宣传团、星芒抗敌宣传团、成都市回教抗敌后援会、群力社、四川妇女界抗日军人家属救济会、四川妇女战地服务团、成都市工人抗日工作团、成都市记者抗敌后援会、四川大学学生抗敌后援会等十多个抗日救亡团体相继成立。

四川其他地区的抗日救亡组织纷纷成立。据统计，全省有120个市、县成立了抗敌后援会。

(二) 掀起群众支援抗战的热潮

中共四川地方组织在积极推动抗日救亡运动中，加强了对四川抗日救亡运动的领导，开展了声援华北抗战、欢送川军出川抗战的活动，极大地调动了广大群众的抗日热情，并把这种热情转变为参军、参战、出钱、出力、支援前线抗战的实际行动。

1. 组织抗日集会、激发群众抗日热情

1937年8月7日，省抗在成都少城公园（今人民公园）召开市民大会。参加这次大会的市民多达十余万人，会议通过了要求政府立即发动全民族对日抗战、厉行对日经济绝交、肃清汉奸、武装民众、强化后援等多项提案。是日，全市下半旗，停止娱乐，机关放假，商店停业半日，向奋起抗敌牺牲将士致哀。

9月18日，为纪念九一八事变六周年，省抗和成都各界抗敌后援会动员数万人举行集会，全市工厂停工，商店关门，学校停课，向国民党政府提出了"立即武装全国民众""彻底开放学生救国运动""切实提倡民众爱国运动""彻底清查私藏仇货"和"严厉惩办卖国汉奸"等要求。会后举行示威游行，沿途呼喊口号，高唱抗日歌曲，群情激愤，斗志昂扬。同一天，全川许多地方都举行了反侵略的纪念集会和游行。重庆和綦江、巴县各界民众在夫子池举行九一八纪念大会，参加大会的机关、团体、学校近300个单位约10万人。会后游行，群情激昂，抗日救亡歌声弥漫山城。此后，重庆抗敌后援会查获一批日货，全市人民立即行动起来，支持重庆抗敌后援会的抗日行动，对贩卖日货表示强烈愤慨。重庆西服、机械、军服、驳船等90多个工会组织请愿团、35所

高中和初中学生代表100多人,相继到重庆行营和市政府请愿,强烈要求对贩卖日货商贩从严查处,从而把重庆抗日救亡运动推向了高潮。

1938年春,中国军队在抗战前线取得了台儿庄大捷。川军在这次战役中,浴血奋战,痛歼日军,立下了战功。消息传到四川,群情振奋,各地举行了隆重的庆祝大会。川军将领王铭章在台儿庄战役中为国捐躯,成都各界群众抬着他的棺材游行,彰显川军抗日大功。游行队伍所到之处,围观群众为之垂泪。

2. 动员青年参军上前线

1937年9月5日,刘湘率领第一批四川军队开赴抗日战场,四川各界民众于上午9时在成都少城公园大光明电影院隆重举行川军出川抗敌欢送大会,刘湘及各军、师、旅长和各界代表千余人到会,宣誓"出川抗战,失土不复,誓不返川!"张澜在会上致辞,并向出征将士献旗。四川大学学生抗敌后援会向出川将士赠送锦旗16面,分别绣有:"为民族解放而战!""保卫中华,争取我们的生存!""把我们的血肉筑成我们新的长城!"等语;赠送毛巾1200条,每条毛巾上都印有"努力杀敌"四字。1938年5月,第二批川军出川,成都各界群众10万人在少城公园举行了隆重的赠旗典礼。各界抗日救亡团体代表纷纷向川军敬献锦旗,大大鼓舞了川军将士的抗日士气。

1937年9月27日,朱德在抗日前线写信给在四川的陈玉珍,希望她送亲友子弟上前线抗日。朱德在信中说:"如欲爱国牺牲一切,能吃劳苦之人无妨多来","以好培养他们上革命前线","除了能作报国的人均不宜来","至于那些望升官发财之人,决不宜来我处"。消息传出后,在朱德的家乡仪陇县掀起了从军热,一批先进青年奔赴太行山抗日根据地参加八路军,投身抗日战争。仪陇县的从军热波及西充县,仅月余,即有800多名青壮年奔赴抗日前线。在吴玉章的家乡荣县及附近地区,也出现了自愿参军抗日的热潮。几天时间,就有2000多人报名参军。国民党当局竟然认为荣县被吴玉章"赤化了""陕北化了"。

党的组织恢复后，为陕北公学招生，成为党组织的一项重要任务。各级党组织为陕北公学招收的学员一般是先到八路军驻重庆办事处集中，然后乘汽车集体奔赴延安。也有相当一部分通过各种关系和不同渠道，直接去延安。这些知识青年到延安后，有的直接参加了八路军上前线，有的留在陕北公学或中国人民抗日军事政治大学学习，经过实际锻炼，成长为优秀人才。1937年秋，在成都抗日救亡组织和车耀先的安排下，十多名青年学生秘密离开成都，奔赴延安，其中有后来成为革命烈士的张露萍。

各地党组织和抗日救亡团体还积极动员适龄青年参军参战，在城市和乡村创造了参军光荣的舆论环境，形成了青年踊跃参军，妻送夫，母送子，兄弟姊妹相送上战场的生动局面，情景十分动人。新津县72岁高龄的高尚奇，先后送走3个儿子参军抗日，仅留下小儿子在家做小生意，以维持一家6口人的生活。

国民党的一些地方政府，也仿效中共的做法，通过宣传教育，动员青年自愿参军，收到了一定效果。安县的青年王建堂与一些志同道合的同龄人，组织了一支100余人的"安县特征义勇壮丁队"，向安县政府请缨上抗日前线杀敌。在开赴抗日前线时，王建堂的父亲王者成亲自送了一面旗子给他儿子，旗子的正中写着一个大大的"死"字，旗子的右上角题词为："我不愿你在我近前尽孝，只愿你在民族分上尽忠。"旗子的左上角题词为："国难当头，日寇狰狞。国家兴亡，匹夫有责。本欲服役，奈过年龄。幸吾有子，自觉请缨。红旗一面，时刻随身。伤时拭血，死后裹身。勇往直前，勿忘本分。"整个抗日战争时期，四川先后应征赴前线抗日的壮丁达300多万人，占全国应征入伍总数的五分之一。

3. 组织群众捐钱捐物、参加救援

川军陆续分批出川奔赴抗日前线之后，各抗日救亡团体动员各界民众做

川军抗战的坚强后盾,组织慰问团、服务队赶赴抗日前线,慰问川军将士,开展战场服务,或在后方组织支前,优抚抗日军人家属,宣传川军的战绩。川军士兵大都身穿单薄的短衣短裤,脚蹬草鞋,日不能避风雨,夜不能御寒冷,依然斗志昂扬。欢送川军出征的群众看在眼里,无不心酸,深表同情。有鉴于此,各抗日团体立即发动募捐棉衣、做军鞋、打草鞋,开展捐献劳军活动,以解川军部队的燃眉之急。

各地抗日救亡团体还发动群众积极参加献金救国运动,以便补充军费。从城市到乡村,从工人到农民,从人力车夫到鞋匠,上至白发老人,下至幼年儿童,争先恐后地参加各项募捐、义卖和劳军活动。国民政府军事委员会政治部第三厅领导的全国慰劳总会要求各地赶制 40 万套棉衣,慰劳前线抗日将士。党组织通过抗日救亡团体进行广泛动员,全川各地人民群众踊跃捐钱、捐工、捐料,一位年仅 8 岁的小学生,家境贫寒,以捡废品的收入独捐 80 元;一名擦皮鞋的儿童,将自己的 3 元积蓄捐了出来;一些人力车夫宁可挨饿,也要捐出自己一天的全部所得,支援前线抗日作战。这些钱、物集中起来,由成、渝两地工人加班加点昼夜赶制衣物等,分送抗日前线,其中有 5 万套分给了八路军。冯玉祥将军在四川发起"节约献金运动",得到各地抗日救亡团体的积极响应,从成都开始,很快发展到自贡、泸县、荣县、五通桥、乐山、夹江、眉山、新津、双流、内江、富顺等县。仅泸县献金总额就达到 5300 多万元法币。自贡献金大会有 3.5 万多人参加,献金 1.2 亿元,金戒指 130 个,金镯 8 支,布鞋 1 万双。此外,成都战地服务团向抗日前线运送了 2.5 万多件皮、棉背心;重庆人民为抗日前线制作的棉背心多达 4 万余件,捐赠的寒衣款亦达 20 余万元。1938 年 7 月 7 日,为纪念全国抗战爆发一周年,成都召开了有 10 万人参加的市民大会,由中国青年记者协会成都分会发起,戏剧界通力合作,义演 3 天,用所得收入购得棉背心 2000 多件送往抗日前线,还慰问了抗属 1200 多户。重庆举行了声势浩大的火炬游行，献金3天，共得捐款18万余元。与此同时，全川各地也举行了隆重的纪念活动和献金活动。广大群众除捐赠寒衣和现金、粮食等物品外，还开展了献机运动。1939年3月，中国的空军出版社建议，将义卖献金捐款，用作购买"义卖号"飞机，贡献给国家，充实国防。宣汉县捐款献机委员会，将募得的8万元，汇给航建协会四川分会；自贡富荣盐场职工响应1元献机运动，捐献飞机四架；乐山县各界参加献机运动，共捐募300万元。

抗战时期日机对四川实施了长时期的大轰炸。每次轰炸过后，党组织领导的抗日救亡团体和各种救援团体，都纷纷投入空袭后的救援工作中。成都党组织"在救护与宣传工作上亦起了相当大作用，如反轰炸的壁报在第二日即用大字通城贴出，各群众团体均临时立即佩戴臂章、符号参加救护工作，慰劳难民，组织难民"开展生活自救。

（三）领导和推动抗日救亡宣传活动

1. 刊物和团体的宣传工作

在抗日救亡运动中，抗日报刊发挥了重要的宣传作用。在全国抗战爆发前就已创刊的报刊，在卢沟桥事变后，以崭新的面貌出现在读者面前。早年在重庆创办的《四川日报》迁到成都后，党组织派了一批党员到报馆当校对工、编辑和经理，并建立了秘密党支部。卢沟桥事变的消息传到成都，《四川日报》立即发表社论《为二十九军英勇抗战，谨致以民族的敬礼》，接着数日连续发表《肃清入室之寇》《整军与杀敌》《全国总动员》等社论，共产党员杜柠生出任总编辑后，增辟了多种定期与不定期的救亡专栏。省工委成立后在写给中共中央的报告中说："《四川日报》主笔和编辑都是我们的同志，起了我们宣传机关的作用。"中共派驻成都做上层统战工作的张曙时支持王伯杰、甘树人等中共党员在刘湘资助下创办的《建设晚报》被国民党当局查封后，又委托甘树人以"唤醒民众，介绍救亡运动的理论和情报，研究实际工作"为宗旨，创办了《新时代》旬刊。卢沟桥事变之后，《新时代》

旬刊发表的《中日战争之偶然性和必然性》《中华生存最后关头》《怎样度过严重难关》等一系列文章，旗帜鲜明地宣传抗日，准确地阐释了中共的全面抗战路线，指出"惟全面抗战能救中国"，驳斥了不抵抗主义的种种论调。该刊还以较大篇幅转载了《中共中央关于目前形势与党的任务的决定》以及毛泽东等中共领导人的重要文章，在四川产生了很大影响，对抗日救亡宣传起到了舆论导向的作用。车耀先创办的《大声周刊》在七七事变前被国民党当局查封，按照"御侮救亡图存"之旨，更名为《图存周刊》，于七七事变后的第三天（1937年7月9日）再次和读者见面。《大声周刊》和《图存周刊》旗帜鲜明地宣传中共的全面抗战路线，川康特委在给党中央的信中说，《大声周刊》的"言论正确锋利，摆明了党的刊物的面目"。

除此而外，成都的《蜀话报》《新民报》《时事新刊》《学生新闻》《新新新闻》《华西日报》等，重庆的《新蜀报》《国民公报》副刊，《生力军》《青年生活》《商务日报》《齐报》《人力周刊》《春云》《诗报》等，自流井的《正确日报》，宜宾的《边疆新闻》《金岷日报》，万县的《万州日报》，梁山的《复兴日报》等，也都在党组织的直接领导或影响下，为推动抗日救亡运动的深入发展，发挥了重要的宣传作用。

七七事变后随着抗日救亡团体的涌现，新创办的抗日救亡报刊犹如雨后春笋，破土而出，茁壮成长。以共产党员王达非为总编辑的《国难三日刊》于1937年8月29日在成都市大有巷2号创刊，旗帜鲜明地宣传中共的抗日主张，发行不到半年，被国民党当局查封，次年夏天迁址于王家坝27号继续出版发行。《国难三日刊》在全川影响极大，一些县、市以同样形式创办刊物，如邛崃县创办了《邛崃三日刊》，宜宾县创办了《边疆新闻三日刊》，云阳县创办了《南小三日刊》，大竹县创办了《大竹三日刊》，等等。在九一八事变六周年纪念日创刊的《星芒周报》是一张8开小报，与《救亡周刊》合并后，出版《星芒救亡联合周报》，继续以新颖活泼的形式面向广大劳动群众宣传抗日救亡，通俗易懂，很受读者欢迎。1938年4月，星芒通讯社出版《星芒报》，共产党员胡绩伟任主笔，承接《星芒周报》的宗旨和风格，及时报道抗战情况和国内外大事，动员广大群众参加抗战，并发表生动活泼的大众文艺作品，发行量上万份，因被国民党当局查封，先后易名为《蜀话报》《新民报三日增刊》《通俗文艺》继续出版发行，坚持到1940年8月被迫停刊。由王达非任主笔的《时事新刊》创办于1938年6月，采编人员多由共产党员担任，主要介绍国际国内的政治和抗战形势，文字精练，编排紧凑，副刊每日发一短文，仅几十字到一二百字，是一张很有特色的抗日救亡小报，受到读者欢迎，后又接办《捷报》，作为日、晚报一起编印发行，发行量达到9000多份。1940年3月28日被国民党当局查封。

全国抗战爆发后新创办的报刊还有：成都市妇女华北抗战后援会创办的《妇女呼声》、成都民先编印的《抗日先锋》，四川青年救国联合会创办的《战时学生旬刊》，何其芳主办的《工作》，周文主编的《国防文艺》，天池等主办的《抗敌周刊》，中华全国文艺界抗敌协会在重庆出版的《抗战文艺》，文协成都分会李劼人创办的《笔阵》，青年学生为主编辑的《火炬》，刘盛亚等主编的《文艺后防》，毛若夫主编的《五月》，吴先忧主编的《惊蛰》，学生文艺社编的《雷雨》，流亡入川学生为主创办的《蜂》周刊等；此外还有《金箭》《怒涛周刊》《群力周刊》《冲锋半月刊》《智仁勇半月刊》《杂说月刊》等，以及中共宜宾县委创办的《后盾日报》《金岷日报》，灌县轻风社创办的《文艺堡垒》，荣县创办的《流火》；等等。

这些报刊通过报道延安的消息和八路军、新四军的抗日战绩，刊登毛泽东等中国共产党领导人的活动、讲话、文章等，发表评论和文艺作品，揭露日本帝国主义及其走狗汉奸的罪行，批判汉奸理论，歌颂抗日英雄事迹，对广大读者进行了广泛深入的爱国主义教育，推动了抗日救亡运动的深入发展。

中共四川党组织还采取多种形式进行广泛的抗日宣传。各抗日救亡团体

纷纷成立各种宣传队、宣传团，以扩大抗日宣传。成都大专院校先后成立了8个抗敌宣传团。成都工人抗敌宣传团下有22个分团，还有妇女抗敌救亡工作团等。重庆大学抗敌后援会组织的乡村宣传团，先后赴永川、荣昌、隆昌、内江、自贡、富顺、泸州、合江、江津9县的乡镇进行抗日宣传，历时27天，受到群众热烈欢迎。这些抗敌宣传组织，采取多种形式进行抗日宣传，如石印、油印传单资料广为散发，办墙报、壁报，书写抗日宣传标语等；有的举办训练班、演讲会、讲习会、读书会、夜校、研究会，宣传党的全面抗战路线，揭露日本帝国主义的侵略罪行。宜宾党组织还领导了有400余人参加的"宜宾县抗敌晨呼队"，晨呼队员在清早商店开铺之前，集合游行，沿街高呼口号，高唱抗日歌曲，并辅导民众在街道办壁报和建立乡间晨呼队，开展募捐活动，慰问抗战伤兵及被日机轰炸的死难同胞家属。

各地党组织还特别注意利用国民党的机构、团体进行宣传活动。如万县党组织以国民党检阅自卫队的名义到各县农村宣传毛泽东的《论持久战》思想，通过特殊关系，进入国民党当局举办的集训班，向参加集训的保甲人员宣传《论持久战》思想，并把《论持久战》列为万县地区学生战时训练团的主要教材。

2. 宣传发行党报党刊

由于国民党推行的是单纯依靠政府和军队抗战的片面抗战政策，害怕群众性的抗日救亡运动的蓬勃发展超出自己的控制，危及自己的统治地位，他们对宣传抗日的报刊大加限制，寻找各种借口或给予处分，或勒令停刊，或强行取缔，给抗日救亡运动制造了很多困难和障碍。在抗日救亡运动发展较好的时期，国民党顽固分子在四川制造的摩擦也时常发生。1938年3月，四川大学的CC系（中央俱乐部）和"复兴社"分子，借成都"民先"组织爱国学生慰问修飞机场民工并募捐支援稻草之际，突然对共产党员康乃尔等发起攻击，诬蔑他们贪污1万斤稻草款，并向法院起诉，以达到打击进步力量的目的。事件发生后，四川省工委和成都市委领导四川大学党支部和进步势力展开坚决斗争，立即公布稻草款的全部收支账目细表，请当事人出面做证，最终揭穿了诬陷的不实之词，斗争取得胜利。4月，成都群力宣传队在郫县作抗战宣传时，受到县政府的无理压制，宣传队员被军警押送回成都。发生"郫县事件"的消息传到成都，各救亡团体采取紧急措施，组织了几百人的欢迎队伍，迎接宣传队员回到成都，并举行示威游行，揭露事件真相，国民党当局只好不了了之。

国民党当局压制抗日救亡运动不是偶然的，也不是孤立的。1938年6月1日，国民党西安当局解散13个救亡团体，使中共四川党组织和进步团体看清了抗日统一战线内部两条抗战路线斗争的尖锐性。为此，四川省工委立即组织成都市文化救亡协会、大声抗敌宣传社、四川省妇女抗敌联合会、成都学生抗敌宣传团、大众抗敌宣传团、大众壁报社、工人抗敌宣传团、少年抗敌宣传团、星芒抗敌宣传团等12个抗日救亡团体，联合发出快邮代电，要求国民政府急电西安当局，令其恢复救亡团体，释放救亡分子，加紧国民运动，以为抗敌后盾。

蒋介石指示国民党四川省党部开办党政人员训练班，把县长、县党部书记长集中起来进行政治训练，每期受训1个月，从1938年6月开始，共办了40多期。蒋介石前后亲临训练班训话或看望达38次，其重视程度可想而知。在经过受训的地方官员中，许多人的政治态度发生了很大的转变，一些原来主张或支持抗日救亡运动的县长，转而想方设法压制抗日救亡运动，无故取消抗日救亡团体，甚至逮捕抗日救亡团体的领导人。

从1938年下半年开始，国民党顽固派对抗日救亡运动的压制不断升级。8月4日，国民政府内政部对《国论周刊》《点滴半月刊》《协进半月刊》等抗日救亡刊物给予"停止发行"和"罚款"等处分。10日，四川省政府发出指令，对《怒涛周刊》《群力周刊》《热血青年旬刊》等抗日救亡刊物"予以

停止发行之处分";12日,成都被查封的刊物达28种。23日和28日,成都当局先后查封了《大声周刊》和《星芒报》。是月,国民党四川省党部还通令全川禁止人民群众组织抗日救亡团体和集会游行,并宣布战时图书杂志的审查办法和标准,进一步压制抗战舆论。这种破坏抗日救亡的行径从上到下,深入各市县。在宜宾,《边疆新闻》因发表题为《救救孩子们》的社论,揭露国民党"关心""爱护"儿童的虚假宣传,被国民党当局给予警告处分,被迫停刊。

由于国民党顽固派在成都等地大肆查禁抗日救亡报刊,中共四川党组织把巩固宣传阵地的重点转到对《新华日报》的宣传和发行上。

1938年1月,中共中央长江局在武汉创办《新华日报》和《群众》周刊。武汉失守以后,《新华日报》和《群众》周刊迁到重庆出版发行,在成都设立分馆。这是中国共产党第一次在全国范围公开发行党报党刊,是中国共产党在国民党统治区的重要宣传阵地。4月2日,中共中央发出《关于党报问题给地方党的指示》,郑重宣布:党已建立起全国性的党报和杂志。指示规定:各地党部必须把党报和杂志上的社论、重要负责同志的文章,当作是党的政策和方针来研究,必须在支部及各级委员会上讨论和研究,各级党组织和党员都要订一份《新华日报》,并尽一切力量来帮助《新华日报》推销和发行,建立通讯工作和读者会,加强报纸与群众的联系。《新华日报》向全国人民宣传中国共产党团结抗战的主张,宣传抗日民族统一战线的意义、作用以及爱国主义和马列主义,揭露一切不合理现象,使国统区人民群众呼吸到新鲜空气,成为广大群众的精神食粮。毛泽东在评价《新华日报》时曾说过,《新华日报》是八路军、新四军以外的又一个方面军。

为了加强党报党刊和群众的联系,长江局对四川省工委给予了明确指示:在四川设立《新华日报》分馆,筹办印刷厂,在各地设立《新华日报》代派处;以分馆及代派处为公开接洽中心,扩大影响。省工委根据长江局的指示,各级党组织和党员以及抗日救亡团体中的积极分子，普遍订阅了《新华日报》和《群众》周刊，经常学习讨论重要社论和重要文章。成都、自贡、万县、北碚、广元等地设立了《新华日报》代派处或推销处，发行《解放》《新华日报》和《群众》周刊，以及《共产党宣言》《资本论》《列宁选集》等马列著作和毛泽东写的《论持久战》，还有《大众哲学》《西行漫记》《从东北到苏联》《斯大林传略》等普及读物，建立了党组织自己的宣传阵地。成都的《新华日报》代派处不断扩大，先后改为分销处、西北总分销处、营业分馆，由八路军驻成都代表罗世文领导，成为省工委的对外联络机关连接重庆和延安的中转站。

《新华日报》既是抗日救亡运动的宣传者，又是动员群众以实际行动支援前线抗战的组织者。1938年12月18日，《新华日报》在重庆中央公园举行大规模的义卖献金活动，川东特委积极配合，动员各抗日救亡团体、大中学生、工人、职员、妇女儿童组成150个义卖队参加义卖，各界人士踊跃义卖，盛况空前。

《新华日报》是大后方群众联系抗日官兵的纽带。大后方的许多民众团体的负责人、社会名流和新闻记者等，通过《新华日报》的动员和组织，深入前线战壕和后方兵营慰问鼓励将士，采访抗战英勇事迹，并把他们的亲身感受刊登出来，教育群众。华阳县70岁的老妇傅安，通过《新华日报》了解到八路军将士英勇杀敌的事迹，深受感动，夜以继日赶制了15件棉背心，寄给《新华日报》馆，托转征募总会。《新华日报》的读者还将支援前线的捐款寄到报馆，以鼓励慰问在抗战前线英勇杀敌的战士们。

四川党组织发动进步团体积极订阅《新华日报》，使《新华日报》在四川的销售量从几百份陡增到万份以上。各级党组织和广大党员认真学习和研究《新华日报》的社论和重要文章，以此来指导自己的行动。与此同时，《新华日报》还在群众中成立读者会，组织力量把《新华日报》张贴到成都市区的大街小巷以及郊区县城及乡镇，供广大群众阅读，进一步扩大了宣传

面。当国民党顽固派在各学校查禁和禁止阅读《新华日报》时，发行和阅读《新华日报》迅速转变为党员和群众的秘密行动，使党的宣传阵地一直坚持到抗日战争的最后胜利。

三、加强上层统战工作，推动全省抗日民族统一战线的形成

（一）中国共产党积极倡导建立以国共合作为基础的抗日民族统一战线，尤其重视和加强对四川实力派的统战工作

抗日民族统一战线是争取中国抗战胜利的重要法宝，是争取民族解放战争取得胜利的决定性因素。1936年7月16日，埃德加·斯诺问毛泽东："在什么条件下，中国能战胜并消灭日本帝国主义的实力呢？"毛泽东答："要有三个条件：第一是中国抗日统一战线的完成；第二是国际抗日统一战线的完成；第三是日本国内人民和日本殖民地人民的革命运动的兴起。就中国人民的立场来说，三个条件中，中国人民的大联合是主要的。"民族团结是争取抗日战争胜利的基本条件，因此"大联合"主要体现在抗日民族统一战线的建立上。20世纪30年代中叶，随着民族危机进一步加深，以及中国社会的主要矛盾和阶级关系发生的重大变化，在中华民族面临生死存亡的紧要关头，中国共产党秉持民族大义，担负起民族救亡的历史重任，积极倡导建立以国共合作为基础的抗日民族统一战线，尤其重视和加强对四川实力派的统战工作，对手握兵权、主政四川的刘湘等人做了大量的、卓有成效的工作。全国抗战前，朱德曾写信给杨森、邓锡侯等，呼吁停止内战，一致抗日。1935年张曙时受中共中央上海局指派来川开展统战工作，密切与四川知名人士的沟通。根据当时形势，张曙时制定了推动上层转变，促进刘湘反蒋抗日的斗争方针。经过不懈努力，中共对四川实权人物的统战工作取得重大进展，刘湘等实力派人物逐渐转变了政治态度，拥护中国共产党关于国共共同抗日的主张，表示愿意率领川军出川，积极投身抗战第一线。

1937年8月4日，刘湘在南京参加最高国防会议时发表慷慨激昂的讲话，主张坚决抗日。周恩来、朱德、叶剑英听了刘湘的发言，对其爱国热情表示赞赏，约定双方互派代表加强联络。嗣后，中央派李一氓、罗世文到成都做联络代表，进一步在川军及各界上层开展统战工作，刘湘派王干青做联络代表常驻延安。李一氓、罗世文临行前，毛泽东亲自指示：刘湘在四川实力派中军队最多、武器最好、实力最强、影响也最大，做好刘湘的工作，四川抗战的局面就可观了。四川实力派对蒋介石集团进入四川既有戒心又十分无奈，他们既害怕蒋介石对自身的排挤，同时难以抗拒中央军的强大实力，又有联合中共抗日的强烈愿望，这为中共在四川组织统战工作的开展提供了可能性。罗世文到四川后，给刘湘带去了毛泽东给刘湘写的亲笔信和刘湘派驻延安的代表王干青写的介绍信。罗世文还带去了朱德、刘伯承等八路军高级将领分别给刘湘、刘文辉、邓锡侯、潘文华、杨森等川军将领写的信。在中共中央的直接领导下，四川地方党组织通过耐心细致的工作，加上社会各界的呼吁和努力，终于使四川地方实力派逐步改变了看法，了解并接受共产党的抗日主张。1937年9月，首批川军出川抗战。在此后八年的抗战中，共有300多万川军将士奔赴前方，成为抗击日本侵略者的重要力量。以打内战著称的川军出现如此大的转变原因有许多，但其中不容忽视且非常重要的是，在中共中央的直接领导下，中共四川组织和广大党员在促成川军停止内战、出川抗日过程中发挥了积极的推动和影响作用。

（二）四川党组织广泛发动和组织民众，促进了全省抗日救亡运动不断向前发展

1937年7月下旬省抗正式成立。省抗虽然名义上仍属国民党省党部统一领导，但实际领导权掌握在共产党员和各界进步人士手中。他们利用其作为合法组织的有利条件，广泛发动和组织民众，促进了全省抗日救亡运动不断向前发展。1937年8月2日，省抗发出通电，要求国民党政府立即发动全民族

对日抗战，厉行对日经济绝交，抵制日货，保全领土，肃清汉奸，巩固后方，武装民众，并要求刘湘亲率川军出川抗日。8月7日，省抗组织成都市民十余万人在少城公园召开大会，发出通电重申8月2日通电主张。大会参加人数之多，规模之大，气氛之热烈，是抗战爆发后空前的。省抗成立后，全省各地也陆续成立了领导成员大多为民先队队员和进步人士的分会，各界抗敌后援会、四川青年救国会、学生救国联合会等抗日救亡团体也纷纷成立。

以省抗的成立和1937年9月刘湘亲自率部出川抗日为标志，抗日民族统一战线在四川正式形成。

1938年初，刘湘在武汉病逝后，中共四川组织在中共中央领导下，继续与其他四川地方实力派密切联系，争取他们对四川抗战的支持，积极开展对刘文辉、邓锡侯、潘文华等人的统战工作，使他们始终同中国共产党保持联系。如刘文辉的军师和助手、川军将领张志和曾在延安受到过毛泽东的接见，后加入中国民主政团同盟任中央委员，成为中共联系四川实力派的桥梁和纽带。抗战初期，在抗日民族统一战线的旗帜下，四川地方实力派表现出开放民众抗日救亡运动的姿态，这对中共四川组织领导全省民众蓬勃开展抗日救亡运动在客观上提供了有利条件。

1939年1月，国民党五届五中全会制定了"溶共、防共、限共、反共"的方针，此后，国民党顽固派不断制造反共摩擦。中共四川组织在南方局的领导下密切注视着政治局势的变化，并努力坚持和维护抗日民族统一战线。川康特委书记罗世文不断将搜集的情况向南方局汇报，南方局也及时指示四川党组织做相应的应对。1940年3月，国民党在四川制造了旨在打击中共四川组织和四川地方实力派的"抢米事件"，一批共产党员被捕。四川党组织在中共中央南方局特别是周恩来的亲自领导下进行了进行"有理、有利、有节"的斗争，在迅速撤退党员干部的同时，努力做好地方实力派的工作，通过揭露国民党顽固派的反共阴谋,高举了坚持抗日民族统一战线的旗帜,在避免抗日民族统一战线分裂的前提下,维护了抗日民族统一战线,为抗战的最后胜利做出了重要贡献。

四、四川共产党人身先士卒,英勇投身抗战最前线

中共四川组织不仅努力推动全省抗日民族统一战线的建立,广泛深入开展抗日救亡运动,川籍共产党人更是以身作则,积极投身抗日战场最前线,用青春和热血保卫国家和民族。

(一)川籍共产党人群体英勇杀敌

仅阆中县党组织就动员与输送了5批共产党员和进步青年去延安。他们到延安后,通过培训与学习,除少数留地方工作外,大部分加入八路军队伍参加对日作战。而在敌后战场,以共产党人为代表的川籍英豪更是以身作则、身先士卒,直接奔赴抗日前线参加对日作战,充分发挥了先锋模范作用。他们中,有八路军总司令朱德,八路军一二九师师长刘伯承、师政委邓小平,八路军一一五师政委聂荣臻,新四军军长陈毅,中共中央北方局书记杨尚昆,抗日军政大学教育长罗瑞卿,八路军政治部副主任傅钟等。这些川籍共产党高级将领,率部不畏强暴、奋勇拼杀,与凶恶的侵略军进行了无数次殊死血战,直至彻底打败日本帝国主义,为抗日战争的胜利建立了不朽功勋。朱德总司令在指挥部队抗击日军之余,还特别关心家乡情况,希望有更多的四川青年积极投身抗日第一线。1937年9月27日,朱德在家书中写道:"如欲爱国牺牲一切,能吃劳苦之人无妨多来……以好培养他们上革命前线。"消息传出,仪陇一批青年奔赴太行山区参加了八路军,如仪陇籍战士陈学陶,1939年从炮兵技校毕业后,历任炮兵团排长、连长、营教导员等职,在太行山区参加过数十次战斗,在"百团大战"中立功,被晋升为山炮大队大队长;仪陇籍战士黎德祥,模范完成各项任务,后任八路军山西、河

南先遣队司令部电话班副班长、班长、排长、通讯参谋、第五军司令部架设干事、第八军电讯局局长,每次战斗中,他都及时、正确无误地完成了通讯任务,还在"百团大战"等著名战斗中立功受奖。

(二)正面战场的川籍革命英烈

在抗日民族统一战线中,有一个特殊的群体。他们既是国民党高级将领,同时又是共产党人的为国捐躯的四川籍烈士,如在常德会战中阵亡的柴意新烈士和在淞沪会战中殉国的解固基烈士。柴意新将军是四川省南部县人,在中共四川省军委书记李鸣珂影响下加入中国共产党。柴意新率团在常德守卫战斗中顽强抗战,视死如归,最后壮烈殉国。四川省人民政府1985年5月追认柴意新为革命烈士。2014年9月1日,经党中央、国务院批准,中华人民共和国民政部公布第一批在抗日战争中顽强奋战、为国捐躯的300名著名抗日英烈和英雄群体名录,柴意新将军入选。解固基将军是四川崇宁(今属成都市郫都区)人,1927年,经旷继勋(崇宁县驻军团长,中共地下党员)介绍加入中国共产党。淞沪会战中,解固基将军率部英勇杀敌,壮烈牺牲。1986年,解固基被党和政府再度追认为烈士。四川渠县人郑少愚是国民党空军中最早的共产党员,曾任国民党空军主力第四大队大队长。在抗日战争中,郑少愚参加了在广州、南京、武汉、贵阳、柳州、成都、重庆等地的空战,只身击落日机5架,配合友机击落敌机数十架,共5次负伤,战机负伤30多次,多次受到褒奖。周恩来同志曾于武汉、重庆先后两次秘密接见他。1942年春率中国空军飞行员前往印度接收美国援助飞机,途经驼峰航线时飞机失事殉难。1981年11月27日,四川渠县人民政府追认郑少愚为革命烈士。

(三)宁死不屈的川籍共产党人烈士

在川籍共产党人中,还涌现出了许多视死如归、宁死不屈的抗日革命英烈,赵一曼、陈修文就是其中的杰出代表。

赵一曼,原名李坤泰,1905年生于四川省宜宾县一个小地主家庭。五四运动期间，赵一曼受到革命思想影响，在大姐夫、中共党员郑佑之办的学校里学习，懂得了要推翻封建势力的压迫，不仅要反抗它，而且要改造它。1924年初夏，她冲破家庭的牢笼，加入中国社会主义青年团，从此开始了革命生涯。1925年冬天，赵一曼组建了四川农村青年中最早的团组织——宜宾县白花场白杨嘴村团小组，赵一曼任组长。1926年，中共宜宾特支成立，赵一曼转为中国共产党党员。1931年九一八事变爆发后，为反抗日本侵略者，受党的委派，赵一曼到黑龙江省尚志一带参加抗日联军。她带领抗联战士驰骋于白山黑水之间，沉重打击了敌人。在一次战斗中为了救战友，受了重伤。被俘后，敌人对她进行了一次次惨无人道的严刑拷打，她坚贞不屈。1936年8月2日，年仅31岁的赵一曼英勇就义。牺牲前，赵一曼给儿子写下了绝笔信：母亲因为坚决地做了抗日的斗争，今天已经到了牺牲的前夕了。希望你，宁儿啊！赶快成人，来安慰你地下的母亲！在你长大成人之后，希望不要忘记你的母亲是为国而牺牲的！为国而牺牲，这既是抗战先烈的崇高信念，也是四川共产党人在抗日战争中所表现出的英雄主义精神和自我牺牲精神。四川人民的好女儿、抗日民族英雄赵一曼不屈不挠的崇高的民族气节和对党的事业忠贞不渝的革命品格，将永远是中国人民前进道路上的一面鲜红的旗帜。

陈修文，1908年生于四川南充嘉陵区大通镇一个耕读世家，1925年在南充中学组织读书会，中学毕业后回乡任教，1935年参加杨森举办的干部训练班。全国抗战爆发后，在其高中同学、中共南充中心县委代理书记陈震的启发和感召下，陈修文离开川军，放弃舒适的生活，毅然赴延安学习并加入中国共产党，先后任八路军一二九师营教导员、晋东南抗大五分校大队长等职。皖南事变后到地方工作，任阜宁县、阜东行署民政科长兼新四军射阳总队队长，1942年7月在组织伤病员转移时，被日军包围，在突围时壮烈牺牲。1951年3月被川北行署追认为革命烈士，1983年经国务院批准确定为

革命烈士。四川人民的好儿子、共产党人陈修文舍生忘死、为国捐躯，蕴含了中华儿女的牺牲精神和一往无前的奋斗精神，将永远被人民铭记和怀念。

1945年10月8日，《新华日报》发表题为《感谢四川人民》的社论，指出："在八年抗战之中，这个历史上最大规模的民族战争之大后方的主要基地，就是四川。自武汉失守以后，四川成了正面战场的政治军事财政经济的中心。随着正面战线内移的军民同胞，大半居于斯、食于斯、吃苦于斯……四川人民对于正面战场，是尽了最大最重要的责任的。直到抗战终止，四川的征兵额达到三百零二万五千多人；四川为完成特种工程，服工役的人民总数在三百万人以上；粮食是抗战中主要的物质条件之一，而四川供给的粮食，征粮购粮借粮总额在八千万石以上，历年来四川贡献于抗战的粮食占全国征粮总额的三分之一，而后征借亦自四川始。此外各种捐税捐献，其最大的一部分也是由四川人民所负担。仅从这些简略的统计，就可以知道四川人民对于正面战场送出了多少血肉，多少血汗，多少血泪！现在抗战结束了，我们想到四川人民，真不能不由衷地表示感激。"地处西南一隅的四川之所以能为抗战胜利做出如此巨大的牺牲和贡献，是离不开中共四川各级组织和广大党员的艰辛努力和付出的。在这场伟大的反侵略战争中，四川党组织及其领导的广大党员，在中共中央的领导下，从民族存亡大局出发，坚持和维护抗日民族统一战线，努力促进抗日救亡运动的蓬勃开展，积极号召和组织青年奔赴抗日前线，推动了全面抗战高潮的形成。在抗战的各条战线，川籍共产党人表现了不畏强暴、血战到底的英雄气概，川籍革命英烈展现了视死如归、宁死不屈的崇高民族气节，他们为抗日战争的胜利做出了不朽贡献。所有这些，都有力印证了中国共产党无愧为抗日战争的中流砥柱这一历史论断，这是四川近现代历史上光辉而重要的一页，将永载中华民族伟大复兴的史册，值得全川人民骄傲和自豪。

第二条战线的开辟与武装斗争的开展

抗日战争胜利后,中国共产党为国家和人民的前途与命运,同国民党蒋介石集团展开了复杂而尖锐的斗争,地处国统区腹心地带的四川成了两党斗争的一个重要战场。在中共中央南方局的直接领导下,四川地下党在恢复和加强自身组织建设、巩固和发展进步势力方面做了极大的努力,积极开展争取和平民主,反对独裁的斗争。全面内战爆发后,中共四川地方党组织将工作重心转移至广大的农村,先后在全川各地进行了一系列武装起义;在城市开辟第二条战线,开展了声势浩大的人民民主运动,有力地配合了解放区的人民和解放战争。

一、为争取和平民主而斗争

(一)抗战胜利后的四川形势

抗日战争胜利后,四川形势十分复杂和严峻。从社会经济方面来看,那时的四川已陷入严重的经济危机之中。表现在工商业凋零,农业濒临破产,人民生活水平急剧下降。抗日战争时期，地处西南腹心的四川成为全国政治、经济、军事和文化的中心。大批工厂企业和学校从沿海迁至内地，仅四川就接纳了数百个较大型的企业和国统区44%的高等院校，一批专家学者也随之内迁，为四川经济文化的振兴发展奠定了坚实的基础。

抗战胜利后，国民政府对大后方的国营工厂和军事工业，采取紧缩政策，将大部分资本抽走，对广大私营企业减少或停止加工订货及贷款，致使不少企业难于维持简单再生产，而且扩大其垄断范围，进一步操纵纺织业、蚕丝业、植物油业、钢铁和煤业等部门产业。在美货倾销和官僚资本的掠夺下，四川的民族工商业受到致命打击。据1946年7月报载：中国全国工业协会重庆分会会员470余家中，有一半停工；重庆中小工业联合会所属1100余家工厂中，有80%倒闭，其余也只是名义上的开工和半开工。迁川工厂联合会所属的390家工厂中，仅存100家，而其中开工的只有20家；机器公会的432家工厂，仅剩182家。夹江等地的造纸业、乐山的丝绸业和盐场等大量企业倒闭，产量不及原来的1/3。1946年成都的土货工厂停工的几乎占90%，自流井的盐厂大半停工，内江的糖业也减产一大半。商业方面，市场日益萧条，商店纷纷倒闭。据统计，1946年秋冬，重庆共倒闭大型商号3000余家，小型商号4000余家。成都及其他中小城市也未能幸免，1946年10月中旬，乐山有20余家商店倒闭，月底又有10多家关门。

四川农业经济在抗战胜利后也危机四起。四川是个农业大省，农业是四川经济的命脉。为了征收更多的税收，国民政府对四川农民进行了残酷的榨取。1945年，四川的征实、征借粮额大大增加，仅军粮一项就达2160万石，占四川全年收获量的四分之一。此外，四川还要负担各种苛捐杂税及摊派100多种。如航空费、飞机费、建国捐等，名目繁多，花样百出。与此同时，由于战争期间征兵过多，四川农村劳动力锐减，造成大批田园荒芜。再加上连年的灾害（1946年全省90%的县受灾），农作物收成大幅减少。据统计，

1946年，全省半数县的小春生产仅达到常年产量的60%，其余大多数不及此数，该年夏收，一般也只有常年的50%左右。可见，当时四川农村经济面临的形势是非常严峻的。

与此同时，为抗日战争胜利做出重要贡献和牺牲的四川人民，在抗战后生活水平非但没有提高，反而明显下降。由于四川工农业生产的破产，商业市场的萧条和物价的疯狂上涨，直接威胁到各阶层人民的生活。全国抗战八年间，法币共膨胀了395倍，而物价则暴涨了约2100倍。抗战胜利后仅1年间，法币发行量便增加了近10倍。据计算，100元法币在1933年尚可买到两头牛，到1946年只能买到一个鸡蛋，到1947年只够买三分之一盒火柴。经济的不景气，导致城市失业人数大大增加，1945年底，重庆的失业工人为6万余人，1年后，即增至3倍，达18万人。公教人员的生活也日趋恶化，成都的国民小学校教师，月薪不到100万元，平均每小时仅合4000元，而当时成都一碗茶也要1.2万元。而在广大农村，情形更加严重，出现了饥民遍野，饿殍载道的悲惨局面。

政治方面，抗日战争胜利后，中国走到了一个十字路口，面临着两种截然不同的前途和命运。作为抗战大后方的四川自然成为各种力量角力的舞台和万众瞩目的焦点。

1945年8月15日，日本政府宣布无条件投降。全国人民为抗日战争的最终胜利欢欣鼓舞，期待着和平建国的光明前途，盼望着一个独立、自由、民主、统一、富强的中国出现。然而代表着大资产阶级、大地主利益的国民党统治集团，不顾人民要求和平建设国家的强烈愿望，在美国政府支持下，抢夺人民胜利果实，企图把中国重新拉回到半殖民地半封建社会的老路，建立国民党的独裁统治。代表广大人民群众根本利益的中国共产党，与蒋介石国民党统治集团进行了尖锐复杂的斗争。这是一场关系国家前途、民族命运的较量。

为了实现全国人民和平的愿望,尽可能通过和平的手段,达到废除国民党一党专政、建立联合政府的目的,并在争取和平民主的过程中,使人民群众认清蒋介石积极准备内战,破坏民主和平的真面目,中共中央决定由毛泽东赴重庆谈判。

得知毛泽东要来重庆进行谈判的消息后,四川人民兴奋异常。中共中央南方局和四川地方党组织,指示广大党员和团员要向全川人民宣传中国共产党和平民主建国的方针,宣传毛泽东来重庆谈判的重大意义。

1945年8月28日,毛泽东在周恩来、王若飞等的陪同下,乘飞机到达重庆。为了保证中共代表团的安全,中共中央南方局、重庆地下党组织动员一批党团员和进步工人去九龙坡机场迎接,并在沿途放哨,防止敌特和坏分子暗中破坏。

四川人民支持和平谈判,反对蒋介石发动内战。毛泽东安抵重庆的消息,很快传遍整个山城,许多市民向《新华日报》和八路军办事处写信和赠送礼物,表达敬意,道出大后方人民渴望和平的共同心声。重庆谈判期间,南方局青年工作委员会在机械、印刷等系统的工人中组织了民主工作队,广泛宣传中国共产党"和平、民主、团结"的政治主张,揭露国民党军队进攻解放区的真相。

经过43天的谈判斗争,1945年10月10日,国共双方签署《政府与中共代表会谈纪要》(即"双十协定")。《纪要》提出和平建国的新阶段即将开始,必须共同努力,以和平民主团结统一为基础,长期合作,坚决避免内战,建设独立、自由和富强的新中国。双方还确定召开各党派人士参加的政治协商会议,共商和平建国大计。

(二)争取和平民主,反对内战独裁的斗争

抗日战争的胜利和毛泽东主席来重庆谈判,使大后方的民主运动更加活跃。在南方局的领导下,四川地下党决定进一步开展争取民主、反对独裁的群众斗争,围绕着内战与和平、独裁与民主的斗争,各阶层广泛参加的群众运动在四川各地蓬勃开展。

1945年8月下旬，成都170名职业青年联名发表《对时局的紧急呼吁》，呼吁全国同胞起来制止内战，组织联合政府，实现民主。9月29日，成都文化界248名知名人士在《新华日报》上发表《成都文化界对时局的呼吁》，指出：内战的根源存在于一党专政和个人独裁，政治上的不民主。因而要求立即结束一党专政；无条件保障人身自由、言论、出版、集会、结社、信仰等人民的基本权利；立即承认各党派的合法地位并保障其公开活动之自由；反对以维持治安为名，假借敌伪武力挑起内战的一切企图。

在工人运动的影响下，四川各地的学生运动也蓬勃开展起来。11月13日，复旦大学等30多个文化教育单位强烈呼吁和平，反对内战。16日，燕京大学学生自治会应14个学生团体的要求，召开讨论"如何制止内战"问题的大会。会议认为"内战的造成完全是政治不民主和凭借美军干涉中国内政而燃"，决定发出制止内战宣言，致书美国人民制止美国政府干涉中国内战，撤退在华美军；联合本市各学校组织学生反战联合会，用行动制止内战。11月18日，成都各大学21个团体联名发表《制止内战宣言》，要求从速召开政治会议来建立一个联合的民主政府，防止内战发生。

（三）声援昆明"一二·一"惨案受难师生的斗争

1945年11月25日，昆明学生及各界人士6000余人在西南联大举行反对内战，呼吁和平的时事晚会时，遭国民党当局粗暴干涉。翌日，昆明学生罢课抗议。12月1日，国民党军警冲进各校殴打罢课学生，并投掷手榴弹，制造了死亡4人、重伤25人的震惊全国的"一二·一"流血惨案。

惨案发生后，四川党组织把正在高涨的群众斗争与声援昆明"一二·一"惨案受难师生结合起来，进一步揭露国民党坚持独裁和内战的反动面目，把以成都、重庆为中心的反内战、争民主的爱国运动推向高潮。12月2日，中央大学、重庆大学、四川省立教育学院等五院校学生，签名反对内战，提出立即停止内战的三项国是主张。12月3日，成都各大学的31个学生团体和11个文化

团体在《华西晚报》上联合发表《慰问昆明学生信》,誓以实际行动响应和支持反内战的正义斗争。成都各大、中学生站在斗争前列,以各种形式揭露事件真相,抗议暴行,要求"严惩凶手,血债一定要用血来还"。重庆的学生、青年也纷纷投书《新华日报》,声讨国民党反动派的血腥暴行,声援昆明学生的爱国行动。6 日,成、渝两地大中学生分别成立"一二·一"惨案后援会。8日下午,四川大学数百名师生不顾国民党特务的威胁阻挠,在校内举行昆明殉难同学追悼会。9 日,成都大中学生 5000 余人在华西坝召开追悼昆明死难烈士大会,会后举行示威游行并发出声援通电,表示要继承"一二·一"精神,为反对内战、为和平民主的新中国而奋斗。乐山、南充等地的学生为声援昆明学生的反内战、争民主运动,也开展了募捐等活动。

(四)"李实育事件"

声援昆明"一二·一"惨案的怒潮,使国民党四川当局惶恐不安。在四川大学学生悼念"一二·一"惨案死难烈士的多次活动中,特务都进行了捣乱,但未能得逞。12 月 9 日成都青年大游行后,反动分子恼羞成怒,更是寻机挑衅和反扑。

1945 年 12 月 11 日,四川大学学生、民盟成员李实育与同学们在校内张贴声援昆明学生和抗议"一二·一"惨案的标语时,突遭反动分子的围攻殴打。接着,一伙反动分子又手持匕首、棍棒冲入李实育寝室,声言奉命搜查,再次毒打李实育至其昏死,然后将事先准备好的"拥护东北独立""内蒙自治"等标语塞进李的箱子,进行栽赃陷害。19 日晚,李实育在医院被法警逮捕,当局以"伤害罪""危害民国罪"对李提起诉讼,而出庭做证的居然是行凶毒打李实育的反动分子。

反动派的无耻行径,激起了广大民众的强烈愤慨,中共四川党组织也非常重视,认为这是反动势力向进步势力的挑战,必须予以坚决反击。党的外围组织成都民主青年协会(简称"民协")负责人举行记者招待会,详细讲述事情经过,揭穿反动派的谣言和阴谋。四川大学19个进步学术团体联合发出《关于李实育事件告各界人士书》,公开事件真相。与此同时,民盟和民协又多方设法,组织营救李实育,不仅聘请三位律师为李辩护,还约请六位著名教授登报做证,说明学生游行时并未呼喊"东北独立"等口号。《新华日报》《华西晚报》以《爱国有罪?》《反内战有罪?》为题驳斥反动派的厚颜无耻。中共和中国民主同盟代表在参加政协会议时,也向国民党当局提出了保障人民民主权利、释放李实育等严正要求。

1946年1月14日,成都高等法院不得不宣告无罪释放李实育。历时两个多月的李实育事件终于以进步势力的胜利而告终。

(五)反抗国民党白色恐怖的斗争

为了实现和平,政治协商会议召开前夕,根据党中央和南方局的指示,中共四川省委通过多种途径,发动群众,开展了促进政协顺利召开、维护政协决议的斗争。在中国共产党的大力推动下,重庆各界人士和人民团体成立了"政治协商会议陪都协进会"。

1946年1月10日,政治协商会议在重庆开幕。从1月12日到27日,政治协商会议陪都协进会共召开八次各界民众大会,邀请政协会议代表到会向各界通报会议情况。协进会开展的这些活动,声势浩大,充分反映了人民群众希望政协会议成功的意愿,但却引起了国民党反动派的仇恨。他们雇用了一批特务打手,以"群众"的面目出现,对各界民众大会进行捣乱破坏,蓄意制造了从沧白堂到较场口等一系列政治流血事件。

国民党反动派的行径不仅未能阻止民主运动的开展,反而遭到社会各方人士的愤怒谴责,要蒋介石兑现"四项诺言"[①]的呼声愈加高涨。1月24

[①] "四项诺言",指蒋介石1946年1月在政治协商会议开幕词中宣布的保障人民自由、保障各党派合法地位、实行普选和释放政治犯。

日,重庆文化界人士70余人集会,一致通过成立了政治协商会议陪都文化界协进会。1月25日,重庆十余所大中学校万余师生举行"促进政治协商会议成功"的请愿大游行,提出了和平、民主、团结、统一的主张。

由于中国共产党高举和平、民主、团结的旗帜和绝大多数政协代表的努力,在各界爱国人士和全国人民的积极推动下,政治协商会议终于就政府组织、和平建国纲领、国民大会、宪法草案、军事等五个问题达成协议后于1月31日闭幕。政协会议通过的五项协议,实际上否定了国民党的一党专政、独裁制度和内战政策,有利于人民而不利于蒋介石的反动统治。

2月9日,成都民主青年协会组织各大学23个学术团体,在华西坝举行时事报告会庆祝政协会议成功,3000多人参加了报告会。在蓉政协代表张澜等应邀出席并报告了政协会议的经过和取得的成果。

2月10日,国民党当局制造了震惊中外的"较场口事件",激起全国人民的强烈抗议。16日,成都各大学学生联合会等团体和文化界人士5000余人在华西坝集会游行,抗议国民党反动派制造"二一〇"血案,要求取消特务组织及严惩凶手。

1946年7月13日和15日,著名爱国民主人士、民盟中央委员李公朴、闻一多在昆明相继被国民党特务暗杀。惨案发生后,全国各地立即掀起了声讨国民党特务罪行和反内战的斗争。7月28日,在中共四川省委的组织和发动下,《新华日报》揭露了李、闻惨案,在川引起强烈反响。8月18日,由新华日报社成都分社、中国民主同盟四川省支部、西南联大校友会成都分会、四川大学时事研导社等51个社团发起,各界2000余人在成都蓉光电影院召开李、闻追悼大会。民盟中央主席张澜在会上致辞,要求严惩凶手和幕后主谋人。国民党当局蓄意对大会进行破坏,大会刚结束,国民党特务就殴伤张澜等人。第二天,《新华日报》刊载了成都李、闻追悼会及张澜等被殴详情。8月21日,中共政协代表团周恩来、董必武、邓颖超等致电慰问,并严正指出:"成都暴行更证明昆明暗杀为特务系统所为。不粉碎特务系统,中国人民不能安全,民主政治无法建立。"在人民的抗议和舆论的谴责声中,国民党政府不得不撤销徐中齐的四川省会警察局长职务。

二、恢复和加强自身组织建设的四川党组织

在国民党的压制下,地处国统区中心的中共四川组织和进步势力受到严重破坏。抗战胜利后,随着内迁院校和企事业单位迁回原地,四川地下党的力量进一步减弱,已不能适应抗日战争胜利后形势的发展和斗争的需要。为此,四川党组织在恢复和加强自身组织建设、巩固和发展进步势力方面做了极大的努力。

(一)清理、恢复和新建党的地方组织

抗日战争时期,国民党反共重于抗日,"反共、防共、限共"愈加猖獗,大肆逮捕、屠杀共产党和进步人士,迫害文化界知名人士,取缔抗日救亡团体,查封革命报刊和学校。在国民党的压制下,地处国统区中心的中共四川组织和进步势力首当其冲,受到严重破坏。这种情况下,中共中央及时制定了党在国统区新的工作方针,即"隐蔽精干,长期埋伏,积蓄力量,以待时机"。根据这一方针,在中共中央南方局的领导和安排下,四川地下党向延安和其他抗日根据地有计划、有秩序地撤退、转移了一批已暴露的党员和干部,留在四川的党员数量大量减少。抗战胜利后,随着内迁院校和企事业单位迁回原地,四川地下党的力量进一步减弱。抗战结束时,四川地区保存下来的县特支以上党组织只有川康特委、重庆市委和宜宾、巴县、万县、乐山四个中心县委和西昌中心特支。四川党组织的这一状况,显然已不能适应抗日战争胜利后形势的发展和斗争的需要,为此,在中共中央南方局的直接领导下,四川地下党在恢复和加强自身组织建设、巩固和发展进步势力方面做了极大的努力。首先,清理、恢复或新建了一批党的地方组织。1945年8

月,下川东地区的酉(阳)秀(山)黔(江)彭(水)地区的党组织首先恢复建立。9月,建立了中共南充工委,以加强对嘉陵江流域革命斗争的领导。同年10月,古蔺、叙永、古宋和黔北赤水一带党组织与中共南方局接上关系,次年初,负责领导川南及黔北地区革命斗争的地下党组织中共川南地工委建立。为开展、加强涪江流域及通(江)南(江)、巴(中)地区革命斗争的领导,1946年3月,在遂宁建立中共川北二工委。这样,当时四川地区由南方局直接领导的下一级组织就由抗日战争后期的四个增加到了八个。与此同时,各地区组织还先后恢复和新建了一批下属基层组织,吸收了一批进步分子加入党组织。各地党组织通过清理整顿,恢复了从前失掉组织关系的党员的组织关系。同时抓好巩固和发展在党领导或影响下的进步社团工作,以壮大和发展进步力量。如川康特委领导下的成都党组织,在各大学中通过各种途径,广泛发展进步力量,扩大党组织和党所领导的民主青年协会,使党的力量和影响进一步增强。

(二)成立中共四川省委

1946年4月,国民党政府还都南京。中共中央决定,为了与国民党蒋介石继续进行谈判,南方局、八路军办事处也相应由重庆迁往南京。

为适应中共中央南方局(重庆局)东迁南京后领导四川及西南地区革命斗争的需要,中共中央还决定,在重庆设立中国共产党在蒋管区唯一公开的省委——中共四川省委和中共代表团留渝联络处,"从四川开始逐渐把各省的省委都公开起来"。1946年4月14日,中共重庆局向党中央呈报了四川省委领导成员及分工名单,19日,中央复电批准。22日,中共四川省委在重庆召开第一次会议,中共重庆局书记董必武出席,宣布中共四川省委正式成立。吴玉章、王维舟、傅钟、于江震、魏传统等九人为省委委员。吴玉章任书记,王维舟为副书记。省委直属中共中央重庆局(后为南京局)领导。

4月30日,周恩来举行离开重庆前的最后一次记者招待会,公开宣布了中共四川省委的成立，并公布了主要领导人名单。这是中华人民共和国成立前唯一的一届公开的省委。省委在社会上公开后，为了争取合法地位，吴玉章以省委书记的名义积极开展活动，四处奔走。

中共四川省委全面领导四川、西康、云南、贵州地区党组织和《新华日报》的工作。省委领导的四川党组织有重庆市委、成都工委、巴县中心县委、下川东区工委、南充工委、川北二工委、川南地工委、仁（寿）华（阳）彭（山）特支等。

南方局东迁后，中共四川省委继承了南方局留下的事业，继续加强统一战线，争取和平民主；发动群众运动，领导了1946年底至1947年初的反美抗暴爱国斗争；加强党的建设，恢复发展组织；并着手把工作重心逐步向农村转移，在农村建立"两面政权"和据点，建立小型武装。

（三）中共四川省委被迫撤离四川

1946年6月，国民党撕毁国共停战协定和政协协议，大举进攻我中原解放区，内战全面爆发。国民党开始处处刁难迫害中共四川省委和《新华日报》社。在红岩、曾家岩等处增加岗哨，密布宪兵特务，严密监视八路军办事处及《新华日报》社的各种活动。随着局势日趋恶化，省委反复研究，并征得中央的同意，决定王维舟等先撤走。7月，王维舟、傅钟、魏传统等经南京到达延安。11月，于江震、杨超、程子健等省委大部分干部另调工作或撤回延安。

1947年2月下旬，国民党当局彻底关闭了和平的大门，悍然下令南京、上海、重庆三地中共机关和全部工作人员以及担任谈判联络工作的代表限期撤回延安。2月27日深夜，国民党重庆当局突然出动数百名军警宪特，围封了曾家岩五十号中共四川省委驻地和《新华日报》馆，无理查封公私财物，强迫集中中共在渝公开人员，软禁中共代表吴玉章和联络处、省委机关及化龙桥等处《新华日报》社人员。

面对国民党当局的野蛮行径,中共四川省委书记吴玉章进行了坚决的斗争,义正词严地驳斥了敌人的诬蔑和诽谤,教育全体工作人员保持革命气节,团结起来,争取最后胜利。

中共中央非常关心四川省委的处境,2月28日,中共中央副主席周恩来打电报给蒋介石,就国民党军警强迫中共驻京、沪、渝三地人员于3月5日前撤回延安一事提出严正交涉。3月1日,吴玉章得到中共中央同意撤回延安的电文后,率中共驻重庆和成都两地人员分别于3月7日和9日乘飞机胜利返回延安,《新华日报》昆明分销处人员亦随后抵达延安。

(四) 中国共产党对民主党派的深入工作

在中国共产党的有力推动下,抗战胜利后,各爱国民主党派纷纷成立。科技界成立了"九三学社",工商界筹组了"中国民主建国会",民盟召开代表大会,成立了新的民盟中央。

以吴玉章为书记的中共四川省委非常重视开展人民民主统一战线工作。省委成立不久,蒋介石破坏和谈,撕毁停战协定,向东北四平街我军发起进攻,招致国人的强烈愤慨和担忧。1946年5月19日,冯玉祥先生在重庆北碚为抗日牺牲的张自忠将军举行殉难纪念会。吴玉章亲自草拟了一副对联派人送去,对联的上联为:"已使日寇灭亡,忠魂可慰。"下联为:"再令生灵涂炭,民命何堪?"署名为"中国共产党四川省委员会"。这副对联被挂在会场显著位置,非常引人注目。第二天,重庆的各大新闻媒体,如《新华日报》《国民公报》《民主报》《新民报》等都在头版予以报道,并指出会场最引人注意的是中共四川省委的那副对联。吴玉章解释说,这引人注意表现在两个方面:一是对联的内容,把反对内战的意思说得沉痛;一是四川省委的牌子拿出来了。

8月18日,成都召开李、闻追悼会时,国民党特务在会场上进行破坏和捣乱,当场打伤民盟主席张澜。消息传到重庆后,中共四川省委和书记吴玉章特于20日致电张澜先生进行慰问。10月下旬,中共四川省委联络各民主党派举行茶会，热烈欢迎民盟主席张澜莅临重庆。吴玉章在欢迎大会上发表了热情洋溢的讲话，高度赞扬了半个世纪以来张澜先生为中国的民主及广大人民的利益奋斗不渝的精神。此次欢迎张澜先生会后，各党派民主人士便有了定期的集会，关系更加密切，更加团结。

9月22日，重庆市隆重举行著名教育家、爱国人士陶行知先生追悼会，中共四川省委书记吴玉章在大会上讲话。从此，各民主党派、各界人士便有了定期的集会，大家常在一起商讨国家大事，统一认识，互通消息，协调步骤，团结起来与国民党反动派展开针锋相对的斗争。

三、党领导的四川第二条战线的斗争

第二条战线是指解放战争时期国统区内以学生运动为主体的爱国民主运动，它与解放区人民自卫战争相配合，在推翻国民党反动统治的斗争中，起到了不可或缺的重要作用。四川是国民党统治的中心地带，也是第二条战线的主战场之一，中共四川地方党组织领导的爱国民主斗争是第二条战线的重要组成部分。

（一）反美抗暴爱国斗争运动

中共四川省委成立后，贯彻执行中共中央"坚持岗位，度过黑暗，改变形式，适当斗争"的指示，在南方局领导下，在前一阶段反对内战、争取和平，反对独裁、争取民主的斗争基础上，掀起了反美抗暴爱国运动的新高潮。抗暴运动是由美国的扶蒋反共、助蒋内战的政策引起的。

由于国民党政府纵容，并规定驻华美军肇事只由美国宪警处理，美军在中国到处横行不法。据不完全统计，从1945年8月至1946年11月，在上海、南京、北平、天津、青岛五市发生的美军暴行至少有3800起，中国人民被害死伤者在3300人以上。而在大批美军驻扎的四川，发生的美军暴行事件更是层出不穷。据《新华日报》揭露：美军在重庆强奸妇女之事经常发

生，其猖狂程度竟至将中国妇女拉进兵营，强奸数日后放回。不少妇女因被奸污而死，有的则因无脸回家而自杀或流亡。对于美军犯下的种种罪行，四川人民表示了极大的愤慨。1946年9月7日，包括成都、重庆在内的全国各大城市举行了"美军退出中国周"，反对美军驻华，反对美国帮助蒋介石打内战。为了揭露国民党反动派的卖国行径，四川大学党组织和党的外围组织成都民主青年协会决定在学生中开展反对《中美商约》的斗争，并决定争取以川大学生自治会的名义发动群众，进行合法斗争。卖国屈辱的《中美商约》签订后，成都地下党组织立即通过民协和各进步社团发动群众，开展斗争。

1946年12月24日傍晚，北大女学生沈崇在北平东单操场遭两个美军士兵强暴。国民党政府不但不出面来维护民族尊严，对美军暴行严加处置，反而为其百般遮掩，竟厚颜无耻地通过中央社声称："美军酒后失检，各国在所难免。"对美军的暴行及国民党政府的袒护，人民愤恨之极，"沈崇事件"即成为全国性反美抗暴斗争的导火索，长期郁积在中国人民心头的怒火，像火山一样爆发了。

中共四川省委根据中央指示，迅速行动起来，领导西南地区广大学生开展"抗暴"斗争，并把反内战斗争和反对美帝的斗争结合起来，把反美反蒋斗争推向新的阶段。中共四川省委一方面通过《新华日报》《民生报》及《新生报》发表社论和刊载消息，对全省运动进行指导。另一方面，成都等地下党组织通过民协等进步组织，发动一批积极分子活动在斗争第一线，并通过积极分子骨干掌握运动的领导权，使运动在党的领导下，迅速开展起来。

全省抗暴爱国斗争运动全面兴起后，中共四川省委根据斗争形势的发展，及时提出重庆、成都要建立运动的联合组织，并把运动引向第二阶段——罢课游行阶段。1月5日，成都党组织在四川大学礼堂举行抗议美军暴行大会，27所大中学校的1000多名学生代表参加并发表宣言，会议通过决议致电美国政府，要求美军立即退出中国；致电蒋介石和美国总统杜鲁门，要求废除《中美商约》等，随后连续举行抗暴集会和游行示威。与此同时，在中共四川各级党组织领导下，自贡、江津、巴县、蓬溪、西昌等地也开展了抗暴反美爱国斗争运动。

以学生为先导的反美抗暴爱国运动开展后，获得了各界的广泛同情和大力支持。民盟、九三学社、民建等16个民主党派和团体及文化、新闻、教育界人士，相继发表宣言、抗议书或呼吁，愤怒抗议美军暴行，支持抗暴运动。

中共四川省委根据形势变化发展，指示各地党组织"要继续扩大战果"，提出"在大游行以后，摆在起先锋作用的学生面前的任务，就是要把这一爱国主义运动扩大开来和深入下去"。要求利用寒假，继续发动群众，把学生运动扩大到农村去，广泛进行宣传组织。各地党组织遵照中央和省委指示精神，组织学生宣传队，采取各种形式深入基层，广泛开展宣传活动，揭露美军暴行和美蒋勾结打内战的行径。1月28日至2月4日，重庆市学生抗议美军暴行联合会开展了"抗暴宣传周"活动。国民党当局恐慌不已，竟派特务流氓先后于2月5日和8日围攻殴打爱国学生。国民党特务的暴行，激起各界人士的极大愤怒。为了抗议国民党的镇压，全市学生组织罢课、请愿，商人组织罢市，工人组织罢工。学生的正义斗争获得了广泛的同情和声援，迫于社会舆论的强大压力，国民党当局不得不对学生让步，保证不再发生类似事件，并答应了学生关于严惩凶手、追究责任、赔偿损失、保障学生安全等项要求。在此情况下，中共四川省委及时分析了形势，认为斗争已基本达到目的；为了避免再造成损失，决定停止街头宣传，将运动转向校内，做深入的巩固工作，并开始复课。到2月中旬，全省反美抗暴爱国运动基本告一段落。

（二）"反饥饿、反内战、反迫害"运动

抗战胜利后，国民党政府加紧投靠美国，国统区市场几乎为美国独占，致使民族工商业受到极大打击；与此同时，以蒋宋孔陈为首的官僚资本迅速膨胀，造成全国和四川的通货恶性膨胀，工商业大批倒闭。据成渝两地统计，从1946年1月至12月，物价上涨4—5倍。1947年1月，国民党政府发行1万元面额的大钞后，成渝两地的黄金、美钞价格立即大幅度上扬，一日中上涨了25%左右。由于物价飞涨和美货的大量涌入，四川工商业面临崩溃，纷纷倒闭。一度繁荣的四川经济，顿时一片萧条。到1946年4月，战时工业最集中的重庆，包括兵工、纺织、机械、化学、炼油、猪鬃等各业厂家在内，完全停业的约占40%，半停业的约占35%。工商业企业大量倒闭，致使大批工人失业，重庆失业工人达9万人之多，成都、自贡的失业工人也各有三四万人。加上物价飞涨，人民生活极度困苦，许多人在死亡线上挣扎，不少人被饿死、冻死，甚至自杀。

对于失业工人的悲惨遭遇，南方局通过《新华日报》多次疾呼，要求国民党当局给予救济。然而当局不但置之不理，反而以种种莫须有的罪名驱散、逮捕失业工人。

针对这种形势，中共中央南方局指示各级党组织加强工人运动的领导，以反内战、反饥饿为中心，支持工人的合理要求，把经济斗争和政治斗争结合起来。重庆失业工人组织请愿团，轮番向国民党各党政部门请愿，提出要工作、要饭吃、要还乡，迫使国民党当局发放失业救济金和还乡费。

广大四川农村的农民，同样处于饥饿和疾病折磨之中。国民党当局以"军粮孔亟"为由，电令四川省政府在1946年内征粮1035万石，并规定年底押解，不得延误。然而就在这一年，四川地区大面积流行瘟疫。有69个县市天花流行，110个县市伤寒流行，114个县疟疾流行，105县市痢疾流行，89个县麻疹流行。国民党政府拼命掠夺人民财产并进行内战，根本不顾人民死活的所作所为激起了四川人民的强烈愤怒。

由于广大人民群众生活极端困难和米价的不断上涨，1947年5月至7月，成都连续发生3次大的抢米风潮。

反饥饿、求生存，已成为国统区广大群众的迫切要求。

1947年震惊全国的"五二〇"血案消息传到四川后，成渝等地的学生立即掀起了声势浩大的声援斗争。24日，四川大学12个社团联合发表《为声援五二〇血案告全校同学书》。30日，20多个社团1000多人在四川大学礼堂召开响应京、沪反饥饿、反内战、反迫害运动大会并举行校园游行，次日宣布罢课。同时，华西大学等发出通电，声援京、沪学生。重庆大学、女子师范学院等重庆的大中学校也纷纷呼应。在中共重庆组织的领导下，各校学生先后成立了"反内战、反饥饿委员会"。至31日，全市已有半数以上的学校进行了罢课。南充、广安、泸县、自贡等地的学校也展开声援，进行了罢课和抗议国民党镇压学生的宣传活动。

面对汹涌澎湃的反饥饿、反内战运动，国民党当局进行了残酷的镇压。6月1日，成渝两地宣布戒严，实行大逮捕，共逮捕共产党员、民盟负责人、进步教师和文化界人士、进步新闻记者、青年学生200多人。

国民党的镇压活动激起了广大人民群众的公愤。全省各地纷纷致电声援和慰问，在人民群众的抗议和声讨下，国民党当局被迫分批释放了大部分被捕人员。

四川人民反饥饿、反内战、反迫害运动，是解放战争时期规模最大、影响最广的一次民主运动斗争。

（三）成都"四九"血案

蒋介石集团发动全面内战后，军费开支剧增。为挽救军事上的危局，国民党加紧了对"天府之国"四川的搜刮和控制，1947年在四川大量征粮征兵；1948年初，蒋介石又派粮食部长到成都，督促四川省主席邓锡侯尽快完

成征粮百万石、征兵数十万的任务。而此时的四川,早因蒋介石连年穷兵黩武而民生凋零,元气大伤。加之地方实力派的邓锡侯非蒋之嫡系,素受排挤,故对蒋有怨气。另一方面,眼见人民解放军非但没有在蒋介石发动的内战中被消灭,反而愈战愈勇,邓锡侯担心国民党的统治不会长久。于是以征粮征兵需经省参议会为借口,有意拖延。对四川地方实力派早有戒心的蒋介石对邓的答复极为不满,于1948年4月一脚踢开邓锡侯,派其亲信、反共老手王陵基接任四川省主席的职位。

蒋介石倒邓扶王,加深了国民党中央统治集团与四川地方实力派之间的矛盾,全省军政界普遍反感蒋的做法;另外,由于物价飞涨,民众生活度日维艰,因而怨声载道。早在1948年初,中共成都市委就提出了"要吃饭,要和平,要自由"的口号,组织四川大学、华西大学等高校,以有酬义务劳动、义卖、义演、义展及劝募等形式筹集经费,资助清贫学生读书。在这种情况下,中共党组织决定在助学运动的基础上,领导成都青年学生掀起一场要求配给平价米的斗争,把反饥饿、反内战、反迫害的爱国民主运动推向深入。4月5日,中共成都市委副书记彭塞召集学运骨干开会,决定在王陵基就职的当天举行全市大专院校学生要求政府配给平价米的反饥饿、反内战、反迫害的群众请愿和示威游行。

4月9日,是蒋介石新任的四川省主席王陵基就职的日子。成都市大中学生数千人到省政府请愿,要求配给平价米。学生们沿途高喊口号,向围观群众散发传单,发表演说。不少群众也加入游行行列,队伍人数达到5000人之多。游行队伍冲破几道戒严线后,来到了省政府前。省主席王陵基下令镇压,造成当场抓学生132人、打伤200余人的"四九"血案。

血案发生后,中共成都市委决定发动学生营救被捕同学,向社会广泛宣传,揭露王陵基的屠夫面目。当晚,四川大学学生召开了声讨"四九"血案罪魁祸首王陵基大会。大会决定从次日起,全校实行无限期罢课,成立四川大学"四九"血案后援会，印发《为四九血案告全国同胞书》，举行记者招待会，向社会揭露事实真相，探望和慰问被捕受伤学生。与此同时，华西大学、成华大学等院校也成立了"四九"血案后援会，并于10日举行了罢课。

尽管王陵基千方百计封锁有关"四九血案"的消息，但成都师生及进步群众还是通过各种渠道将"四九血案"的真相传向全国。上海《文汇报》《大公报》在血案的次日便刊出消息。王陵基的暴行被公诸天下后，激起了人民的强烈义愤。清华、北大、浙大、南京中大、武大、上海交大、厦大、重大等校学生纷纷罢课或绝食，并举行集会游行，支持成都学生的正义斗争。

在全国学生的广泛声援和成都学生不屈不挠的斗争下，当局被迫做出让步，分批释放被捕学生，并同意学生提出的每人每月配售平价米二斗三升的这一条件，声援"四九"血案的学生运动以正义的胜利而告终。

声援"四九"血案的运动是抗战胜利后成都开展的规模最大、影响最为深远的一次学生运动，它从经济斗争入手，团结教育了广大群众，打击了国民党反动派的嚣张气焰，猛烈冲击了国民党大后方的统治秩序，推动了第二条战线在四川的进一步深入和发展。

四、党领导的农村武装斗争

为配合解放区战场的人民自卫战争，中共四川地方党组织在极其困难的情况下，领导四川人民进行了不屈不挠的武装斗争，对于唤醒人民、配合人民解放军解放四川、瓦解国民党统治政权起到了积极的作用。

（一）四川党组织的恢复与发展

1947年夏，四川党组织先后与上级组织恢复联系，建立新的组织系统后，党的组织得到迅速的发展壮大。1947年3月中共四川省委和《新华日报》被迫撤离重庆后，四川的各级党组织与上级一度失去联系。7月，中共

成都工委派人去上海,向中共上海局负责云贵川康的钱瑛汇报请示工作。钱瑛指示恢复川康特委,直属中共上海局领导。川康特委以蒲华辅为书记,马识途为副书记。川康特委恢复后,先后建立了雅乐工委、西昌工委、川北工委、川南工委、宜宾中心县委、渠县县委、仁(寿)华(阳)彭(山)特支等下属组织,负责领导成都、川西地区、西康省的党组织及川南、川北部分地区党的工作。川康特委直接领导或其下属组织领导的外围组织有成都民主青年协会、火星社、民主青年联合会等。

川东方面,1947年9月,重庆市委书记王璞亦到上海请示汇报工作;根据上海局指示,10月成立了中共川东临时工作委员会,直属中共上海局,负责川东、川南地区党的工作。王璞任川东临委书记,涂孝文为副书记。川东临时工委成立后,首先清理组织,建立新的组织系统,将原重庆市委改建为重庆市工委,领导原重庆市委所属的重庆贵州思南等地党的组织;1947年10月在万县建立中共下川东地工委,领导下川东石柱、忠县、万县、云阳、开县、巫山、巫溪、奉节及湖北宜昌等地党组织,并先后在这些地方组建了9个县委、特支和工委等下属组织。1947年12月在广安建立了上川东地工委,并在其领导的上川东地区建立了10个工委和邻水县委及广安禄市、观音阁2个特支。川东临委成立后,提出放手发展组织,大量吸收党员。不到半年时间,各地党组织就呈十倍百倍速度发展,形成了继大革命时期、抗战初期之后,川东和重庆地区党组织的第三次大发展。川东临委领导的外围组织有重庆"六一社"(后改名为"新民主主义青年社")。

(二)工作重点转向农村

早在抗日战争胜利前夕,即1944年冬,日寇侵占独山时,中共中央南方局即动员大后方革命青年到农村去开展农民运动,准备武装力量。这为解放战争时期党在四川开展武装斗争奠定了基础。1945年7月,毛泽东再次提出:"望用最大注意力,布置云、贵、川三省农村据点,准备将来打游击,不使我党在国民党发动内战时,处于完全挨打与束手无策的地位。"1946年11月,中共中央指示南方各省:凡有可能者,"应即建立公开游击根据地",多数条件尚未成熟之地区,则采取隐蔽待机方针,以等候条件之成熟。"其目标,仍是积极发动公开游击战争"。

当时上级党指示川康特委和川东临时工委的主要任务和工作方式为:联合一切反蒋力量,发展基本的人民群众自己的力量,明确工作上的优势和重点在农村;一般地区在群众运动的基础上、在两面政权与两面军队掩护下,以武工队的形式开展斗争,边远的、敌人统治力量薄弱的地区,才相机建立小游击队,以逐步展开游击战争,一般不搞大规模的打旗号的武装起义;在城市加强统一战线工作,逐步开展群众性的民主运动。

川康特委和川东临委成立后,为落实把党的工作重点放在农村,一方面决定将所属组织陆续进行清理、调整和组建,发展了大批党员;另一方面,派遣大批党员和积极分子到农村工作,培训"农暴"骨干,组织秘密农会,通过"生期会""姊妹会""兰交会""农民夜校"等形式,广泛发动群众,开展抗丁(壮丁)、抗粮、抗捐税的"三抗"斗争。至1948年上半年,仅上川东地区"生期会""姊妹会"和山王会等形式发展会员近万人。一些地方则通过上层渠道和选举,建立两面政权;对乡镇一级,则采用打进去、拉出来的办法,掌握一些乡、保政权和少量营、连以下的军队和保安中队,并在已有工作基础的地区开展武装斗争。荣县正安乡便通过此办法掌握了全乡的武装。通过上述努力,四川各地已普遍完成党的工作重心从城市到农村的转变,为日后的农村武装斗争创造了有利条件。

(三)川西地区的武装斗争

1946年秋至1947年,仁寿籍田地区发生严重旱灾,小春歉收,农民生活极其困难,为了生存,成百上千饥民围攻籍田乡长。中共成都市工委指示籍田地区党组织要带领饥民与地主豪绅做斗争,用"吃大户"的形式帮助饥

民度过饥荒，为武装暴动做好组织准备。为加强领导，市工委还特派专人到籍田予以指导。7月3日，在地下党员邹玉琳的率领下，2000多名贫苦农民冲进籍田乡钟家湾仓库主任钟伯川家，把几十石粮食和一担盐巴一分而光。随后，党组织又先后在苏码头、煎茶乡、刘公乡等地组织和领导了几次"吃大户"斗争。"吃大户"斗争轰轰烈烈开展起来以后，中共成都工委认为在籍田地区发动秋收暴动的条件已经成熟，决定将成华大学从事学生运动的中共党员苏世沛派回家乡籍田工作，再将仁（寿）、华（阳）、彭（山）边区中共党组织负责人任治荣调往籍田，担负掩护起义队伍的撤退转移工作。暴动由来自成都工委的陈俊卿、吕英领导。9月5日，武装暴动的枪声打响，一度占领了区公所。但当战斗向纵深发展时，突遇意外情况的发生。暴动被迫停止，队伍只好暂时分散转移隐蔽。

中共成都工委在领导籍田地区开展农民武装斗争的同时，在邛崃地区也组织开展了农民武装运动。1947年夏，中共党员李维实根据成都工委指示，在邛崃三坝马桥一带山区以袍哥的名义组织武装。当年秋，李就联络一批进步青年农民并建立了拥有200多支枪的地下武装，他们痛击了前来镇压的县警察中队。1948年春，奉上级指示，这支武装转移至大邑，同那里的革命武装统一组成"川西南人民武装工作委员会"和"川西南人民武装工作队"。

川西南人民武工队成立后，很快就发展到上千人。根据上级指示，初定在7月中旬公开"抗粮、抗丁、抗税""开仓济贫"，发动武装暴动。然而由于内奸告密，12日凌晨，大地主刘文彩组织了200余名地主武装包围空袭武工队。在突围中，武工队一队长牺牲，一名武工队员被俘。敌人退到县城后，下达通缉令捉拿武工队负责人，并派出特务四处搜捕。武工队转移到新津，召开武装领导骨干会议，讨论和总结"7·12"事件的经验教训。经川康特委同意，武工队决定以袍哥武装、烟帮武装形式进行活动。

1949年秋，武工队在大邑地区发动农民群众开展以刘文彩为主要对象的减租斗争。面对武工队与群众的强大力量，刘文彩被迫同意武工队提出的减租等三项条件。减租斗争影响面广，引起了很大震动，国民党省政府主席王陵基派省保安团到大邑参加"清剿"。武工队撤到邛崃石坡乡和名山、雅安一带隐蔽，敌人的几次"清剿"均以扑空告终。

1949年10月，在"川西南人民武装委员会"和中共雅乐工委的基础上，"中共川西边临时工作委员会"成立，"川西南人民武装工作队"也更名为"川西边人民游击纵队"（后改称"川康边人民游击纵队"）。纵队以下按地区建立了8个支队和两个直属大队，共有党员200余人，基干武装5000余人，活动范围达20余个县。11月下旬至12月上旬，"川康边人民游击纵队"以公开和半公开的形式开展活动。此后，游击纵队决定将主力向邛崃、大邑的山区和平坝交界一线集结，首先打击"清剿"游击队的国民党军警和反动地主及乡团武装，占领部分乡镇，以川康边山区作为游击活动的回旋地带，配合解放军进军四川。

当人民解放军解放西南战役节节胜利之际，川康边人民游击纵队根据川西临时工委指示，集中了隐蔽在名（山）雅（安）邛（崃）大（邑）等地区的队伍，主动出击，堵截国民党军。据不完全统计，川康边人民游击纵队在配合解放军的战斗中，直接俘虏敌军3000余人，缴获各种武装3000余件。在成都处于解放军的包围之际，川康边人民游击纵队设在成都的"留蓉工作部"同党的外围组织一起，利用各种关系，进行了大量的统战策反等工作，卓有成效地配合了人民解放军解放成都。

（四）川东地区的武装斗争

川东临时工委成立后，清理、调整和组建了所属各组织，改组重庆市委，建立上、下川东工委和川南、南（川）涪（陵）工委以及一批县委、特支，在建立了比较完整的组织系统的基础上，大批发展党员，形成了继大革命时期、抗战初期之后，川东和重庆地区党组织的第三次大发展。

在武装斗争方面，川东临时工委首先确定下川东为开展武装斗争的地区。1947年11月，川东临时工委决定，派临时工委委员彭咏梧去下川东领导武装斗争，兼任党的下川东地工委副书记、川东游击纵队政委；邓照明去上川东一工委，临工委书记王璞在华蓥山地区，分头发动组织武装起义。

1947年11月下旬，以彭咏梧为政委、赵唯为司令的"川东民主联军下川东纵队"（后改称"中国共产党川东游击纵队"）成立。为了武装起义的顺利开展，彭咏梧等在发展游击队的同时，积极进行统一战线工作。12月17日，拥有300多名游击队员、250余支枪械的川东游击纵队奉大巫支队成立后，先后袭击了云阳县南溪镇、西宁场以及奉节保安中队，缴获一批武器弹药，并开仓放粮，向群众进行革命宣传。游击纵队的活动，震动了国民党政府，蒋介石令重庆行辕调集重兵镇压，大批正规军和保安队从云阳、奉节和巫山向游击队合围，游击队被迫兵分两路进行转移。在转移中游击队走散，彭咏梧为掩护战友壮烈牺牲，部分干部战士被俘。其他支队在敌人重兵"围剿"下坚持战斗，但终因寡不敌众而失败，先后化整为零，隐蔽下来。川东游击纵队在两年多的时间中，先后有1870名队员（其中地下党员689人）参加武装斗争，与敌人进行了大小战斗70多次，为配合川东地区的解放做出了重要贡献。

1948年1月，川东临委发动上川东的梁（山）达（县）大（竹）起义。2月2日，国民党重庆行辕派兵开始"围剿"这一地区的游击队，在敌强我弱的情况下，游击队分头经过一个多月的迂回游击，战斗力遭受严重损失，被迫分头撤离隐蔽。梁山、达县、大竹地区的武装斗争是华蓥山地区的武装起义的开始，揭开了上川东武装大起义的序幕。

（五）《挺进报》事件与四川党组织遭受重大破坏

1947年2月《新华日报》被国民党当局查封后，中共重庆市委于同年7月出刊《挺进报》作为其机关报。国民党反动派十分憎恨《挺进报》，欲置之死地而后快。1948年初，《挺进报》发行改内部传看为寄给敌人。这年春，国民党重庆行辕主任朱绍良接到一封"亲启"信，里面是一份《挺进报》。朱绍良极度恼羞成怒，急令行辕二处处长、军统特务头子徐远举"限期破案"。徐远举得令后，连忙召开国民党中统、军统和警察局、宪兵、三青团等部门机构头目会议，决定从查《挺进报》入手，侦破四川地下党组织。

1948年4月，中共重庆市委书记刘国定、副书记冉益智及市委委员许建业被敌人逮捕。许建业大义凛然，英勇不屈。刘国定和冉益智则苟且偷生，相继叛变。敌人由此打开缺口，开始疯狂抓捕共产党人及进步人士。4月20日，《挺进报》机关遭到破坏，特支代理书记陈然被捕。接着，叛徒刘国定和冉益智等亲自率领特务到上海、南京、武汉、成都、万县及广安等地，逮捕了中共川东临委副书记兼下川东地工委书记涂孝文，工委委员杨虞裳、唐虚谷，上川东地工委委员骆安靖等。在敌人的威逼利诱下，涂孝文、骆安靖屈膝投降。1949年1月14日，中共川康特委书记蒲华辅、委员华健（兼川北工委书记）等被捕，蒲华辅当天即叛变。至1949年元月21日，蒋介石宣布"引退"，特务暂停捕人，由《挺进报》事件造成的破坏才告一段落。在这次大逮捕、大破坏中，四川地下党组织遭受重大破坏和损失，共有133名共产党员和进步人士被抓，其中川东41人，重庆67人，川康17人，上海和南京8人。其中53人牺牲，35人下落不明，3人脱险，4人自首（仍被处死），8人叛变，23人获释（多系进步群众）。

（六）华蓥山起义

华蓥山地区的武装起义，是川东临时工委领导下规模最大的一次起义。1948年4月，重庆市委《挺进报》被破坏，许多骨干被捕。由于叛徒出卖，华蓥山区笼罩在白色恐怖的阴霾之中。6月，重庆警备司令部少将部员樊龄进驻合川，监视华蓥山区地下党组织的活动，不久，华蓥山地区连续发生共产党员和进步人士被捕事件。7月，上川东地工委委员、第五工委书记骆安

靖被捕叛变,又出卖了一部分同志。在这万分危急的情况下,川东临委书记王璞在岳池县罗渡乡主持召开川东临委紧急会议,决定提前在华蓥山周围的广安、岳池、武胜、渠县、合川、营山等县举行联合起义,并将上川东所辖各工委领导的武装力量统一组成"西南民主联军川东纵队"(即"华蓥山游击队"),以王维舟为司令员,王璞任政委。纵队下辖7个支队,以所在上川东工委番号为序。

1948年8月10日至9月20日,西南民主联军川东纵队在华蓥山地区举行了6次大的武装起义。8月10日和12日,第五支队的一、二总队首先在广安县的代市和观阁打响了华蓥山起义的第一枪;17日,第八支队举行了武胜三溪、新场起义;22日,第七支队发动了岳池伏龙起义;25日,第四支队在王璞领导下发动了合川金子沱和武胜真静起义;28日,第三支队在武胜石盘乡与第四支队会合后加入起义的行列;9月20日,第六支队在渠县龙潭举行起义。在上述6次大的起义中,起义队伍辗转华蓥山与敌作战,历时40多天,先后有2000多人参加。

华蓥山起义沉重地打击了国民党反动势力,有力地配合了人民解放军的正面作战,极大地鼓舞了国民党统治区人民的斗志,震惊四川,影响全国。四川省主席王陵基在省参议会上公开说"不要使那里(指华蓥山)变成了四川的盲肠"。蒋介石也给四川保安司令部去电,责询华蓥山起义情况,要求立即派兵扑灭。在敌众我寡的情况下,华蓥山地区各地起义相继受挫失败,川东临委书记王璞也受伤牺牲。华蓥山武装起义前后,在敌人"围剿"和清乡中牺牲的游击队员和农民群众共400余人,被押往重庆渣滓洞监狱、临近解放被杀害的近70人。

(七)武装斗争在四川其他地区的开展

川北方面:1946年春,经南方局批准,川北第二工委成立,主要活动于涪江流域及通江、南江、巴中、平昌等广大的川北地区。1947年1月,川北二工委书记王叙伍到重庆向省委汇报工作。省委书记吴玉章指示：要发展组织，准备地方武装；开展群众斗争，配合解放战争。后上海局决定将原属川西工委领导的南充、渠县的党组织划归川北第二工委领导，派华健来川北组成川北工委，领导川北地区的斗争。随着党组织的进一步发展，川北党员已达千人。川北工委的工作也由以抗丁为中心的抗租、抗捐、抗老板的斗争，迅速转入以组织武装工作队进行武装斗争为中心的新阶段。在武工队活动的基础上，党组织所掌握的武装逐步壮大，至解放前夕，川北工委领导的武装已发展到数千人。

川南方面：华蓥山起义失败后，中共川东临时工委决定把武装斗争的重点转向川南，先搞一支短小精悍的武装力量，在山里转，时分时合，与敌人周旋。川南工委从长江南北两岸和赤水流域的荣昌、铜梁、纳溪、古蔺、叙永、赤水等地选了一些年轻力壮的党员和积极分子，在川黔交界的墩子场、大石母成立了一支武工队。在敌人重兵围剿下，武工队化整为零，跳出了包围圈。后来又千方百计派人打进敌武装团体或封建地主武装中，掌握其武装。1947年底，宜宾县已有中共党员274人，枪138支，还掌握了120人的乡保武装。在此基础上，1948年2月成立了川南游击纵队。

川西南方面：1947年2月，川康特委指示成立西昌地区工作委员会，要求放手工作，建立两面政权，发展武装力量。西昌工委成立后，决定在西昌、冕宁、会理三县建立武装，开展游击战。西昌地下党利用民选基层政权的机会，搞两面政权，到解放前夕，县委已掌握了一批武装。而会理方面，党的组织和武装都有了很好的发展。1949年9月、10月，先后组成宁属人民军金江支队第一支队和第二支队。一支队有1000多人，共编为5个大队和1个直属中队；二支队不到1000人，编为4个大队和一个直属中队（后发展到5个大队）。金江支队发布了《告宁属人民书》，在东区（今会东县）和南区公开宣布起义。金江支队原计划三面出击，夺取会理县城。然而12

月下旬到第二年初,在解放大军摧枯拉朽般的攻势下,胡宗南、宋希濂等残部1万多人往西昌方向逃窜,有一个团的兵力进驻会理县城。在这种情况下,地下党决定改变计划,作战略转移。二支队和一支队先后渡过金沙江抵达云南境内,在元谋和甘沟进行整训,还参加解放云南永仁县的战斗,在配合解放军围歼西昌地区国民党军队的战役中发挥了重要作用。

川东南方面:1947年春,中共四川省委在听取川鄂边武装斗争的准备情况后强调:要在川鄂边区有步骤地发展与组织农民群众,尽快把武装斗争搞起来。次年2月,忠(县)丰(都)石(柱)南岸工委成立,川鄂边游击队也随之组建。游击队吸取下川东和华蓥山公开进行武装暴动失败的教训,不打旗号,紧紧依靠广大人民群众,加强党的建设和统战工作,武装斗争坚持了数年之久。至1948年底,工委所辖地区建立了6个区委、14个支部,党员近百人。通过训练班建立了3个游击大队和两个独立中队,队员近百人。先后发起两边岩歼灭战(敌联防中队50余人被全俘)、夜袭三星乡公所、攻克都会乡等战斗,还进行了黄草坪战斗(毙伤敌人多人)。在4个月的反"围剿"战中,经历大小战斗30余次,粉碎了敌人的"围剿",游击队也由刚组建时的750人发展到3000多人,1000多支枪。

1947年上半年,中共南涪工委根据上级党组织关于有步骤地组织农民群众,开展游击战争的指示精神,在川黔边组建农民武装。1948年夏,党组织对南涪边境的一支土匪武装进行改编并正式命名为南涪边区武装工作队。经过艰苦细致的工作,南涪边区武工队有了快速的发展,党掌握的武装人员达到1600余人,拥有各种枪械1000多支和大量弹药。在解放大军南下时,武工队还参加了截击国民党溃军的战斗。

五、迎接四川解放

为配合人民解放军解放四川的强大攻势,中共四川地下党组织加强了统战和策反工作，认真进行宣传，组织群众，开展护城、护厂和护校工作，迎接解放，配合接管。

（一）国民党军在西南的军事调整与部署

南京解放后，国民党在大陆只剩下西北、西南和华南等地区。为了保住这些地方，蒋介石不惜血本，将其残部中仅有的两个主力集团布防在这些地区，他命令从陕西败退的胡宗南集团扼守秦岭、巴山一带，防守人民解放军由陕西进入四川；白崇禧集团驻扎华南，而新组建的宋希濂集团则守御川东南，另把若干个军摆在四川、西康、云南和贵州境内机动。蒋介石自知企图难以得逞，又提出了一个所谓的"最后战略"：打算以西南诸省为后方，割据西南，建都重庆，等待国际局势变化卷土重来。而一旦上述计划破产，即退往云南、贵州；再无法存身时，则逃亡国外。

为了保住西南这一大陆最后一个反共堡垒，早在1948年春，蒋介石就派亲信王陵基担任四川省主席，要他守好成都这个战略据点。在王陵基从广州到四川前夕，行政院长何应钦向其传达蒋介石旨意：四川为反共最后基地，万一不支，即向缅甸、越南边境撤退，等待国际局势变化，争取美援，再行反攻。1949年1月，国民党统治集团又委派前"行政院长"张群担任重庆绥靖公署主任，企图利用其元老身份和在西南的故旧关系，借以协调内部，缓和矛盾，控制地方实力派，加紧营造反共复兴基地。

4月，国民党政府将原属国防部的重庆绥靖公署改为西南军政长官公署，直属行政院，仍由蒋介石心腹张群坐镇。西南军政长官公署统辖川、康、云、贵、渝等省市军政机关，以反共为中心，部署西南地区的政治、军事和经济。蒋嘱张，"应以持久作战，确保西南为目的，以四川为核心，争时待机，维持现有战力，积极培养新兵力量，以攻为守坚持地区，并将有力兵团机动控制扼要地区，对分头来犯之匪，适时集中优势兵力，而各个歼灭之"。

蒋介石判断：解放军入川的方向"或北或东，以北面的可能性较大"。

他认为,川东方面,由于地势险要,交通不便,大兵团行动困难,且还有国民党军战斗力较强的白崇禧在湘桂一线布防,解放军入川的可能性不大;而川北方向,则是入川捷径,且背靠老解放区,有陇海铁路,交通畅达,补给方便。因此,蒋介石判定:"川北仍是共军进攻的重点,对这一方向的防御必须加强。"

根据上述判断和安排,蒋介石对防守四川的力量重新进行了部署,设以宋希濂为主任的川黔湘鄂边绥靖公署(辖第十四、第二十兵团6个军及地方部队,布防于川鄂边之建始、恩施一线,与驻扎于巫山、奉节之第十六兵团相配合,扼守川东门户),以孙震为主任的川鄂边绥靖公署(辖第十六兵团3个军),以胡宗南为主任的川陕边绥靖公署(辖第五、第七、第十八兵团14个军,倚秦岭主脉及白龙江、米仓山、大巴山一线据守川北门户),以郭汝瑰为司令的叙泸警区;还成立川黔边区绥靖指挥部,组建控制重庆周围地区的机动部队。此外,还有以刘雨卿、严啸虎、贺国光为司令的重庆、成都、西昌3个警备司令部,以及四川省保安司令部所辖的10个保安指挥部和20个保安团。这样,整个四川及与邻省接壤的边境,都布满了层层设防的国民党军队。

(二)蒋介石集团对四川人民统治与镇压的加强

在调整部署兵力的同时,蒋介石集团还加强了对四川人民的统治和镇压。1949年元旦,国民党政府国防部颁戒严令,重庆、成都两地当晚就宣布宵禁。4月20日,重庆市警备司令部宣布自该日午后6时起,特别戒严3天,封锁长江和嘉陵江,全市一切车辆、船只、行人一律禁止通行;各码头交通要道安装铁丝网,埋设地雷,架设机枪和水龙头;行人、住宅如有可疑之处,即行拘捕传讯和搜查。4月26日,重庆警备司令部发布《紧急维持治安》10条,对所谓反抗政府、阻挠政令、煽动罢工、鼓动学潮等,皆"处死刑"。接着,王陵基宣布全川戒严,各行政体制实行战时体制,下令逮捕各大中学校进步师生和革命群众。5月11日,国民党政府在成渝两地进行大搜捕,仅重庆六区就有200余人被捕。5月15日,王陵基下令逮捕民革川南负责人李宗煌。7月12日,国民党政府又颁布《国民反共公约和实施办法》,规定,不与共产党合作,不对共产党说真话,不替共产党刺探消息,不替共产党带路、做工等。要求各保甲应用五家联保连坐办法,互相监督,互相检举。9月、10月,西南长官公署进行秋季大"清剿"。9月6日,重庆宣布宵禁,每日午夜12时起到翌日凌晨6时特别戒严。11月和12月,成渝两地都先后颁布了10条杀令和12条枪决令,对人民实行恐吓和白色恐怖。同年秋,垂死挣扎的蒋介石命令军统特务清理所谓"积案",成批屠杀共产党人和革命志士。在重庆,相继杀害江竹筠、许建业、陈然等共产党员和杨虎城夫妇及黄显声等爱国人士300余人。12月7日在成都十二桥,国民党反动派杀害了杨伯恺、王干青、于渊等30多名共产党员和革命志士。

(三)贯彻"长期埋伏、积蓄力量、以待时机"的方针

由《挺进报》事件而引发的国民党大搜捕,以及对上、下川东和华蓥山武装起义的镇压,使四川地下党组织遭受重大破坏,中共川东临委主要负责人要么牺牲,要么被捕叛变,仅剩下委员兼秘书长肖泽宽一人,临委实已解体;中共重庆市委书记、副书记被捕叛敌,委员许建业英勇就义,常委李维嘉转移川西,重庆市委亦不复存在;而川康特委书记蒲华辅叛变后,副书记马识途等主要负责干部以及成都市委的委员均奉命撤至香港。

武装起义的失败,引起了四川党组织的深思。实际上,早在1948年8月22日,中共中央就发出《对目前蒋管区斗争策略的指示》,明确指出:"一切人民斗争的发展,在国民党反动武装尚能控制的地方,是有其一定限度的。超过这个限度,就是说要提出或接近提出打倒蒋介石,推翻国民党反动政权的口号,采取或准备采取武装斗争的直接行动,都是不允许的,都有使少数先锋队脱离广大群众,遭受严重摧残与招致一时失败的危险。"然而

由于《挺进报》事件,川东临委与上级失掉联系,没有得到这个指示。因此,华蓥山武装起义仍旧举行。1948年夏,上海局严肃批评了川康特委再三犯军事盲动的错误。11月中旬,川东临委负责人邓照明及萧泽宽在铜梁研究草拟了川东两年来的工作总结提纲,检讨了思想上、政治上、军事上脱离群众的"左"的路线错误及表现,决定暂停武装起义。9月初,川康特委副书记马识途从香港回到成都后传达了钱瑛对特委再三犯军事盲动错误的批评,特委对前期的工作进行了认真的检查和总结,纠正了思想路线上的"左"倾错误,统一了认识,决定不再布置暴动起义。

四川党组织要求各地坚决贯彻执行中央的"疏散、隐蔽、积蓄力量,以待时机的方针",避免"将城市中多年集聚的革命领导力量在解放军尚未逼近,敌人尚未最后崩溃之前而过早损失掉"。根据这一指示精神,中共成都市委陆续将部分党员、"民协"成员转移到农村工作,使大邑、邛崃一带的武装力量得到显著增强。

重庆市委和川东临委在遭到国民党反动当局严重破坏后,中共中央上海局从北平、上海调回一批川籍干部回四川开展工作,少数人与川东党组织接上了关系,大部分由川康特委领导。川康特委也先后派出几批干部、党员到川东开展工作。1948年底,川东临委委员邓照明赴香港,向上级党组织系统全面地汇报了川东、川南和重庆地区党的工作。钱瑛听完汇报后指出:全国解放在望,党在国统区的工作重点必须从农村转向城市,实行"迎接解放,配合接管"的方针,发动群众保护城市,保护工厂、学校和机关档案,防止敌人破坏,加强调查研究,加强统战工作,注意整顿组织和积蓄力量。在农村所建立的小型武工队,主要是做发动组织群众的工作,不再搞大的武装起义,以保存力量,避免损失。决定成立中共川东特委,由肖泽宽任书记,邓照明任副书记,负责川东、重庆和川南部分地区的工作。与此同时,钱瑛等还在香港举办了党员干部学习班,分批抽调西南地区地下党骨干去学习,廖林生、彭塞、刘兆丰、姜伯言、黄友凡等先后参加学习。

（四）人民解放军进军西南

为了尽快夺取全国范围的胜利，中共中央命令彭德怀率第一野战军进军西北，林彪率第四野战军进军华南，刘伯承、邓小平率第二野战军和贺龙率领的华北野战军第十八兵团协同进军大西南。具体要求：第二野战军主力，待广州解放和国民党政府迁至重庆后，在第四野战军发起广西作战的同时，以大迂回动作，取道湘西、鄂西，直出贵州，挺进叙府（今宜宾）、泸州、重庆之线，切断胡宗南集团及川境诸敌退往云南的道路及其与白崇禧部的联系；以位于陕西宝鸡地区的第一野战军第十八兵团等部，在贺龙、李井泉指挥下，积极吸引、抑留胡宗南集团于秦岭地区，待第二野战军将川敌退往康滇的道路切断后，即迅速占领川北及成都地区，协同第二野战军聚歼胡宗南集团。

1949年11月1日，解放西南的战役打响。

担任战略迂回任务的人民解放军第五兵团和第三兵团一部首先向敌黔东防线发起强攻，以迅速勇猛行动，一举突破了敌人防线，随即乘胜多路挺进，沿途克服重重障碍，横扫残敌，直插敌人后方，先后解放贵阳、遵义等战略要点，从而拦腰切断了敌人的西南防线，封锁了四川境内敌军向云南、贵州的退路。与此同时，第三兵团主力和第四野战军一部分兵两路向防守在川湘鄂边之宋希濂集团实施钳击，歼灭了其大部有生力量。

11月6日，第二野战军进入四川，夺取秀山城。

秀山、酉阳解放后，二野大军又以摧枯拉朽之势解放了龚滩、彭水、黔江、武隆等川东重镇。至11月下旬，全歼宋希濂集团之七十九军等部五个师，活捉敌第十四兵团司令钟彬。这样，敌人苦心经营的所谓"川湘鄂边防线"，在不到20天时间内，即全线瓦解。

二野一部在解放黔北后，接着向川南疾进，直取泸州、宜宾等地。尾击

宋希濂残部之我军,则乘敌在乌江西岸立足未稳之际,在龚滩及彭水以北白马等地先后强渡乌江,以钳形攻势向南川及其以东地区国民党军实施合击。经多路迂回截击,将敌分割合围于南川以北地区,随即攻占南川城,断其西撤綦江退路。后经数日激战,于28日将围困的3万余名敌军歼灭。11月30日,西南最大城市重庆宣告解放。

重庆的解放,彻底粉碎了蒋介石"建都重庆"的美梦,并对胡宗南集团及其四川境内残敌形成了包围,从而为西南的彻底解放创造了极为有利的条件。

蒋介石命令从重庆西撤的部队扼守岷江和沱江,利用有利地形正面阻滞解放军向成都进击;令胡宗南集团从秦岭川北一线南撤至成都地区,准备在此与解放军打一大仗,倘若失败,就向云南和西康撤退。

12月5日,贺龙率十八兵团、第一野战军第七军、陕南军区部队及咸阳军分区部队主力,长驱直入,势如破竹,突破了胡宗南的"秦岭防线",并将南逃之敌全歼于川北地区。

在人民解放军强大的攻势下,四川全境的解放指日可待。

(五)刘邓潘起义

党在国民党军队中的军运和策反工作成效显著,解放大军兵临城下时,国民党的军警、机关纷纷起义或反正,减少了流血牺牲。如丰都共产党员陶一撲出任国民党第四十七军三七四团团长,在党的领导下,他率队于1949年12月3日起义。党组织还策动了奉节县县长屈进修起义,未费一枪一弹即接管了县城。四川党组织在重庆策动了川军唐式遵部师长陈鸿模、杨森部师长廖开孝等起义,还策动了七只军舰起义。江津县原川军军长夏仲实,荣昌县参议长、原川军将领余际唐等,经过党组织的工作逐渐转变立场,为四川的解放贡献了自己的力量。据统计,在川东近50个县中,经地下党的工作,有20个县的敌军政人员起义,有2个县城的解放是在党的地下武装作战配合下完成的。

地下党组织配合解放军的强大攻势,为争取刘文辉、邓锡侯和潘文华等地方实力派和大批国民党军政要员起义或放弃抵抗做了很多工作,减少了人民生命财产的损失,加速了四川全境的解放。中共四川党组织还成功策动了国民党政府最后一届成都市长冷寅东脱离国民党集团,保护城市、工矿企业、学校和机关的文件档案不受破坏,为成都市的顺利解放和接管起了一定作用。

在我大军进击的压力下和"四项忠告"[①]的感召下,西南地区的国民党军队人心惶惶,多数高级军官已丧失信心。12月9日,国民党西南军政长官公署副长官邓锡侯、潘文华和国民党西康省主席刘文辉在彭县起义。接着,国民党第二十二兵团司令郭汝瑰率第七十二军在宜宾宣布起义。21日,国民党川鄂绥署副主任董宋珩率十六兵团在金堂宣布起义;24日,国民党军第十五兵团司令罗广文、第二十兵团司令陈克非率部在彭县起义;25日,第七兵团司令裴昌会率部在德阳起义。

27日,成都和平解放。30日,贺龙率第十八兵团机关进驻成都,四川全省大部解放。

(六)护厂护校迎接解放

蒋介石政权行将崩溃之际,反动派狗急跳墙,决定对重庆和成都等重要城市进行大破坏。11月21日,特务头子毛人凤根据蒋介石的旨意,在重庆召开会议,研究破坏工厂和城市的罪恶计划。会议决定:成立重庆破厂办事处,下设参谋组、技术组、运输组,各兵工厂破坏的程度以一年内不能恢复生产为原则,破厂部队强力进厂,以防止工人护厂,从台湾调来技术大队执行破坏计划,破厂时间,待令执行。

---

① 1949年11月21日,刘伯承、邓小平联名向川黔滇康四省国民党军政人员提出四项忠告,敦促他们停止抵抗,弃暗投明,悔过自新,立功赎罪。

针对敌人的破坏计划,中共四川地下党组织遵照上级关于"迎接解放,配合接管"的方针,确定1949年下半年的中心任务是开展调查研究,切实掌握当地的国民党及其政、军、警、特等方面的详细情况,加强统战工作和策反,认真进行宣传,组织群众,开展护城、护厂和护校工作,迎接解放,配合接管。

为了有效保护工厂和人民生命财产,中共四川党组织进行了精心组织和安排。1949年7月,川东特委专门召开会议,调整组织机构,进行具体布置。决定加强在国民党军队中的军事工作,加强调查研究,做好护校、护厂、保护国家财产和档案工作,积极营救狱中被捕同志。其后,还专门成立了策反和护厂领导机构,指派专人负责。在地下党和广大工人的努力下,重庆的工厂和市政设施大多基本完好地保护下来。在护校方面,重庆的各大中学校以党支部或党的秘密外围组织为核心,普遍建立了护校组织,一些临近前线的学校,学生们还自发组织了支前活动。

与此同时,成都、自贡的地下党组织也专门成立了护厂领导机构,在工厂成立"护厂联谊会""工人自卫队""工人纠察队"等护厂组织。

成都地下党为做好斗争工作和迎接解放,配合接管,各区委之间从6月份起自动打通横向联系,共同领导全市的统战、策反、护校、护厂斗争。通过卓有成效的工作,电厂等一批重要设施得到保护;在学校,党组织通过民协等外围组织,组建了各种形式的护校队,以保护学校的重要设施。

12月27日,在中共四川地下党组织的积极配合下,在巴蜀人民的期盼中,千年古都成都终于获得解放。30日,贺龙率第十八兵团机关进驻成都。

(七)西昌战役

重庆、成都的解放,并不意味着四川全境的解放,因为西昌地区仍在国民党军队的手中。正如蒋介石说:"此时大陆局势系于西昌一点……"成都战役后,国民党在西昌地区的兵力达到了1.2万余人。

第六讲

1949年11月30日，重庆解放后，蒋介石仓皇飞抵成都，国民政府机关也随之迁至蓉城。12月7日，蒋介石在成都召开国民党高层会议，决定将"国民政府"的招牌由成都移挂到台湾，以西康、云南为其大陆的最后巢穴，在西昌建立大本营，统率残余部队，进行垂死挣扎。在众叛亲离中，蒋介石于12月10日下午离开成都凤凰山机场飞赴台湾。

12月23日，西南军政代长官胡宗南突然由成都飞逃海南岛，西南地区的几十万国民党大军顿时陷于混乱，蒋介石对他临阵脱逃的行为非常气愤，命胡重返西昌，要他"不顾一切，单刀前往，坐镇其间，挽回颓势"。胡宗南不敢怠慢，硬着头皮于12月28日飞赴西昌。在胡宗南到达西昌的第二天，蒋介石又发一个"十万火急"的电报，明确胡的任务是："一、固守西昌三个月，等待国际事变；二、收拾川西突围的部队，加以整编，保卫西南大陆。"

1950年3月初，蒋介石又派顾祝同、蒋经国密赴西昌，为胡宗南打气，并许诺由台湾运送西昌所需武器弹药及供给。

为了拔除国民党在西南地区的最后一个据点，人民解放军决定进行西昌战役。具体行动方案是：六十二军一八四师从北线经富林（今四川汉源）、石棉、冕宁南下；南线由滇东北、滇北左右两路进军。右路以十五军四十四师从云南巧家北上，左路以十四军四十师一一九团，四十二师一二四团和边纵七支队之三十四团、三十五团经盐源、盐边北上，合击西昌。

3月12日，西昌战役打响。各部队按照部署，分头行动。北线以第六十二军一部由川西经富林、石棉、冕宁南下，进逼西昌；南线以第十五军、第十四军和桂滇黔边纵队各一部由滇东北、滇北分路进军北上。同时，以第六十二军另一部由雅安经天全西进，进军康定、泸定等地区。几路大军风餐露宿，所向披靡，很快攻至西昌附近，从南北两个方向夹击胡宗南部。

胡宗南见势不妙，慌忙逃窜。胡宗南的飞机刚刚起飞，解放军第四十四

师即于 27 日 5 时攻占西昌，守军一部被歼。胡宗南的参谋长罗列率国民党军政官员及眷属千余人弃城出逃，企图经木里窜至西藏，再逃到国外。

28 日，邓小平与贺龙命令各参战部队切实掌握溃散的国民党军动向适时追歼，同时命令各部展开追剿作战。根据邓、贺命令，解放军以迅雷不及掩耳之势，先后攻克越嶲、冕宁。罗列见逃往木里之路被截，于是改变主意，向小相岭、甘相营一带逃窜，企图窜回川南山区开展游击活动。但罗列的这一企图被我军识破，南北两路的解放军在小相岭、甘相营相继截住罗列残部和先期逃跑的其他国民党军残敌数千人，将其大部歼灭。

西昌战役自 3 月 12 日发动，至 4 月 7 日结束。共歼灭国民党军残部及地方势力 1 万余人，解放了西昌地区及康定、泸定等 18 座县城，消灭了国民党在大陆最后一支部队。

西昌的解放标志着四川全境的解放，巴山蜀水终于回到了人民手中，四川历史由此翻开了崭新的篇章。

人民政权的建立和巩固

中华人民共和国的成立,揭开了中国历史的新篇章,中国共产党也由此开始成为在全国范围执掌政权的党。从1949年底至1956年底的7年时间里,在党中央的领导下,四川和全国各地一样,根据党的七届二中全会精神,实施新民主主义纲领:建立和巩固了新生的人民民主政权;进行了反封建的土地改革和各项民主改革,荡涤了旧社会的污泥浊水;医治了战争创伤,进行了"一化三改造",恢复和发展了国民经济,社会风尚和人们的精神面貌为之一新,整个社会呈现出一派蓬勃生机,为四川地区实现从新民主主义向社会主义的转变奠定了坚实的基础。

一、川康地区党政机构的建立

1949年6月,中共中央决定在四川分设川东、川南、川西、川北四个省级行署区以及西康省、中央直辖的重庆市,分别组建各区、省、市党委,由即将成立的中共中央西南局(简称"西南局")统一领导;建立四区一省一

市政府机构,由1950年2月正式成立的西南军政委员会统一领导。从1949年11月30日中共重庆市委正式成立起,经过短短两个月左右的时间,四区一省一市党组织、政权机构均迅速建立。各地通过召开各界人民代表会议发挥了新生人民民主政权的作用。在少数民族地区,民族自治政权也相继建立。

1949年11月23日,以邓小平、刘伯承、贺龙分任第一、第二、第三书记的西南局正式成立,统一领导和指挥解放大西南作战和解放后的西南地区城市、农村的政治、经济、军事和文化教育等各方面的工作。与此同时,中央还成立了以贺龙为主任的川西北军政委员会,在进入川西北后统一领导该地区的政治、军事、党务、民运等工作。

11月初,刘伯承、邓小平指挥人民解放军第二野战军主力和第四野战军一部发起"川黔战役",于11月30日解放重庆,并乘胜进击,先后解放了泸州、自贡、内江、万县、乐山,迅速控制了大片城镇,截断了国民党军南逃路线。

12月5日,贺龙、李井泉指挥人民解放军十八兵团和第一野战军一部越过秦岭入川,连续解放了广元、绵阳、南充等城市和川北广大地区。

12月27日,人民解放军发动的成都战役胜利结束,成都宣告解放。之后,雅安、西昌等地相继解放。

1952年7月,中央人民政府决定合并四川四区。8月,川东、川南、川西、川北四区撤销。9月1日,合并后的四川省诞生,由此,四川形成了四川省、西康省和重庆市的两省一市格局。1954年7月,中央直辖的重庆市改为省辖。1955年10月1日,按照此前全国人民代表大会的决议,四川、西康两省合并为四川省,至此形成了四川以后持续42年的行政格局。

二、新中国成立初期的全川剿匪

国民党溃退前,在四川为其今后的"反共复国"做了系统的部署。人民解放军入川后,各地残余的反动势力抓住一切机会制造暴乱。从1950年1月起,全川各地不断发生暴动,以致到2月份形成了普遍的匪患。

在川西区,2月5日,发生龙潭寺、石板滩暴乱。土匪杀害了过路解放军和派往起义部队工作的军政人员40余人,其中包括一七八师政治部主任朱向离;2月11日,邛崃、大邑、名山、彭山、温江、郫县、崇庆、新繁、崇宁、新津等10个县城被土匪围攻;在灌县,数千土匪连续多日袭扰火力发电厂和岷江东西交通要道——竹索桥。同月,在西康省,国民党特务勾结土匪围攻天全、雅安、西昌、汉源等城镇,其中围攻雅安的土匪超过万人,天全县城被连续围攻达7天之久。

在川北区,从1950年1月起半年时间里,全区共发生了90余起反革命武装暴乱,有"国社党""新国民党""扇子会"等20余个反动组织打着"反共抗粮""不杀四川人,专杀外省人,专杀解放军"的旗号公开活动。"根据川北军区2月26日至4月13日的统计,匪特暴动3次,包围袭击粮站、区乡政府22次,杀害和打伤征粮人员72名。至3月底,被匪抢劫、烧毁的国家公粮达210多万斤。"

在川东区,国民党匪特组织的暴乱于3月份达到顶点,全区35个县、市中,除3个县外都发生了反革命暴乱。最严重的时候,重庆市与川东区各城市间甚至处于半隔绝状态。

在川南区,3月底4月初,百人以上的股匪有91股,反革命活动遍及全区。

在匪祸面前,新生的人民民主政权面临着严峻考验。1950年2月2日、15日、21日、24日,西南军区连续发出第一、二、三、四号剿匪指示,要

求各部队"全力作通盘剿匪计划",通过政治瓦解和军事斗争,肃清蒋匪残余势力,恢复交通顺畅,保证城乡物资交流;要求各部队对任何股匪都要出奇制胜,求得全部歼灭或大部歼灭,不打则已,一打必歼,消耗要少,俘获要多。在西南军区的统一指挥下,四川各地区迅速行动,重点从以下四个方面开展了剿匪斗争:

第一,确定政治斗争为主,军事斗争为辅的方针。西南军区第二号剿匪指示明确规定了"须采取政治为主军事为辅之方针"。为了配合政治争取和瓦解工作,指示同时强调要进行军事打击,在军事打击业已见效的条件下开展政治争取和瓦解的工作,做到"首恶者必办,胁从者不问,立功者受奖"。为了通过政治斗争达到目的,剿匪部队把发动群众放到首要位置,成立群众工作队或群众工作组,召开各界代表大会和群众大会,宣传党和政府的方针、政策,组织农会和农民自卫队,发动群众及时发现匪情。同时,剿匪部队每到一地,即不断召开匪属座谈会,利用匪属劝降,同时出布告,散传单,广泛开展政治攻势,使匪特内部日益动摇分化,纷纷投诚自首。地处川北区的"反共救国军"军长王义民及其七师师长鲜政祥,在解放军强大政治攻势下,走投无路,自动投案。

第二,确定一元化领导进行剿匪。3月15日,西南局、西南军区发出《关于一元化剿匪斗争的指示》,要求各地从军区、军分区至县、区、乡、保均须成立剿匪委员会,作为一元化剿匪领导的组织机构,负责组织经济、文化、军事诸方面的一切力量,结合人民生产,全力进行剿匪。四川各地区迅即行动,建立起各级剿匪委员会。剿匪委员会在领导军事进剿、政治瓦解和发动群众方面发挥了预期作用,其最大的特点是吸收党外人士参加,最大限度地发动和组织群众参加到剿匪斗争中,改变了过去军队脱离群众,整天盲目在山沟里转、多次扑空的情况,形成了党政军民齐心剿匪的局面。

第三,集中兵力,重点进剿。西南军区第三号剿匪指示确定,先以大力肃清交通要道与富裕地区，尤其是四川境内之长江、嘉陵江、涪江、渠江、岷江沿岸，成渝、成万、渝万等各公路沿线地带之匪特，保障交通安全顺畅。各地区坚决贯彻西南军区的指示。川西区提出了"先腹心区后边沿区，先交通要道后两侧乡村，先股匪后散匪"的剿匪步骤，集中8个团的兵力，迅速消灭了温江、眉山两地区的股匪，平息了龙潭寺、石板滩的土匪暴乱，歼灭土匪3000余人；随后，又消灭了灌县、郫县、温江、金堂、什邡、眉山、洪雅、名山、邛崃等地土匪，使川西的社会秩序迅速好转。川东区对壁山、涪陵这两个交通要道和产粮大区进行了重点进剿，确保了中心城市重庆的安全。川南区重点进剿长江以北地区，对川滇、成渝两条主要公路及长江、岷江航道分片把守，步步进剿。川北区从4月1日起集中3个团的兵力，会剿涪江、嘉陵江、渠江三角地带，经过两个月战斗，消灭了"反共保民军第九路军"司令蒋镇南率的近3万名土匪。人民解放军于3月中旬在西康省发起西昌战役，消灭了胡宗南、贺国光的西南长官司令部、西昌警备司令部等国民党残军1万余人，除掉了国民党企图据以指挥西南匪特残部的据点。

第四，捕捉惩办匪首。匪首多为国民党潜伏特务、恶霸地主、惯匪等，他们不仅鼓动各地暴动，而且还严重干扰了各地的征粮、减租退押等工作。在执行"首恶者必办，胁从者不问，立功者受奖"政策时，四川各地曾出现过放松镇压土匪首恶的现象，影响到党政工作的开展和人民生产生活的正常进行。为了纠正这种现象，在剿匪斗争已取得成效的基础上，全川各地开展了捕捉匪首的运动，大批影响较大的匪首落网，给土匪以致命打击。

四川的剿匪斗争取得了巨大成效，邓小平后来对此评价："进军西南，同胡宗南那一仗打得很容易，同宋希濂也没有打多少仗。真正打了一场的是剿匪战斗，打得很漂亮。"剿匪斗争的胜利，在军事上消灭了国民党残余势力，在政治上安定了社会秩序，保证了新生人民民主政权的安全和巩固，为

党的新民主主义纲领的实施扫清了障碍。

三、土地改革有条不紊展开

土地问题是解决中国革命问题的中心环节。不废除两千多年来封建地主的土地所有制，不改变农村的土地占有状况，就无法解放农民，解放生产力，建立一个全新的中国。1950年6月，中央人民政府委员会通过和颁布了《中华人民共和国土地改革法》。随后，四川各地在中共中央和西南局统一领导下，开展了具有深远影响的土地改革运动。

（一）清匪反霸与减租退押

清匪反霸、减租退押是土地改革的前期工作。四川解放较迟，封建势力特别强大。在大规模剿匪之后，残余的匪首转移到农村隐蔽起来。他们造谣惑众，胁迫农民，反抗党和政府，严重影响了社会稳定，阻碍了党和政府工作的开展。因此，在进行土地改革前，首要的工作是清匪、反霸。反霸斗争的对象是恶霸地主，目的在于通过发动群众，摧毁和打垮地主阶级在农村的封建统治。斗争的主要内容包括：对罪大恶极的地主恶霸分子，经过斗争赔偿以后，没收本人土地、财产的一部分或全部。通过农民协会安排，赔偿受害农民的损失，然后按照群众的要求由人民法庭判处。对一般恶霸地主分子，凡愿低头认罪，向群众赔偿损失的，则不采取斗争的方式，由农民协会处理。这种区别对待的目的是为了分化地主阶级，使兼营工商业的地主的合法财产受到保护。对隐藏到城市的恶霸地主，经批准后，由人民法庭或公安机关逮捕，交当地农民协会处理。

按照西南军政委员会的部署，1951年的中心工作是土地改革，为此，"只能在减租退押反恶霸运动的基础上，即在群众的觉悟程度和组织程度业已提高的基础上去进行"。为了有效开展清匪反霸斗争，各地层层成立清匪委员会，发动农民，重点打击发动武装暴乱、负有血债的惯匪及恶霸分子。

各县、市人民法院均组织了临时人民法庭，下乡进行巡回审判，直接受理群众的检举揭发，及时召开公审大会，大张旗鼓地打击和镇压首恶分子。大规模的清匪反霸工作于1950年秋开始，至1951年春基本结束。清匪反霸的遗留工作在第一期土地改革中继续进行。通过清匪反霸，消除了农村地方恶霸势力，稳定了社会秩序，为征粮工作、减租退押扫除了障碍。所谓减租，是指减少农民租种土地之租金。所谓退押，是指地主退出封建制度下农民为租地而不得不向地主缴纳的押金。1950年3月10日，西南军政委员会公布了《西南区减租暂行条例》，规定：凡地主、旧式富农及一切机关、学校、祠堂、庙宇、教会所出租之土地，其租额一律按照原租额减低25％，减租后租额最高不得超过土地正产物的35％。在减租退押运动中，各地还特别注意实行区别对待的政策，注意妥善保护工商业者，对已经与中国共产党合作的上层民主人士、起义投诚军官、大专院校教授和各种专家，在退押中给予特殊照顾和宽大处理，体现出完整贯彻新民主主义经济纲领中废除封建土地所有制、保护民族工商业的精神。到1951年4月，全川的清匪反霸和减租退押工作基本结束。清匪反霸与减租退押大大削弱了地主阶级封建势力，对公开的、隐藏的匪特和恶霸给予了无情打击。在经济上，农民从运动中获得了现实的利益。

（二）土地改革的试点与全面展开

在清匪反霸、减租退押取得成效的基础上，各地开始进行土地改革的试点工作。从1950年11月起，川西、川北、川东、川南四个行政区分别在一两个乡进行土地改革的试点工作。在取得土地改革试点经验的基础上，全川各地根据《中华人民共和国土地改革法》以及西南局的统一领导和部署，随即展开大规模土地改革。全川的土地改革与全西南的土地改革同步，均分期分批、有步骤地进行。川南区、川西区土地改革各分四期进行，川北区、川东区、西康省则分三期进行，每期又分批次进行土地改革。土地改革的具体

步骤是：第一步，宣传政策，发动群众，培训骨干，整顿基层农会组织；第二步，划分农村阶级成分，明确阶级界限，贯彻阶级路线和政策；第三步，开展对地主的斗争，没收地主的土地，征收富农出租的土地房屋；第四步，查实田亩数量和产量，公平合理分配土地，填发土地所有证；第五步，总结工作，检查处理遗留问题，布置生产，建立健全乡村政权，订立爱国公约，欢庆胜利。

在土地改革进程中，各级党政组织十分注意加强统战工作，发动和教育民主人士参加土地改革。据西南局统战部1951年5月的报告，"西南各地党委先后组织民主党派、民主人士下乡参加参观减租退押和土地改革实验，仅重庆、成都、云南三地参加减退土改者678人，参观土改者429人，这不仅使民主党派、民主人士获得了显著的进步和提高，更重要的是在政治上起了扩大统一战线的作用……民主党派、民主人士回到城市以后，将他们自己耳闻目睹的乡村减租退押、土改情况以及自己思想转变过程，写文章、做报告，逢人便讲，大大教育了其所联系的各社会阶层人士"。土地改革中统战工作的另一个重要方面是如何对待少数民族地区的土地改革。邓小平1951年1月25日在西南军政委员会第二次全体会议上指出："在民族杂居地区，少数民族人民已经提出同样实行减租退押和分配土地的要求，不考虑他们的要求是不对的，但完全与汉族区域一样实行也是不妥当的……有关各少数民族的改革事宜，必须通过各族人民代表会议，依据民族自己绝大多数的意愿并经过他们的通过才能进行。"根据这一精神，在最大的少数民族聚居区西康省，中共西康区委于1951年2月做出了《关于在1951年内完成全省汉人区域土地改革的决定》，又在4月召开的西康省第一次党代会上决定，在少数民族聚居区不实行土地改革，目的是留出充分的时间加强对少数民族上层的统战工作，给少数民族地区的土地改革创造充分的土地改革前提，即人民群众同意土地改革的前提，民族上层同意土地改革的前提。经过几年的努力，四川的少数民族地区在1955年冬至1958年10月随少数民族地区的民主改革一道，最终完成了土地改革。

到1952年5月，川东、川南、川西、川北四个行政区的土地改革运动胜利结束。除个别少数民族聚居县外，完成土地改革的共130个县、7个市、7496个乡，占总乡数的94.12%，人口5403万多人，占总人口的98.6%。通过土地改革，使3600多万无地少地的农民共分得4700多万亩土地、800多万件农具、25万头耕牛、1200多万间房屋和1.5亿多公斤粮食。西康省在汉族聚居区进行的土地改革，从1951年3月开始，至1952年7月结束，共有17个县、165万农业人口参加土地改革，共没收、征收土地144万亩，占土地改革区土地总面积的42.9%。占农民总数75%的无地少地农民，每人平均分得土地1.33亩，连同原有土地，平均每人占有土地1.94亩。

四、对农业、手工业的社会主义改造

1952年9月，党中央认为，在农村和城市开始逐步进行社会主义改造的步骤已经成为必要，并且于1953年9月宣布了以"一化三改造"为主要内容的党在过渡时期的总路线。这条总路线反映了社会发展的客观规律，体现了中国共产党自创建以来就已经确立的奋斗目标。在过渡时期总路线的指引下，四川开展了农业合作化运动，进行了对手工业和资本主义工商业的社会主义改造，第一个五年计划在四川的实施，使四川迈开了工业化的步伐。在三大改造如火如荼进行的同时，在少数民族地区也进行了民主改革。这一时期这些工作的开展和完成，使全川的政治、经济、社会、文化发生了深刻的变化。

（一）大力兴办农业互助组

四川农业合作化运动是从1952年开始，经过组织临时性、季节性互助组，到常年互助组、半社会主义性质的初级合作社，再到社会主义性质的高

级社几个递进阶段,1956年农业合作化基本完成。随着农业合作化的兴起,手工业合作化也加快了步伐,到1956年手工业合作化基本完成。四川历时5年左右时间对农业、手工业的社会主义改造,不仅没有引起大的社会动荡,没有造成生产力的破坏,反而使农业生产得到了发展。

新中国成立后经过土地改革,四川有4900万名无地少地的农民分得了生活和生产资料,实现了多年"耕者有其田"的梦想。土地改革极大地激发了广大农民的生产热情,有力地推动了农业和整个国民经济的恢复与发展。但因大多数农民家底很薄,资金、耕牛、农具短缺,难以抵御各种自然灾害,这就在客观上产生了互助合作的要求。各地在对农民的宣传教育中,联系当地实际,选择了一些典型人物和典型事例,组织农村干部和群众讨论。经过宣传教育,在农村逐步出现了一些临时性或季节性互助组。

1951年12月,党中央《关于农业生产互助合作的决议(草案)》在党内公布,通过层层传达和宣传,促进了互助合作运动的健康发展。1952年10月,四川省(不包括西康、重庆)已组织起70万个互助组,其中常年互助组有9万个,参加互助组的农业劳动力约占农业劳力总数的30%。这些互助组不改变生产资料所有制形式,只进行简单的生产协作,但对解决个体农民在劳力、农具、技术上的困难很有好处,在农忙和抗灾中的作用尤为显著。省委组织的对13个县的85个互助组的调查发现,临时性互助组比单干农民增产8%,常年性互助组又比临时性互助组增产15%。金堂县秀川村还创造了互助联组的形式,即以一个较稳定的常年互助组为核心,在自愿的基础上,组织几个互助组在更大范围内互助合作,交流生产经验,在劳力、畜力和农具上互相帮助,调剂余缺。这种形式很受农民欢迎,四川独创的这种互助合作形式在全省发展到4万多个,并为省外一些农村所效仿。

为了加强对四川农业合作化运动的领导,1952年10月,省委决定建立农村工作委员会(1953年4月更名为农村工作部),负责领导农业互助合作运动，省委副书记赵林兼任主任。12月，省委制定了《四川省农业生产互助合作运动的五年规划》。但是，互助合作运动开展起来后，各地出现了一些混乱状况。部分地区出现侵犯中农利益、歧视单干户、盲目追求互助合作的数量和速度等问题。针对这些问题，省委统一组织开展了整组整社工作。整顿使急躁冒进的情况得到了抑制，提高了互助组的质量。

（二）初级农业合作社的发展

四川各地在发展初级农业生产合作社起始阶段还是比较谨慎的，规定了所有试办的以土地入股、统一经营为特点的初级农业生产合作社，都要由地、县委掌握。1953年初，省委批准新繁县禾登乡、南充县老君乡等22个互助组正式成立农业生产合作社，这是四川省第一批初级农业社。这批农业生产合作社，在依靠集体的力量战胜自然灾害，推广使用新式农具，农业生产连年丰收方面起到了示范作用。合作社由小变大，还办起了幼儿园、图书馆、卫生室和夜校，成为四川农业合作化运动的旗帜。初级社一般能做到计划生产，适时耕作，合理用水，统一调配劳动力，并且有计划地进行农田基本建设，推广先进技术和先进经验，社员之间互助互济，贫困户也得到照顾，因此组织起来的力量得到了显示，对广大农民具有强烈的吸引力。

1953年11月，实施粮食统购统销及大规模开展总路线宣传后，农业互助合作运动的形势有了显著变化。10月下旬召开的省委第四次全体（扩大）会议，认为四川互助合作运动的主要问题是"放任自流"，决定将互助合作运动的方针由"稳步前进"改为"积极发展，逐步提高"。会议还认为，当年2月制定的《关于发展农业生产的十项政策》的宣传中把保护私有制放在了第一位，是一个错误；决定今后互助合作运动的重点是发展农业生产合作社，要求各地、县委迅速转向以建社为中心开展工作。由此，互助合作运动的步伐不断加快。1954年秋，全省初级社即由原来的几十个发展到8666个；到1955年春，又发展到约3万个。

在农业合作社的快速发展中,部分地区出现了违反自愿互利原则的情况,部分合作社出现大量宰杀牲畜、乱砍林木、社员收入下降、农民情绪不稳等现象。发生这些问题后,省委于1955年初先后发出多份文件强调自愿互利原则,如:社员私有耕牛自愿折价入社的,必须按照市价合理折价,并在一至一年半内将款付清,若到期未付,按规定计算利息;不愿折价入社的,按市价租用;社员私有的大农具,自愿折价入社的按照耕牛的办法处理;属于私有又需统一使用的,每年应付给合理的租用金,损坏应赔偿;入社土地上的树木,一律归社员私有;春季创建的合作社在小春分配时,应按入股田亩产量向社缴纳适当的生产资金。

通过采取暂缓发展初级社,压缩原定计划,组织力量对全省现有合作社进行整顿等一系列措施,四川农业互助合作运动放慢了发展速度,存在的问题逐步得到解决。全省2万多个农业生产合作社,都转入了搞好生产管理,组织调配劳动力,认真推行和贯彻包工制,实行成本核算等工作。至此时,四川全省农业生产互助合作运动基本上保持着发展、巩固、再发展、再巩固的健康发展势头。

(三)农业合作化的急促完成

1955年7月,毛泽东在省、市、自治区党委书记会议上作了《关于农业合作化问题》的报告,严厉批评了农业合作化运动中的"右倾保守"思想。报告传达后,农业合作化运动以愈来愈猛烈的态势急速发展。8月,省委举行第十次扩大全体会议,批判了所谓在农业合作化运动中的"右倾保守"思想,否定了1953年春、1955年春两次对互助合作运动的整顿,认为四川农业互助合作运动的高潮即将兴起,局部高潮已经到来,决定加快发展速度,到1956年春耕前将全省初级社发展到10万个,入社农户要求达到总农户的27%。然而,实际发展情况大大超过了这一计划。在各地反"右倾",反"保守",批"小脚女人走路"的浪潮下,至1956年1月,全省初级农业合作社已发展到 201574 个，有 907 万户农户入了社，占全省总农户的 70%，在短短几个月内，就基本实现了全省半社会主义性质的农业合作化。

1956 年 1 月 1 日，四川省第一个以取消土地入股分红，耕畜和大型农具作价入社为特征的高级农业生产合作社在新繁县禾登乡成立。全国人民代表大会代表罗世发任社长。该社的组织机构是：管理委员会由 29 人组成，社长 1 人，副社长 3 人，下设农业、副业、财务、会计、俱乐部、劳动调配主任各 1 人；以每 100 户左右为一个生产队，另设立 3 个副业队。该社也是四川省树立的农业合作化典型，在该社召开的庆祝大会上，省委第一书记李井泉到会祝贺。第一个农村高级合作社成立后，省委农村工作部紧接着召开了在全省试办高级社的座谈会。会议着重讨论了春季要试办 1500 个高级社的具体政策问题和组织问题。具体内容是：土地归集体所有，统一经营，取消土地报酬；划给社员占总面积 3% 至 5% 的宅旁园地作为种蔬菜、种饲料之用；初级社入社的耕牛、农具等，原各社的公积金、公益金及所有公共财产，一律转为高级社所有；宅旁树木归社员自有经营；成片经济林入社统一经营；社务管理委员会负责社内事务；生产组织的基本形式是生产队等。以此为起点，建立高级社的浪潮一浪高过一浪，十几天以后，成都市宣布郊区实现高级合作化。各地也由重点试办发展为全面铺开，采取扩社、升社、并社等办法，迅猛发展高级社。到 1956 年秋后，全省共建起 17.5 万个高级农业生产合作社，入社农户占农户总数的 88.3%，高于全国 87.3% 的水平。至年底，全省基本完成对农业的社会主义改造。

农业合作化的实现，对四川的农业乃至国民经济的全局产生着长远的影响。合作化后期在反"右倾保守"的政治气氛的推动下，发展过于迅猛，工作相当粗糙，遗留了不少问题。部分合作社的规模过大，不适应当时的生产力发展水平。高级社建立以后，在经营管理方面又强求划一，妨碍了对生产责任制的探索。这些都影响了农民生产积极性的进一步发挥和农业生产的稳

步提高。

（四）手工业合作化的完成

四川手工业有着悠久的历史传统，广大手工业劳动者利用地方资源，生产制作了大量具有地方特色的手工业产品。但是传统的手工业经营分散、封闭，设备简陋，技术落后，部分手工业组织内部还存在封建的生产关系。对手工业的社会主义改造，一般先从组织供销生产小组、供销生产社入手，然后逐步向生产合作社过渡。通过这三种组织形式，逐步改变家长、师徒、雇佣的封建关系和剥削关系为合作关系，改变个人生产品的生产过程为社会生产品的生产过程，改变生产资料私有制为合作社集体所有制，并在此基础上有条件地改变手工工具生产为半机械化、机械化生产。

1951年开始，四川通过典型示范开始对手工业进行改造。根据党中央"重点示范，摸索前进"的方针，省委统一部署，在成都、重庆、乐山、泸州等重点城市组织了224个示范性的生产合作社。在手工业的社会主义改造过程中，全省各地本着"积极发展、稳步前进"的方针和自愿、平等、互利的原则，积极发展手工业合作组织。1954年5月，省合作社联合社筹委会做出《关于目前手工业工作中的几点意见》，明确提出手工业生产合作社的发展，不应盲目追求数字或高级形式，组织起来后，要搞好生产，提高质量，降低成本，才能巩固手工业生产合作社组织。各地普遍召开了手工业劳动者代表会，成都、重庆、遂宁等40多个市、县组织了手工业劳动者协会，10个专区和99个市、县建立了手工业管理机构。重庆、成都、隆昌等10个市、县还成立了手工业生产合作社联合社。为了适应手工业合作化的需要，其他各县、市大都配备了专门从事手工业工作的干部。到同年底，全省共建起手工业生产合作社643个、供销生产社38个、供销生产小组2617个，共有社（组）员54326人，当年生产总值达到3382万元。

在1954年手工业合作化取得成效的基础上，1955年2月，省供销合作社召开了全省第一次手工业工作会议，会议提出对手工业合作社组织应贯彻"发展与巩固并重"的方针，一面发展，一面巩固，发展一批，巩固一批。4月，为了加强对四川省手工业社会主义改造的领导，四川省手工业管理局成立。四川省手工业管理局随后召开手工业重点行业调查座谈会，提出要在1954年调查资料的基础上，在本年度内摸清棉织、针织、金属制品等9个行业的历史情况、供产销变化情况以及合作化运动中存在的问题，进一步调查研究。到1955年9月，四川全省有手工业合作组织1649个，社（组）员28855人，年总产值2020万元。

随着农业合作化运动高潮的到来，全省改变了过去按行业分期分批、分片改造的做法，采取了全行业一起合作化的办法。到1956年底，全省手工业合作组织已达到1.2万个，有职工40万人，95%以上的城镇手工业者参加了按行业组织起来的生产合作组织。

社会主义改造使手工业生产面貌一新，产量、产值都有较大幅度提高，并为迈向现代化生产提供了可能。但改造后期也出现了一些问题，城市小商贩营业额下降，维持正常的经营有困难，尤其是经营手工业产品和收购农村土特产品行业困难更多。省委当时还发现一些问题，主要是集中生产和分散生产的问题，在手工业合作化的高潮中出现了许多地区不适当的集中生产、办大社和不适当地统一计算盈亏的现象。全省约有25%的社员比入社前减少了收入。整个手工业的社会主义改造要求过于整齐划一，发展过快，忽视了手工业劳动的特点，把一些适合于个体生产、经营的手工业行业纳入合作经济，造成一些传统产品质量下降、部分产品短缺、某些传统工艺失传等问题长期存在。

五、 对资本主义工商业的社会主义改造

新中国成立后，民族资产阶级仍然是革命阵营的一部分，民族资本主义

在国家经济的稳定和发展方面有着不可或缺的作用,需要加以适当的保护和发展。新中国成立后不久,四川就已经开始对私营工商业进行一些带社会主义性质的改造。在这一历史过程中,省委遵照中央的方针政策,不断统一党内的思想,要求各级党组织正确认识资本主义经济和民族资产阶级的两面性,研究和制定对资本主义工商业的政策。在具体工作中促使资本主义工商业在经历了加工订货、统购包销和经销代销,到个别企业实行公私合营,再到全行业公私合营等步骤,由国家资本主义的初级形式发展到高级形式。和平改造资本主义工商业取得了成功,但也出现了工作过粗、界限不清的问题,以致把一部分小商、小贩、小手工业者当作资本主义工商户实行公私合营,把一部分劳动者当作资本家对待的状况。

(一)对资本主义工商业的利用、限制

四川解放后,各地通过没收官僚资本,初步建立了国营企业,但私营经济的比重仍然很大。新中国成立初期,私营工商业户大都处于萧条状态,处境困难。在相当长一段时间里,各级党委十分注意保护私营工商业,各地在保护私营工商业的方针指导下,利用其有利于国计民生的积极方面,限制其不利于国计民生的消极方面,对私营工业实行加工订货、统购包销,对私营商业实行经销代销。在工业方面,对重要的行业,如纺织业、粮食加工业、盐业等,由国家订货,委托其加工生产,对产品统一收购,实行包销,并发放贷款给予扶持。在商业上,从1950年7月起,调整国营和私营商业的经营范围,调整地区和批零差价,给私商以销路和利润的照顾;调整税负,减轻负担,使私营商业开始恢复,市场日趋活跃。同时,加工订货、统购包销等初级形式的国家资本主义得到了发展。1951年四川匪患基本平息,社会秩序稳定,国营商业基本掌握了粮食、棉纱等六个行业的批发业务,开始建立基层供销社,在国营经济的领导下,私商深入产地收购货物,长途贩运出川,获取了较大利润。私营工商业者称1951年为"黄金年代"。1952年私营工业接受加工订货、统购包销的产值已达 10092 万元,占总产值的 34.66%。

1952 年夏季"五反"运动结束后,针对四川工商业出现的萧条现象,西南局统一部署在川西、川南以及西康、重庆等地召开物资交流大会。各地区都派出相当规模的代表团入会交流。国家决定再次调整工商业。年底,省委派出调查组,在成都、万县等商业重点地区选择重点行业进行了较为深入的调查研究,在此基础上开始了对商业政策的调整:主要是放宽批零差价,调整批发起点,将国营和合作社经营的零售业务控制在 25% 以内,并增加对私营商业的贷款。1953 年初又进行公私商业经营品种和经营范围的调整,上半年各地对私营商业贷款共 4616 万元,超过其资本总额,当年私商盈余占其资本总额的 12%。这时,私营企业的大多数都以不同的方式同社会主义经济发生了联系和合作,成为在人民政府管理之下的、同社会主义经济相联系的初级形式的国家资本主义企业。

(二) 扩展公私合营企业

四川解放初期没收的官僚资本企业中,有的企业有少量私股成分。如全省最大的棉纺织企业——豫丰纺织公司,原是作为官僚资本企业接管的,清理产权过程中清出部分私股,虽占比重很小,仍按照对民族资本的政策对待,因此,将企业的性质改为公私合营。四川最大的长江航运企业——民生实业公司,1950 年 8 月与交通部签订公私合营协议书,实行了公私合营。重庆、成都的裕华纱厂,广元的大华纺织厂及自贡市的部分私营制盐厂,也在 1951 年先后实行了公私合营。

1953 年秋后,中央确定了对私营工商业"利用、限制、改造"的方针。同时,随着过渡时期总路线的贯彻,实施粮棉油统购统销,在原料与市场等方面对私营工商业产生了巨大的制约作用,从而推动了对私营工商业改造的步伐。1954 年 1 月,省委召开扩大会议,研究扩展公私合营工业企业的工作,决定首先扩展 29 户大型私营工业企业为公私合营企业。这 29 户私营企

业占私营大型企业744户的3.9%,资产总值占40%,生产总值占24%,主要分布在钢铁冶炼、纺织、食品等行业。

为了使扩展工作稳步进行,省委对合营的每一步骤都做了明确的指示,要求各地在此项工作中严格执行向省委的请示报告制度。扩展公私合营工业企业的工作做得很细致,由政府派出工作组进厂,广泛宣传政策,进行调查研究。在此基础上,公私双方共同协商进行清产核资、定股分红、人事安排等工作。对合营中至关重要的公私股权的确定和利润分配问题的处理十分慎重,都是在共同协商标准的基础上,签订协议书,呈报上级机关批准。与此同时,对52户规模较大的原有公私合营企业进行了整顿,加强了公方的领导,改善企业的经营管理,处理遗留的部分股权问题。

公私合营企业的股权是个复杂的问题。1955年1月,省委批转统战部对遗留股权问题的处理做了明确的规定,对于主要由私营企业资方人员组成的工商联持股问题的处理,也做了明确的规定:"工商联股份的处理:鉴于工商联组织本身不应经营工商业务,因此在合营企业中的股权,可分以下情况处理:1.属于工商联组织解放后公费投资的,可采用退股的办法,予以退出。如系接收解放前旧商会的股权,可交给政府接管转作公股。2.属于工商联个人集资以工商联名义集体投资的,则分别将股权划归给出资人所有,再根据具体人分别处理之。如要求捐献,不予接收。"

(三)全行业公私合营高潮

1955年下半年,农业合作化运动迅猛发展,给私营工商业的社会主义改造带来巨大影响。10月27日、29日,毛泽东主席两次约见工商界的代表人士谈话,提出资本主义工商业的社会主义改造也要走上一个新的阶段,勉励民族资产阶级认清社会发展规律,掌握自己的命运,走社会主义道路。按照过渡时期总路线精神进行的对资改造,其本质就是通过"赎买"和平消灭资产阶级,和平改造资本主义工商业。这是一场特殊的革命。四川各级党组织都非常重视，特别加强了领导。12月，省委召开扩大会议，决定经过两年时间，完成全省对私营工商业的社会主义改造。同一时期，省工商联（筹）常委会第四次会议召开，传达和学习毛泽东的指示，在工商界中掀起学习的热潮。

1956年1月末，省委对资改造领导小组通知各地，按照中央1956年1月12日电报指示精神，每三天向"国务院八办"汇报一次全省对资改造的工作进展情况、工作中存在的问题、总结的经验和资本家的思想动态等。重庆市除直接向"国务院八办"汇报外，要求每三天也向省里汇报一次。尽管对资改造加速展开，但是省委仍然十分注意政策界限的把握，1月16日，省委对资改造领导小组以特急电报的形式要求各地、市委"在公私合营中一律不准让资本家交代政治、历史问题，以免引起工商界的思想混乱。一定要防止发生追、逼资本家底财的错误行为。要加强对干部的教育和对运动的领导，防止和避免出现粗糙现象"。

1956年1月10日，北京市全部实现公私合营的消息在四川产生了强烈的反响。几天之后，重庆、成都、自贡三市市委就批准全市私营工商业实行全行业公私合营。1月16日，重庆市30万人集会游行，欢呼社会主义改造提前一年半到两年胜利完成。17日，成都市人民委员会在人民南路广场举行庆祝全市私营工商业实行全行业公私合营和全市手工业合作化大会。省长李大章接受了成都市私营工商业职工代表和私营工商业者代表的报喜。

由于公私合营几乎在一夜之间完成，只能补做本应在合营前进行的工作。为了适应新形势，省委发出《关于对私营工商业社会主义改造工作的安排意见》，强调：在全行业改造中，各级党委必须认真重视，加强领导，因为这样的合营方式过去无经验可借鉴，准备工作又不充分，而目前全国形势发展得又很快，已经不可能慢慢来，这需要各级党委更虚心谨慎地放开步子，善于发现问题，善于吸取经验，全行业改造必须做到生产合营两不误。

2月9日,省委又电示康定、凉山州等少数民族地区党委,明确提出在少数民族地区目前不进行对私营工商业的改造工作。省委宣传部、省委统战部还联合制定了关于改造资本主义工商业宣传教育的初步规划。省工会召开全省私营企业职工积极分子大会,广泛宣传党的政策。青年团省委、省妇联也分别召开大会,向私营企业中的青年团员及青年资本家、资本家家属宣传党的和平赎买和定息政策。到3月中旬,除三个省辖市外,全省又有8个专区辖市、148个县城和219个场镇的私营工商业经批准实行了公私合营。全省私营工业企业实行公私合营的共6863户,占总户数的91.9%,私营商业实行合营和合作的共43万余户,占总户数的95%以上。

1956年3月后,省委几次召开会议,对企业合营后的清产核资、定息及经济改组等问题做了研究;6月又派工作组到重庆、成都、自贡、长寿、五通桥、乐山等地全面了解情况,进一步做出部署。各地对清产核资工作,采取资本家自报,同业小组会议评议,职工监督,行业合营工作委员会审核,主管业务机关批准的办法进行。在债权债务问题上,实行"从宽处理""尽量了结"的方针。资本家对定息的高低是十分关心的,四川的资本家对定息的期望是:4厘最好,5厘6厘不敢想,1厘2厘不甘心。7月31日,省委转发了省委对资改造五人小组《关于定息和发息中几个具体问题的处理意见》,在定息上,不分工商、不分大小、不分盈亏、不分地区和行业,统一定为5厘。对定息的发放办法、定息的发放数额,资本家基本感到满意。8月,各地陆续发放了1956年上半年定息。资本主义工商业实行公私合营和定息办法以后,企业的生产关系发生了根本变化,资本家开始成为合营企业或国营企业的公职人员,政府对资本家和资方代理人以及从业人员逐步做了安排。12月,省委发出《关于改进公私合营企业公私共事关系的指示》和《关于贯彻执行中央关于公私合营企业、专业公司私方人员阅读文件、参加会议的指示精神和进一步改进公私共事关系的补充指示》。根据这两个指示,绝大多数合营企业都制定了公私共事的制度和办法，在较大的企业中设立了党委统战部，在一般性的企业的党组织中设立了统战委员，负责管理公私关系。

全行业公私合营是对资本主义工商业改造的决定性步骤，对于促进工业和整个国民经济的发展起了重要作用。公私合营之后，各地分别对合营企业按行业进行了改组，采取带（大带小、先进带落后）、联（联营）、并（并厂、并店）、转（转变产品或经营品种）、汰（接受职工、安排资方实职人员、淘汰企业）的办法，统筹安排。不少企业出现了一片新气象，广大职工（包括许多资方人员）热情很高，纷纷改进产品质量，提高劳动生产率，降低成本。但是，由于全行业公私合营的急速完成，工作过于急促和粗糙，也带来了一些问题：改造面过宽，形式划一，打乱了一些企业原有的供销渠道和协作关系，把相距很远的企业合并在一起，无形中增加了生产成本；商业网点撤销过多，给人民生活带来一些不便。同时，把相当一部分小商、小贩、小手工业者错定为私营工商业者，混淆了劳动者和剥削者的界限。

全行业公私合营以后，资本家已不再是他们原有企业的老板，而是按照他们的能力被接收为企业的职员，他们仍然领取定息，但是定息已同他们原有企业的利润没有联系。这样一来，在四川的国民经济中，全民所有制和劳动群众集体所有制这两种形式的社会主义公有制经济，已经居于绝对统治地位。

六、少数民族地区的民主改革及农牧业合作化

在汉族地区进行社会主义改造的同时，少数民族地区也进行了民主改革及随后的农牧业合作化。新中国成立后，省委在领导少数民族地区开展清匪、建政、恢复生产的同时，大力培养少数民族干部，在农村建立起共产党和共青团组织。在与少数民族宗教上层人士充分协商和征得他们同意的基础

上,以和平的方式,分期分批地完成了民主改革的历史任务,推翻了奴隶制、农奴制和地主制。少数民族地区的民主改革,不但为各少数民族发展社会生产力创造了必要的条件,而且对全省政治形势的稳定和经济建设的全面开展有着重要的意义。

由于历史的原因,到解放时为止,四川各少数民族处于不同的社会发展阶段,社会形态各有差异。概括起来,主要有奴隶社会制度、封建农奴制度、封建地主制度三种社会制度。奴隶社会制度主要存在于大小凉山的彝族聚居区,这是我国较为典型的奴隶制社会。封建农奴制度主要在甘孜州、阿坝州和凉山州木里县的广大藏族地区。封建地主制度主要存在于川东南地区的土家族、苗族及阿坝州东南的羌族等少数民族地区,这些地区也还存在着封建农奴制的某些残余。这些地区由于社会形态同汉族基本相同,在1951年或稍后一些时间,与汉族地区大体同步实行了土地改革,消灭了封建剥削制度。

1953年4月,为了加强对地处云南、四川、西康大小凉山彝族聚居区民族工作和对这些地区军事工作的领导,经中共中央西南局批准成立中共四川省凉山工作委员会。1955年10月川康合并时,四川省凉山工作委员会及其所辖昭觉分工委(即西康省凉山州工委),在昭觉建立中共凉山地方委员会,隶属四川省委;1956年12月,凉山地委改称中共凉山彝族自治州委员会。四川全省藏、彝族地区共有人口211万余人,为了加强对四川少数民族地区工作的领导,1954年初,经西南局批准成立了四川省委民族工作委员会(以下简称"四川省民工委"),阎红彦任书记。

凉山、甘孜和阿坝三州少数民族聚居区的民主改革,并不是解放以后就立即进行的。从1950—1955年的5年多时间里,在党的民族政策指引下,在省委的领导下,这些地区的共产党组织和人民政府,本着"慎重稳进"的方针,以团结上层、恢复与发展生产为主,耐心地进行各项工作。1950年3

月,中共西康区委就对进入西康藏区的各项工作做了明确的规定:"一、在我军消灭敌人,进占康定后,应集中力量肃清残余匪特,安定社会秩序,搞好康定、泸定接管及附近藏民工作,逐步向交通要道各县推进;二、少数民族工作是藏区首要的工作问题,应遵照《共同纲领》及二野的指示慎重处理。"1950年底,中共西康区委向西昌地委连续发出指示指出,少数民族聚居区为大小凉山,在此地区不搞土地改革。目前少数民族工作的首要问题是实行民族区域自治与成立联合政府,这是少数民族的迫切要求,也是实现民族团结的关键。1951年3月西康区委批复康定地委三个月综合报告时再次强调,各县应迅速建立政权,社会改革应坚决不在少数民族地区进行。各级党委和政府都坚持执行团结上层的方针,努力争取少数民族和宗教上层人士,参与政府工作。至1955年,少数民族各州已有上层人士共3270余人担任各级政府的领导职务。人民民主统一战线逐步扩大,许多上层人士消除了疑虑,积极支持本民族的进步事业。在改善各民族相互关系的同时,各地还进行大量工作,增进各少数民族内部的团结。

各地从解放开始,就采取各种措施大力培养少数民族干部。1954年3月,中共中央西南局民族工作委员会发出《关于培养少数民族干部的意见》,四川省民工委于12月制定了《四川培养少数民族干部五年计划初步意见》,提出了采取多种具体措施和途径,大力提拔和培养少数民族干部。甘孜州在民主改革前,培养了各级民族干部及农牧民积极分子5200余人。凉山州仅民族干部学校就培养出民族干部2800余人。不少民族干部在提高觉悟后,加入了共产党、共青团。经中央军委批准,少数民族地区还建立了人民解放军的2个藏民团、1个彝民团和1个彝民营。"三团一营"不仅是人民解放军的组成部分,同时也是培养民族干部的重要学校,为地方输送了大批经过训练的少数民族干部。民族干部的成长,充实了各级政权机构,为少数民族人民行使自治权利、开展各项工作增添了重要的骨干力量。经过这些工作,虽

然彝、藏族地区旧有的社会制度尚未根本触动,但整个社会状况已发生显著的变化。

1955年,汉族地区的农业合作化运动正掀起高潮,第一个五年计划的经济建设蓬勃开展,给予各少数民族人民包括部分进步上层人士以极大的震动,使他们产生了进一步改变本民族状况的强烈愿望。广大农牧民群众要求民主改革的呼声愈来愈高,并且逐步由自发转向自觉,由个体转向集体行动,由隐蔽斗争转向公开斗争。在藏族地区,1955年农牧民群众针对农奴主进行的集体抗粮、抗差、抗债斗争即发生了几百起。在彝族地区,许多奴隶群众不堪忍受奴隶主的压榨,以集体逃亡表示反抗。仅1955年下半年,几个彝族聚居县逃跑的奴隶就达4000多人次,他们纷纷到人民政府中要求保护,并集体写血书、按手印,要求政府迅速实行民主改革。这些情况表明,在上述地区实行民主改革,废除奴隶制度和封建农奴制度,已经势在必行。

经过解放初期几年来"团结上层"为主的工作,民族宗教上层人士内部有了分化,大多数有不同程度的进步。他们中的一些有识之士认识到若不进行本地区、本民族的社会改革,民族的繁荣进步将是不可能的,因此表示拥护废除封建农奴制度的民主改革。民族、宗教上层的大多数进步人士赞成或不反对民主改革,也在一定程度上推动了民主改革的进程。

少数民族地区的民主改革,是一场深刻的社会变革。为了满足少数民族人民的强烈愿望,更快地发展少数民族地区的经济文化、社会事业,从1954年开始,四川少数民族地区的民主改革逐步展开。1955年12月,四川省第一届人民代表大会第三次会议根据甘孜、阿坝、凉山三州(以下简称"三州")代表的提案,通过了在"三州"实行民主改革的决议。接着各州举行各族各届人民代表会议,分别通过了民主改革的实施方案,并制定了有关政策。在此之前,"三州"都分别派出人员,对本地区的社会情况、阶级关系等进行了周密的调查,为制定政策提供了依据。在充分调查研究的基础上,

"三州"还进行了民主改革的试点以取得经验。其试点的主要内容是废除封建土地所有制和奴隶主土地所有制,实行农民土地所有制,废除封建主和奴隶主的特权,依照《宪法》保护公民的基本权利;封建主和奴隶主多余的耕畜、粮食、农具、房屋应予没收或征收。工商业、畜牧业则属保留或保护的对象。

"三州"的民主改革,同内地的土地改革相比有许多特殊之处,它既有阶级斗争的一面,又有贯彻党的民族政策和宗教政策的一面。1956年7月,周恩来代表党中央、国务院对四川藏、彝族地区民主改革做了重要的指示。周恩来指出:"中央认为,四川甘孜州、凉山州的改革是必要的,要力争实行和平改革,有关改革的问题要根据群众意愿,经过和上层人士协商,经过上层人士同意再去进行,改革内容不外两条:一条是广大人民获得解放,一条是上层失去对土地和奴隶或农奴的所有权,但得到了政府的安置。在少数民族地区处理任何事情都要考虑到民族问题,任何事情都要和少数民族干部商量。"周恩来强调,"要认真发展党员,建立党组织;要大力提拔少数民族干部,逐步由他们替代汉族干部。以后少数民族地、县委书记由少数民族担任,汉族干部任第二书记、副书记"。7月底至8月初,省委在成都召开民族工作会议,会议听取了省委书记廖志高传达周恩来对四川省民族工作的指示。会议决定继续贯彻执行和平改革方针;制定了若干具体政策的补充规定,修订了民主改革实施办法,要求奴隶主、封建主、地主和富农成分比例控制在总户数的5%以内;决定在民主改革期间,采取调解的方式,本着为群众撑腰、争取喇嘛寺中立的原则,逐步解决各种问题。

按照中央和省委的指示精神,四川少数民族地区的民主改革采取和平协商的方式全面展开,即根据群众的意愿,经过同上层人士协商,取得同意后进行。除事先反复酝酿和协商外,三州的州、县两级都建立了有民族宗教上层人士参加的民主改革委员会,协商处理改革的各项事宜。在制定政策上本

着从宽的精神,在步骤方法上采取和缓的方式。民主改革,只没收了奴隶主和封建主的耕地进行分配,解放了奴隶,废除了封建特权和高利贷。对奴隶主和封建主多余的耕畜、农具、粮食等没有进行征收,若当地劳动人民有缺乏这些生产资料而又确实需要者,由政府出钱购买再分发给农民。对奴隶主和封建主均不算老账,不挖底财,对其房屋、牛羊及其他生活资料一律不动。继续妥善安置上层人士,使之在失去剥削统治后,生活仍有保障。在发动群众开展运动时,对上层人士只采取"背靠背"的斗争,即群众的揭发和控诉不面对面地进行,而由农民代表和负责干部向其转达,保证上层人士过关。对寺庙的封建特权及封建财产采取了更为宽大的方针,政府不干涉群众对寺庙的差役负担,不动寺庙占有的耕地、枪支和高利贷,但也要求不能凭借这些枪支和特权为非作歹。牧区民主改革的具体政策较之农区更宽一些。西昌专区的87个彝族聚居乡及乐山专区的马边县,也大体上采用凉山的办法进行改革。

少数民族地区民主改革的胜利,摧毁了延续逾千年的奴隶制度和封建农奴制度,使藏、彝族地区百万奴隶和农奴获得彻底解放,基本生产资料回到了劳动人民手里,藏、彝族人民从此成为社会的主人,建立不久的民族区域自治政权在严峻的考验中得到巩固和发展,大批劳动人民出身的少数民族干部成长起来,社会主义道路在各族人民面前展示了广阔的前景。

七、"一五"计划的实施

从1953年开始,全国开始执行发展国民经济的第一个五年计划,从而开始了有计划的大规模经济建设。四川省"一五"计划期间,除从各方面保证国家重点建设外,主要任务是重点发展能源工业和交通事业,大力开展资源普查勘探工作,积极发展农业生产和地方工业,相应发展文化、教育、卫生事业,以逐步提高人民的物质和文化生活水平。

"一五"期间四川的主要建设项目中,有 6 个项目列入国家 156 项重点建设项目,有 16 个项目列入国家 694 个限额以上的项目。四川省的地方重点项目 71 个。5 年累计完成基本建设投资 26.77 亿元,建成了一批现代化的工厂、矿山、交通线路和车站码头。1957 年,全省工农业总产值达到 108.19 亿元,比 1952 年增长 83.1%,平均每年递增 12.86%。工业总产值在工农业总产值中的比重,由 1952 年的 27.2% 上升到 1957 年的 43.3%。教育、文化、卫生、市政事业也得到相应发展,城乡人民生活显著改善。

(一)"一五"计划发展纲要的制定

从 1953 年起,中国开始了第一个五年计划的大规模经济建设。第一个五年计划的基本任务是:集中主要力量进行以苏联帮助我国设计的 156 个项目为中心的工业建设,建立我国工业化和国防现代化的基础。由于党对领导大规模的经济建设没有经验,因此,第一个五年计划采取了边制订计划、边组织实施的方式进行。1954 年 11 月,党中央要求各省、市召开地区计划工作会议,根据中央已经发出的第一个五年计划草案(初稿)的精神和主要的指标,结合本地的特点和具体情况,编制各省、市地方经济的五年计划纲要。

根据中央的要求,四川省从 1953 年 8 月开始着手四川省第一个五年计划的编制工作。编制的主要依据是中央下达的《中华人民共和国发展国民经济第一个五年计划草案(初稿)》及国家计委下达的五年计划草案的分省指标,并根据四川省 1953 年计划完成的实绩、1954 年的预算及对 1955 年、1956 年、1957 年的情况估计而制定。

1954 年 12 月,省委召开四川省第一个五年计划纲要讨论会。会议听取了省委常委兼秘书长阎秀峰代表省计委作的关于编制四川省第一个五年计划纲要草案的报告。该报告明确提出了四川"一五"计划的基本设想是:"根据国家第一个五年计划的基本任务,按照我省实际情况,在第一个五年计划

期间,因资源不清,新建厂矿不多,在工业建设方面的任务,除积极支援与保证国家新建厂矿完成任务外,主要是利用原有厂矿企业,最大限度地发挥地方工矿企业的潜在力量,以配合国家经济建设和供应城乡人民,特别是供应农业生产和农村生活的具体需要,同时并要配合国家积极摸清资源,进行交通建设,以准备进行重大工业的条件。"会议围绕阎秀峰的报告,分工业、农业、商业、文教卫生、干部培训计划、劳动工资等小组,对有重点的计划数字、指标是否平衡,劳动工资的多少等进行了讨论。省工业厅也制定了《四川省1953年至1957年基本建设计划草案》,提出四川省在进行第一个五年计划的前两年(1953年、1954年),主要是根据国家建设及当地人民生产与生活的实际需要情况,利用原有企业加以改造或扩建,以充分发挥现有生产设备的潜力。

1955年5月,中共四川省党代表会议在成都举行,会议讨论通过了《关于四川省发展国民经济第一个五年计划若干问题的报告》。该报告提出四川省发展国民经济第一个五年计划草案是国家第一个五年计划的一个组成部分,主要指标是:工农业总产值,1957年比1952年增长68%,其中工业占工农业总产值的比重由1952年的27.09%上升到1957年的43.34%。工业总产值1957年比1952年增长149.2%。农业总产值1957年比1952年增长30.56%,粮食总产量1957年比1952年增长23.8%。另外,还对实行社会主义改造方面、文教卫生及提高人民生活方面、劳动工资方面、社会购买力方面等在"一五"期间所要达到的指标做出了具体规定。

(二)"一五"计划建设取得的巨大成就

"一五"计划时期,四川的国民经济发展,指导思想正确,工作踏实,进度快,效益高,各方面比例协调。为实现"一五"计划的宏伟目标而奋斗,成为各级党组织和广大人民群众的共同心声。各级领导干部对经济工作的指导,既抱着高昂的政治热情,又持相当谨慎的态度,特别注意纠正工作出现的失误,"一五"计划得以顺利开展,并取得了巨大的成就。

1. 工业建设方面

"一五"期间,在广大地质工作者的艰辛努力下,四川共完成了14.8万平方公里的地质普查和1.8万平方公里的地质细测,探明发现了一批新的矿产地和找矿远景。进行了电力工业和煤炭工业的开发和建设。电力工业贯彻"水火并举"的方针,重点进行了重庆电厂、成都热电厂和狮子滩水电站的建设。还建成小型水电站144座。在煤炭工业建设方面,国家投资1.15亿元对南桐等一批骨干煤矿进行了改建、扩建,还重点建设了鱼田堡和中梁山煤矿。扩建、新建了一批骨干工业企业,使过去完全没有或基础薄弱的工业门类开始建立起来或者得到加强。冶金工业方面,重点对重庆钢铁公司和重庆特殊钢厂进行了扩建,同时扩建、新建了威远、江北等20多个地方铁厂,使1957年全省的生铁产量较解放初期增加27倍,钢产量增加40倍。在建筑材料工业方面,建成了四川石棉矿和石棉精选厂,新建了丹巴云母矿,同时扩建、新建了重庆水泥厂、江油水泥厂及一批机制砖瓦厂,使建材工业适应了大规模基本建设的需要。在"一五"期间工业建设方面,最具特色的是从1954年开始,进行了以成都为中心的电子工业兴建。在"一五"期间,苏联援建的156项重点工程中,电子工业全国仅有9项,成都就安排了4项——宏明无线电器材厂、新兴仪器厂、锦江电机厂、雷达探照灯厂相继在成都动工,并成立了全国第一个电子技术研究所——二机部电信工业研究所(后更名为西南电子技术研究所)。这些工厂和科研院所的建立,标志着新兴电子工业在四川的起步。"一五"计划完成之时,成都电子工业基地已经初具规模,一个新型的电子工业城在成都东郊崛起。

2. 交通干线建设大范围展开

"一五"期间,四川在铁路、公路、内河航运等方面进行了重点建设,初步改变了交通落后的状况。1952年7月1日,成渝铁路通车的当天,第一

条出川的铁路——宝成铁路破土动工。1957年12月23日交付运营。在修建宝成铁路的同时，内（江）昆（明）铁路也于1952年开始勘测，1956年1月破土施工，1957年通车到自贡。1956年川黔铁路也开始动工，向南打通出川的通道。在公路建设中，川藏公路于1954年12月25日全线建成通车。从成都到阿坝的成阿公路全长506公里，从1951年3月开始修筑，1955年底竣工通车，改变了阿坝藏族自治州没有公路的历史。全长441公里的宜西（宜宾—西昌）公路，横贯大小凉山，于1957年1月建成通车。这几条公路干线的建成，沟通了四川盆地与少数民族地区的联系，改变了四川的公路布局。到1957年，全省公路通车里程达到1.9万公里，比1952年增长61.2%。长江上游从宜宾经重庆到湖北宜昌这一段通称"川江"，全长1020公里，从1953年起，四川对川江进行了大规模整治，航道工人分期分批治理险滩，炸除礁石，清理河坝，使航行条件逐年改善，为运输船舶扩大拖载量和日夜航行创造了条件。

3. 农业生产稳步发展

四川这一时期对农业的投资，只占基本建设投资总额的1.8%。在投资较少的情况下，农业生产的发展主要依靠发挥农民群众组织起来后焕发出来的生产积极性，通过扩大农田水利建设、改进耕作制度及提高耕作技术等措施，取得了显著的成绩。"一五"期间，四川农田水利建设的特点是由重点除害转为全面兴利，由整治原有工程转为兴修永久性工程，由局部恢复转为总体规划。农田水利建设全省按地域分为9个大区进行规划，有计划地发展灌区。随着水利灌溉面积的扩大和耕作制度的不断改进，复种指数得到提高，1957年全省粮食播种面积较1952年增加2230万亩，增加15.5%，经济作物播种面积也增加270万亩，有效地提高了土地利用率。

4. 教育文化卫生市政建设的发展

高等学校继1952—1953年第一次院系调整后，1955—1956年又进行了更为广泛的调整。成都电讯工程学院、地质勘探学院、重庆医学院、成都工学院、四川农学院、成都中医学院、西南政法学院、南充师范专科学校等纷纷组建。同时，高等院校广泛进行了教学改革，多次举办教学经验交流会、教学改革展览会等，于 1954 年开始执行统一的教学计划和教学大纲，并制定了课程考试与考查、学生生产实习、招考新生等规程，施行了新的教师工资标准。经过调整与发展，1957 年全省共有高等院校 22 所，在校学生由 1952 年的 1.5 万人发展到 3.8 万人，院系设置向理工科倾斜。与此同时，对中等专科学校的专业也进行了调整，新建了一批工科专业学校，使中专学校总数达到 68 所，在校学生较 1952 年增加约 4 倍。院系调整使许多新的科系建立起来，师资力量大为增强，以高等院校为中心的科研活动陆续开展。各高等院校掀起科研热潮，分别拟订科研计划，围绕经济建设的需要开展课题研究，一批科研成果相继涌现。

普通中学的教学也进行了改革。全部私立学校改为公立学校，并新建了一批中学，使 1957 年在校学生数较 1952 年增加 1.2 倍。在农业合作化的高潮中，各地兴起了群众性的办学热潮，至 1956 年，全省农村出现了民办小学 8400 所，担负起约 63 万名学生的教学任务，1957 年进行了部分调整，但全省小学仍较 1952 年增加约 1 万所，在校学生增加 120 余万人。

1953 年 1 月，四川省文学艺术界联合会成立，沙汀当选为主席，各地各种文艺协会也纷纷成立，文艺活动广泛开展。文化事业机构发展到 1000 余个，延伸到所有县及大部分区、乡。各种传统曲艺也推陈出新，出现了大批深受群众欢迎的节目。一批优秀创作人员及演员获得全国及全省的各种嘉奖。

在爱国卫生运动的推动下，国家和群众的积极性共同发挥，医疗卫生工作有了很大发展。1957 年卫生机构发展到 9000 余个，较 1952 年增长两倍，医院病床增加 64%。散布在民间的 3 万余名中医，组织起中西医联合诊所

5300余个。防治流行病的工作在积极推行，1957年全省最后一例天花病情在布拖县被扑灭后，再未发生过天花病例，较联合国公布的"世界消灭天花病日"提前了20年。

第八讲 社会主义建设道路的艰辛探索

社会主义制度确立后，党的中心工作开始转入领导大规模的社会主义建设事业，全省各级党组织领导全川人民，坚定不移地贯彻执行党的路线方针政策，焕发出了前所未有的建设热情，取得了巨大的建设成就。同时，由于社会主义建设事业是一项前无古人的伟大事业，也由于党对社会主义建设的客观规律认识不足，犯了反右扩大化、"大跃进"和人民公社等"左"倾错误，四川的各项建设事业也出现了令人痛心的损失。

一、整风反右派运动

四川的整风反右派运动基本上按照中央的部署来开展，在起始阶段取得了很好的效果，但整风转向后，四川省委的工作就由领导整风运动转到了领导反右派斗争。反右派运动走向严重扩大化，给我国社会主义经济建设、政治建设、文化建设都带来了不利的影响。

(一)整风运动的开展

1956年9月召开的党的八大,明确提出社会主义改造基本完成后,党的中心工作应转到集中力量发展社会生产力上。党的八大以后,全省掀起了学习贯彻八大精神的热潮。

由于国际国内形势的变化,学习贯彻党的八大精神的热潮很快就中止了。国际上,苏共二十大以后,东欧一些国家弥漫着动荡不安的气氛。中国由于社会主义改造的急促进行,加上经济建设中冒进倾向未能完全消除,各种社会矛盾开始凸显。1956年秋冬,农村、工厂、学校相继出现了一些闹事现象。这些问题引起了党中央和毛泽东的高度重视。1957年初,毛泽东先后在最高国务会议和全国宣传工作会议上发表讲话,提出"正确处理人民内部矛盾"。四川省委高度重视毛泽东的讲话。2月,四川省委召开扩大的全体会议,传达讨论了毛泽东在最高国务会议上的报告。之后,省人民委员会扩大会议、省委工业会议(党内)、全省财贸会议、公安会议(党内)、交通会议、省政协会议、地县委书记和地县委宣传部长参加的宣传会议等又相继召开,主要内容仍是传达学习毛泽东在最高国务会议上的报告。毛泽东关于"正确处理人民内部矛盾"的讲话通过层层传达,在四川广大干部和知识分子中反应热烈。

1957年4月底,中央又发出整风运动的指示,要求全党进行一次普遍、深入的反对官僚主义、宗派主义和主观主义的整风运动。5月10日,省委统战部邀请各民主党派和无党派人士座谈如何帮助共产党整风。座谈会后省委统战部的领导率领7个工作组,分赴重庆、自贡两市和雅安、泸州、江津、涪陵等专区,对政权机关、学校中的统战工作和政治工作、民主党派工作以及公私合营中公私共事等方面存在的矛盾,进行深入的调查研究。

整风运动开展起来以后,省内出现了一些主要由经济原因引起的工人、农民、学生闹事情况。省委高度重视,要求各地、县委要十分注意解决问题，尤其是农村群众的闹事问题，一定要搞清楚农村当前应解决的主要矛盾是什么，要加强思想政治工作。在省委的安排部署下，四川各地农村普遍采取了公布账目、改善干群关系等措施，并着手进一步解决其他方面的问题。

全省整风运动开展初期由于方法得当，取得了较好的成效。在行动步骤上，机关单位中，先领导再一般党员；大型厂矿、大专学校中，先党委后一般党员。整风会议也只限于人数不多的座谈会和小组会，采取同志谈心的方式，个别交谈。各党政机关为了解决机关内部矛盾和广泛吸收机关群众意见，在各级领导干部的主持下也召开了一些机关干部代表大会。许多学校厂矿也分别召开了教师、学生和职工代表会或座谈会。有党外人士的单位，还专门召开了党外人士座谈会。各级党组织对批评建议十分重视，许多党员干部做了诚恳的自我批评。在相当长一段时间里，四川的整风既严肃认真又和风细雨，出现了生动活泼的政治局面。

整风运动展开后，也出现了一些复杂情况。虽然民主党派、知识分子向共产党提出了许多善意的批评和建议，真诚地希望共产党能改进工作，提高执政能力和执政水平，但是也有极少数资产阶级右派分子乘机向共产党和新生的社会主义制度发起攻击。针对这种情况，党中央决定在全国范围内开展反右派运动。6月8日，中央发出《关于组织力量准备反击右派分子进攻的指示》，要求各省市级机关、高等学校和各级党报都要积极准备反击右派分子的进攻。之后，四川省委的中心工作由领导整风运动转向了领导反右斗争，要求各地、各单位尽快列出要斗争的右派名单。

（二）反右派斗争

整风运动的出发点本来是党整风，党外帮助共产党整风，以造成生动活泼的政治局面。但极个别右派把共产党在国家政治中的领导地位，攻击为"党天下"，公然提出要共产党退出机关、学校，公方代表退出合营企业，要求"轮流做庄"，妄图取代共产党的领导；极力抹杀社会主义改造和建设的

成绩,根本否定社会主义制度的优越性。他们把人民民主专政的制度说成是产生官僚主义、宗派主义和主观主义的根源。这些情况的出现,有悖于开展整风运动的初衷,自然引起了毛泽东的注意。关键问题是,这是一种个别现象而不是普遍现象,向党进攻的只是极少数人而不是一批人。1957年5月15日,毛泽东写了《事情正在起变化》一文,明确提出了要对右派的进攻展开反击。毛泽东的文章发表前曾在党内高级干部中传阅。党中央也发出指示,要求各地报刊继续充分报道党外人士的言论,特别是对右派分子、反共分子的言论必须原样地、不加粉饰地报道出来。中央指示指出,对于一些反动言论加以删节是不妥当的,应立即加以纠正。5月16日,中共中央又发出《关于对待当前党外人士批评的指示》,提出要组织力量反击右派的进攻。这样整风运动演变成了反击右派的运动。

接到中央关于反击右派的批示后,四川的整风在按原来的部署继续进行的同时,在机关、学校和重要的企业开始动员"鸣放",但此时的"鸣放"已经含有进一步暴露右派的考虑了。

5月19日,重庆市委召开全市各部门200多名党员领导干部参加的整风动员大会。随后,重庆市委又邀请各民主党派和无党派人士共50多人举行座谈会,市委主要领导要求大家在整风中要尽量揭露工作中的缺点错误,帮助共产党整掉"三个主义"。省委统战部、成都市委统战部联合召开大专院校中无党派人士帮助共产党整风的座谈会。省文联邀请作家、教授、文艺批评家座谈,就党对文艺工作领导等问题提出意见。5月23日,四川省委统战部邀请各民主党派和无党派人士举行的座谈会休会。省委统战部的负责同志指出,这次座谈会开了9天,大家畅所欲言,反映出来的问题很多,集中起来,最主要的是党和民主党派、知识分子之间存在的矛盾。座谈会为我们整风和解决这些矛盾提供了许多好的意见,使我们受益不少。座谈会上对有些问题有争论,我们对一些问题也有不同的看法,这些不同的看法将来经过讨论，是能够分清是非求得解决的。现在座谈会暂停，统战部将会同各方面人士对这次座谈会反映出来的问题分类排队，综合研究之后再来解决。

省委力求按照中央的统一部署来搞整风运动，对于在整风过程中出现的各种问题的处理，做到不偏离中央的方向。5月24日，四川省委发出《关于加强当前整风运动领导的通知》（以下简称《通知》）。《通知》提出，这一时期，由于党外人士的尖锐批评，而我们党的领导机关和领导同志又没有表示意见，使一些基层单位的党员干部有些不安，这种情况应引起重视。事实上党外人士的批评，大多数是讲得好的，但不是所有的意见都是对的，对于正确的批评我们应该接受，对错误的批评也将在适当的时候答复。

5月下旬到6月初，四川省委仍然部署在民主党派中进一步"鸣放"，这含有暴露右派真面目之意。6月7日，省委统战部邀请民主党派和无党派人士为帮助共产党整风的座谈会复会。省委统战部负责人在会上动员民主党派人士继续提出批评意见，通报了在座谈会暂停的两周里，统战部会同各方面人士就过去几天座谈会上反映出来的意见进行了分类排队的工作情况，并感到过去"放"得不够，希望大家继续深入地"放"。会上，为了解除民主党派人士的顾虑，统战部进一步解释"放"的方针是永远不变的，因为建设社会主义就必须扩大民主，必须反掉"三个主义"，在"放"中对不同意见的争论是必需的，因为只有经过争论，才能明辨是非，改进我们的工作。

6月6日，中央发出《关于抓紧时间继续开展整风运动的指示》（以下简称《指示》）。《指示》要求，各省市一级机关、高等学校及地市一级机关大鸣大放的整风要加紧进行，各民主党派及社会人士的大鸣大放，使建设性的批评与牛鬼蛇神（破坏性批评）都放出来，以便分别处理。此时按原来设想开展的整风运动实际上已经中断。四川各级党组织的注意力已经逐渐转向了反右派。

在四川县以上各级党政机关开展整风运动和反右派斗争采取的方法是召

开县、区、乡三级干部会议进行鸣放,在鸣放的基础之上划出右派。南充地区各县召开了县(市)、区、乡三级干部整风会议,经过 25 天左右的时间,共暴露和揭发出右派分子、反社会主义分子 823 人,占全地区县、区、乡干部总人数的 4.7%,占参加会议人数的 5.3%。全省各地党政机关反右运动的情况和南充地区的情况也大致相当。

四川反右运动直到 1958 年 1 月省委四级干部会议批判党内高级干部 57 人后,才逐渐结束。从 1957 年夏季的形势来看,批判个别敌视社会主义的右派及其言论是必要的,通过整风对党员、干部和人民群众进行坚持社会主义道路的教育是必要的。但是就全国来看,由于党对阶级斗争形势做了过于严重的判断,加上社会主义民主法制不健全,继续搞过去那种疾风暴雨式的大规模的群众运动,导致反右运动严重扩大化,使相当多的民主人士、知识分子、党员干部受到不应有的打击,也使党和知识分子的关系受到了极大的伤害。

(三)运动后期对右派的处理

在反右派运动过程中就已经开始对右派进行严厉处置。11 月 29 日,四川省委发出《关于省文化局分党组在监督、使用右派分子中存在着右倾错误的通报》(以下简称《通报》)。《通报》指出:"经过反右斗争以后,虽然一部分右派分子在群众面前已经低头认罪,但不是都是彻底的,而且多数右派分子已不会真正转变,为了有利于对右派分子的彻底改造,所以在监督使用上必须采取严肃的态度,必须有原则的界限。对右派分子处理办法,省委正在研究,各单位可先根据中央指示精神加以考虑,目前在未作正式处理前应该:对原担任领导职务的右派分子,应当暂时停止其指挥权;对在要害部门工作的右派分子,应立即予以调离。所有右派分子都不能让其处理任何政治原则性的问题,不能将其选入各种组织担任领导职务,对他们应严格监督管理。"① 反右运动的后期,对右派分子的处理就已经提上了议事日程。对右派的处理分别根据不同情况主要采取了开除公职、劳动教养、监督劳动、留用察看、降职降薪等处理方式。严厉的处置,给被划为右派的人员身心带来了极大的伤害。

针对反右派运动中已经出现的各种问题,1957年11月28日至12月4日省委第一届第六次全体会议(扩大)召开。会议讨论通过了《关于处理右派分子的意见》(以下简称《意见》)。《意见》指出:对右派分子的处理原则,应该是严肃和宽大相结合,思想批判从严,组织处理从宽;既不能宽大无边,混淆了敌我、是非界限,又必须恰当地掌握分寸,分别对待,以便达到对右派分子继续分化和改造的目的。按照中央划分右派分子的标准确定为右派分子的,按三种办法处理:第一,按反革命分子和现行犯罪分子论,依法判处;第二,凡属极右分子,按其情节和表现分别予以撤职、开除留用察看、开除送往农业社教育监督劳动生产、开除送劳动教养或判处管制送劳动教养;第三,凡属一般右派分子,按其情节和表现,分别予以记过、降职、撤职、开除留用察看、开除送交其家庭或农业社教育监督劳动生产。对于右派分子的工资待遇也做了明确的规定,在右派分子中,除应开除和开除送劳动教养外,在给予行政和党团纪律处分的同时,应降低其工资级别:一般右派分子至少降两级,最多可降至工资级别25级;极右分子至少降3级,最多可降至26级。本人级别原为25级和26级者,也应按原级别再降低2级或3级。

反右运动的严重扩大化,使四川6.4万名知识分子、民主人士和党政干

---

① 中共四川省委党史研究室:《中国共产党四川历史大事记》(1950—1978),四川人民出版社2000年版,第157页。

部被错误处理,其中被戴上右派分子帽子的有40808人。中央决定在庆祝新中国成立10周年的时候,摘掉一批右派的帽子。四川确定,摘帽右派应控制在右派总数的10%左右。1959年和1960年共摘掉右派帽子9033人。在改造右派的过程中,普遍存在着对右派的管理简单粗暴,右派的生活待遇过低,不少地方对摘了帽子的右派多数未分配工作,右派家属受到歧视等问题。对摘右派帽子不少地方存在掌握偏紧、偏严的问题。

在全党开展整风运动,进而发展到反右派斗争。在全党开展整风运动和反右派斗争的基础之上,全国范围内又开展了大规模的全民整风运动。大规模的全民整风运动实际上已经是"大跃进"运动的前奏了。

二、经济建设"大跃进"

社会主义经济体制在四川的建立和第一个五年计划的完成,为四川经济社会的全面发展创造了良好的条件,省委按照中央的总体部署领导全川人民进行大规模的社会主义建设。从省委到党的各级组织基本上都是不折不扣地执行中央的方针,表现出来的状态是唯恐落后于形势,唯恐被戴上右倾的帽子。在"大跃进"和人民公社化运动中,四川省委同样有急于求成的思想,在工作中以高指标、瞎指挥、浮夸风和"共产风"为主要标志的"左"倾错误严重泛滥。这导致经济结构严重失衡,人民生活极度困难,人口非正常死亡在全国占有较高的比例。1959年庐山会议后进行的反右倾,伤害了一大批党的干部,加剧了"左"的错误发展,社会主义建设事业受到更加严重的挫折。

(一)成都会议

从1957年底开始,党中央连续召开会议,讨论如何加快社会主义建设速度的问题。毛泽东决定1958年3月在成都再召开一次有中央有关部门负责人和各省、市、自治区党委第一书记参加的政治局扩大会议,即"成都会议"。

第八讲

毛泽东主席于1958年3月4日乘专机离开北京,经西安于当天下午到达成都。毛泽东和与会人员都住在成都西郊金牛宾馆。毛泽东一到成都就对四川的历史和现状进行了广泛的调查研究,他让秘书从省、市图书馆借来了许多有关四川的志书、人物传记、诗词和有关破除迷信、解放思想的资料。他在成都期间亲自翻阅这些资料,经常圈点,每天读书到深夜。会议期间,毛泽东深入基层,考察了农村、工厂、都江堰水利工程。在郫县红光农业生产合作社,毛泽东深入农户,和农民群众亲切交谈,了解生产和生活情况;他要求合作社干部不要满足于现状,要提出更高的要求,使庄稼长得更好、产量更高。在成都量具刃具厂,毛泽东深入车间,和工人亲切交谈,了解工厂的情况;他强调工厂要实行文明生产,要做到安全、清洁、卫生和生产有序。3月21日在四川省委第一书记李井泉的陪同下,毛泽东考察了已有2200多年历史的我国著名水利枢纽工程——都江堰。考察中,毛泽东对都江堰的历史和现状表示出浓厚的兴趣。他要求四川省委的同志要考虑扩大灌溉面积,又要考虑综合利用,更好地发挥这一工程的作用。会议期间毛泽东还参观了成都武侯祠及杜甫草堂。

3月8日至26日,"成都会议"在金牛宾馆召开。与会者有大部分政治局常委,部分政治局委员,书记处部分书记、候补书记,大部分省市委第一书记,中央有关负责人。毛泽东主席在会上多次讲话。毛泽东的讲话的主要内容如下:全国解放后,我们在经济工作中,特别是工业和计划方面照搬苏联的经验和一些管理制度,产生了教条主义;在建设路线上不能迷信苏联,要破除迷信,解放思想,发扬独创精神,敢想敢说敢干;任何一个阶级都是好大喜功的,"好大喜功,急功近利"是正确的;要研究平衡问题,要跃进但不要空喊,指标很高实现不了。没有实现是主观主义,要提倡实报、喊实,要有具体措施,保证口号的实现,要去掉虚报、浮夸,不要争名要务实;我国当前还存在着两个剥削阶级(一个是帝国主义、封建主义、官僚资

本主义的残余和资产阶级右派,另一个是民族资产阶级及其知识分子),两个劳动阶级(工人、农民);个人崇拜有两种,一种是正确的,一种是不正确的;反对个人崇拜也有两种,一种是正确的,一种是不正确的。

毛泽东在会上还继续批评了反冒进,说冒进是"马克思主义的",反冒进是"非马克思主义的",并把1956年国际方面发生的反共浪潮和1956年的反冒进相提并论,说这两件事都给右派猖狂进攻以相当的影响。会议确定把"鼓足干劲,力争上游,多快好省"的口号作为党的建设社会主义总路线的基本内容。会议讨论通过了《关于1958年计划和算第二本账的意见》《关于发展地方工业问题的意见》和《关于把小型农业合作社适当地合并为大社的意见》等37个文件。会议确定从1958年起,经济建设计划实行两本账的办法。国家的第一本账是公开宣布、必须完成的。国家的第二本账即是地方和中央直属企业第一本账的总和。会议还针对指标要稳妥的主张,提出了"拔白旗,插红旗"的口号。

会议制定的各项经济指标比当年2月间全国人大会议通过的第一本账大幅度地提高了,例如农业总产值的增长速度由6.1%提高到16.2%,工业总产值的增长速度由10%提高到33%。

会议期间,毛泽东严厉批评反冒进,否定了综合平衡积极稳步发展的指导方针。3月26日,历时19天的成都会议结束了。成都会议在中国社会主义经济建设发展史上占有十分重要地位,会议提出的社会主义建设的总路线,其正确的一面是反映了广大人民群众迫切要求改变我国经济文化落后状况的普遍愿望,其缺点是忽视了客观经济规律。这次会议极大地调动了广大人民群众建设社会主义的积极性,但由于毛泽东本人和从中央到地方的不少领导同志在胜利面前滋长了骄傲自满情绪,急于求成,夸大了主观意志和主观努力的作用,这次会议在经济建设方面带来的负面影响也是显而易见的。这主要集中体现在"大跃进"和人民公社化运动中。

(二) 全民大炼钢铁

1958年3月27日，毛泽东乘专列离开成都，沿途考察了隆昌气矿、重庆钢铁公司，并顺着长江到武汉。成都会议前后毛泽东在四川的活动，给正在进行社会主义建设的四川人民以巨大的鼓舞。

而"一五"计划时期，四川在工业、交通运输业、农田水利等方面都取得了重大成就。第一条出川铁路——宝成铁路于1958年元旦正式通车。宝成铁路贯穿川、陕、甘三省，全长668公里，在四川境内有373公里。1957年入冬开始，全省农村开展了大规模农田基本建设，每天参加劳动人数最多时达2500万人，到1958年春，仅扩大水田灌溉面积就为1949年全省农田灌溉面积的1.3倍。经济建设取得的巨大成果使全党在认识上产生了骄傲自满情绪，导致了不顾客观条件的"大干快上"在全国迅速升温。1958年3月8日，也就是"成都会议"开幕的当天，成都市各界群众7万多人在人民体育场举行了"大跃进"誓师大会，省委领导李井泉、李大章、许梦侠等参加了大会。至此，以高指标、浮夸风为特征的"大跃进"运动在四川迅速展开。

"大跃进"运动以大炼钢铁为先导，要求钢铁产量指标不断提高。1958年上半年大炼钢铁的工作主要围绕筹建钢铁基地而进行，但下半年8月中央政治局扩大会议（即"北戴河会议"）号召全党全民为生产1070万吨钢而奋斗之后，全省迅速掀起了以建小高炉为主要特征的全民炼钢运动。在"北戴河会议"前夕和会议期间，省委连续三次召开各市、地（州）委第一书记和管工业的书记参加的电话会议，检查钢铁生产情况。到1958年底，全省的大小冶金企业由139个猛增到689个。全省还调集了800多万个劳动力，组成班、排、连，在大巴山、华蓥山、邛崃山、峨眉山等崇山峻岭之中，修筑土高炉炼铁。省委第一书记李井泉和省委书记处书记全部都赶赴生产第一线。各专县一般都抽调几十名机关干部吃住在第一线。各区、乡、社的主要

负责干部也亲自带队上山找矿建炉,各大专院校基本上都停课让学生上山找矿。广泛动员城市、农村群众献铜献铁、砸锅献铁也成为当时社会生活中的一大景观。除了大炼钢铁,四川还上马了一批大型工业建设项目。由国家投资的长虹机器厂、涪江机器厂、第二重型机器厂等十多个大型工业企业在绵阳、德阳筹划兴建。

"大干快上"搞交通、搞农田水利基本建设也成为"大跃进"运动在四川的重要内容。为迅速改变"蜀道难"的状况,内昆、成昆、川豫、川黔几条铁路干线在1958年同时动工修建。先后上马的铁路干线和地方铁路支线共达100多条。虽然当时的铁路建设为以后改建扩建打下了一定的基础,但由于多条主要干线工程相继开工,地方铁路一哄而上,超越了当时的经济承受力,到1959年上述几条铁路干线相继下马,地方铁路到1960年也全部停建。1958年,以群众运动为特征的全省水利建设也达到高潮。专县之间、社队之间、班组之间、个人之间的挑战应战和评比竞赛搞得热火朝天。除群众性的小型工程外,省里还安排了一批大中型工程。

"大跃进"运动在工业上体现为"以钢为纲",在农业上则体现为"以粮为纲"。1957年底,四川省和全国一样,开展了跨社、跨乡、跨区的群众性兴修水利、改造低产田土活动和"千斤粮、百斤棉、万斤蔗"的丰产活动。进入1958年,四川省也一再追加粮食生产的指标。2月,省委要求粮食产量比上年增长12%。"成都会议"以后,省委又提出争取3年或更早一点的时间实现《全国农业发展纲要(修正草案)》的要求,全省亩产粮食超过800斤。5月,中共八大二次会议以后,省委又要求到1959年即实现平均亩产粮食1100斤。但到7月,省委又对粮食平均亩产再次加码。在《人民日报》等全国各大报纸报道粮食高产"卫星"的影响下,四川也不断放出高产"卫星",其中最大的"卫星"是郫县友爱乡九社通过二次移栽(将几十亩的稻谷并成一亩)中稻使亩产达到了41262公斤。这种做法不仅没能得到制止,反而被作为提高产量的有效方法而加以推广。大放粮食高产"卫星",不仅没有带来粮食的高产,反而造成了粮食的严重短缺。到1959年下半年,粮食问题的严重性日益显现。

三、人民公社化运动

生产力发展上的高指标和浮夸风,推动着在生产关系方面急于向所谓更高级的形式过渡,主观认为农业合作社的规模越大,公有化程度越高,就越能促进生产的发展。四川的人民公社和全国许多地方一样是一哄而起举办起来的。人民公社的迅速建立,以高指标、瞎指挥、浮夸风、"共产"风为主要标志的"左"倾错误进一步泛滥开来。

(一)农村社会主义教育

1957年夏开始,四川农村的高级合作化已经完成,参加合作社的户数已占全省农户数的95%以上。这个过程中,江津县等地的农村出现了自发包产到户的情况,土地耕田、肥料、种子按人口分到户,耕牛按各户人口多少轮流养。这种由农民自发形成的生产经营方式极大提高了农民的生产积极性,但当时,从中央到地方都把"包工包产到户"当作走资本主义道路而加以批判。在整风反右运动的推动下,省委在全省农村开展了意在批判"包工包产到户"的社会主义教育运动,使得中共八大以后全省农村工作的良好势头很快就被逆转了。

10月5日,省委从省级机关抽调了1000多名干部,组成了14个工作团,分赴各专区参加农村社会主义教育工作。省委主要领导亲自参与了这一工作。10月31日,省委第一书记李井泉,在涪陵地委召开的地、县、区三级干部整风会议上做报告,提出要对富裕农民的资本主义倾向和个人主义思想进行批判。同一天,省委书记廖志高在内江地委召开的农业高产座谈会上讲话,指出要掀起社会主义教育和大生产运动的高潮,争取政治思想和生产

战线上的两大丰收,要批判富裕农民的资本主义思想和干部的右倾保守思想。《四川日报》也发表文章指出,"'包工包产到户'的做法,既无统一经营,又无统一领导,除了还有一个合作社的空名外,与单干户还有什么区别!"认为,"这是一种不折不扣的开倒车的行动,不是工作方法上的错误,而是立场的错误,原则性的路线上的错误"。

在开展农村社会主义教育运动的同时,四川省委还认为,要在政策措施上对农村单干户的活动严加限制。8月17日,省委提出了农村单干户活动的情况、问题及加强领导管理的意见。省委提出,"4%多一点没有入社的农户。这些人绝大部分是富裕的或兼营商贩活动的单干户,发展了资本主义倾向,他们对社会主义各项措施采取了抵触甚至对立的态度。不仅要加强对他们的教育,同时在政策措施上酌情加以限制"[1]。这些措施包括:国家对他们预行分配的粮食、棉花、油料等统购物资的计划安排,其生产、交售、超额交售均予以严格检查、督促,使之不能多留或自行出售。严禁经商,严禁以产品加工后再做买卖,严禁黑市交易,违者严办。农业外的劳动生产,如运输物资、修堤、代加工等,凡是大量的,由农业社组织劳力进行,单干户应参加在社组织内劳动,但仍允许自己找零星活路。乡人民委员会必须指定专人管理单干户,纠正对单干户的无政府状态等。

1957年,四川全省基本实现农业的社会主义改造。当时的基本情况是,高级社还立足未稳,存在着许多问题亟待解决,主要是:许多农民没有经过互助组、初级社的过渡阶段,一步登天随大流加入了高级社,对于高级社这种组织形式还缺乏心理承受能力。在入社并社的过程中,耕畜、农具、林木等折价偏低,富裕社及入社农民的利益未得到应有的补偿,使一部分社员感到吃了亏。在农村

---

[1] 中共四川省委党史研究室:《中国共产党四川历史大事记 1950—1978》,四川人民出版社2000年版,第152页。

高级社的分配中，平均主义的分配十分严重，取消土地报酬使一部分劳力少的社员成为超支户，另一部分劳力多的社员又未真正兑现其劳动报酬。

尽管对农业的社会主义改造以很快的速度完成，但实际上还存在着大量的问题亟待解决，而当这些问题出现的时候，从中央到地方都认为是自发的资本主义倾向，以致使党同农民的关系一度出现紧张。本来应该实事求是地解决农村中出现的问题，但解决农村问题是通过高压形式的社会主义教育运动来进行的。当一些基本问题还没有得到根本解决之时，人民公社化运动的疾风暴雨又来临了。

（二）从并大社到人民公社挂牌

四川的人民公社化运动始于1957年底开始的跨社、跨乡、跨区的群众性兴修水利、改造低产田的活动。四川省水利建设投入运动的人数达到了2500万人，各地大规模的兴修水利，组织规模超过了高级社的范围，因而提出了建立更大型的农业生产合作社的问题。1958年4月，中共中央政治局会议通过了《关于把小型的农业生产合作社适当地合并为大社的意见》（以下简称《意见》）。《意见》说，为了适应我国的农业水利化、机械化和"文化革命"的需要，在有条件的地方，把小型的农业生产合作社有计划地适当并为大社是必要的。根据中央的指示精神，四川也开始了并大社的风潮。

1958年8月上旬，毛泽东在视察河北、河南和山东等省的一些农村时，提出了还是办"人民公社好，它的好处是可以把工、农、商、学、兵合在一起便于领导"的谈话。该谈话在《人民日报》发表后，全国许多地方相继出现了联乡并社转公社的热潮。四川许多地方农民纷纷写出大字报，申请要求办人民公社。此时，省委还是比较冷静的，根据农业合作化的经验，在电话会议上提出，各地先行试办，在取得经验后再全面铺开。8月17日至30日中央政治局扩大会议（北戴河会议）提出："看来，共产主义在我国的实现，已经不是什么遥远的事情了，我们应当积极地运用人民公社的形式，摸索出一条过渡到共产主义的具体途径。""北戴河会议"精神在四川传达后,四川省委已经来不及做任何细致的工作,立即组织掀起了声势浩大的人民公社化运动。

9月7日至11日,四川省委第一届第八次全体会议(扩大)在重庆召开,会议做出了贯彻执行中共中央关于建立农村人民公社的决定。省委首先要求并乡建社。在人口稠密、交通方便的平坝和丘陵地区,每县可试办一两个万户以上的大社,个别地方可试办一县一社。少数民族地区仍抓紧发展和巩固农业生产合作社,暂不建立公社。建社较早、合作化比例较大的县,可由县进行建立公社的试点。其次,9月中旬至月底掀起建立人民公社的高潮,要求在9月底全部建成。到10月1日,全省人民公社都要举行盛大的庆祝国庆和庆祝人民公社成立大会。再次,首要的是把架子撑起来,管理机构的组成上以管委会、耕作大队、生产队为宜。对于各小队的公共财产、公共积累、储备粮,一律转归公社所有,多的不退少的不补,至于各公社之间的差异,应以共产主义精神去教育干部和群众承认这种差别,一律不采取算细账拉平补齐的办法处理。

省委的决定发出后,各地开始了敲锣打鼓地组建人民公社。省委经过研究决定,建社规模以一乡一社为宜。9月20日,省委发出《关于建立人民公社过程中几个应注意问题的通知》(以下简称《通知》)。《通知》提出:建社规模为一乡一社者,原乡人民代表即为公社的社员代表,原乡人民代表大会即为公社社员代表大会,原乡人民委员会即为公社管理委员会,原乡长即为社长,原副乡长即为副社长。省委对几个乡为一个社的也做出了具体的规定,原各乡的人民代表仍为合并后的公社社员代表和乡人民代表,原乡人民委员会委员建社后为公社社管委员会委员。对于公社的党组织的形成,省委也做出了明确的规定。一乡一社的,原有组织在办社初期基本适应,可以不打乱原有的组织,党员超过100人的乡,可以考虑将原总支改为公社党委。

数乡一社和一区一社的，社建立党委，下面根据生产组织分布情况设总支、支部、小组。省委还要求公社脱产的干部数不能超过原区乡的干部数。

到9月26日，全省原有16万个农业生产合作社，经过并大社转公社的高潮，已经建成为5000多个政社合一的人民公社，全省农村实现了人民公社化。10月1日全省各人民公社都举行了盛大的庆祝国庆和庆祝人民公社成立大会。

以"一大二公"为特点的人民公社，将高级社、初级社、个体农民的耕地和社员自留地全部收归公社所有，统一经营；社员的私养猪、大型农具、耕牛、成片竹林也一律折价归社，对社员实行组织军事化、生活集体化、生产战斗化。相当于一乡或数乡规模的人民公社成为基本核算单位。《四川日报》把"一平（平均主义），二调（无偿调拨集体财物，无偿调拨社员个人财物）"的"共产风"，作为人民公社的共产主义特点进行了广泛的宣传。10月5日，《四川日报》报道了蓬溪县红旗人民公社在处理私猪入社的过程中，"充分进行了共产主义教育，全公社8万多头私猪已全部妥善地入了社"。18日又报道，"资中县银山人民公社在深入细致进行共产主义思想教育的基础上，从10月份起实行了伙食供给制加工资制和奖励的办法。这个办法的'各尽所能，各取所需'的共产主义萌芽，又体现了目前社会主义的按劳分配的原则"。

整个人民公社化运动是历时一个多月时间完成的。人民公社化一哄而起迅速完成，违背了合作化已有的典型试验、逐步推广、发展一批巩固一批的成功经验。人民公社的迅速建立也并不是偶然的，搞"大跃进"运动需要有与之相适应的组织形式和制度方法，人民公社政社合一，集中统一领导，集体劳动、集体生活的"一大二公"生产生活方式，是便于搞"大跃进"的组织形式。人民公社是"大跃进"的产物，对"生产力一天等于二十年"高速发展的幻想，从而引出了离共产主义已经不远的空想，人民公社便又成为一

种预先为共产主义社会准备好的"最好组织形式"。这种完全脱离现实的平均主义的东西被认为是共产主义的因素,在这种指导思想下的人民公社化运动,只能搞乱农村生产关系,搞乱农村的生产与生活。

(三) 普及农村公共食堂

农村公共食堂是人民公社的产物。人民公社一个最显著的特点就是普遍建立了公共食堂。在农村大规模兴修水利的过程中,不仅要集中劳动,而且要集中吃饭,农村公共食堂便应运而生。1958年7月8日,《人民日报》发表了《农村办公共食堂促进生产发展和集体主义思想的成长》的专题报道,文中列举了农村办公共食堂的八大好处。四川也迅速掀起了办公共食堂的高潮。

四川省在1958年秋季人民公社化运动的高潮中办起了61万个农村公共食堂,相当于每村一个。农村95%以上的人口在公共食堂吃饭。与此同时,还办起了托儿所45万个,幼儿园15万个,敬老院2000多个,基本实现了农村公共食堂化和生活集体化。公共食堂办起来后,农村劳动力完全按班、排、连、营组织起来,上山搞钢铁。搞公共食堂无偿砍伐集体和社员的林木,无偿调拨社员私养的家畜、无偿调用家具、厨具和餐具等。

农村办公共食堂,开始时吃饭不定量,不要钱,造成了粮食的严重浪费。而1958年国家在四川省的征购又比上年增加了8.9亿斤。入冬以后,口粮不足的问题已经在一些地方显现。在组建公共食堂过程中,集中起来的大量农村财产,由于制度不严,管理不善,损失严重,全省3000多万头猪,入冬后一时间就冻死300多万头,有的牲畜无人照管,成为无人照管的野猪、野牛。农村公共食堂由于管理混乱,出现了大量的食物中毒的现象。1959年6月11日,渠县一个公共食堂早餐时有85人中毒,27人死亡。1959年上半年,四川省共计发生中毒事件123起。

农村公共食堂出现的大量问题引起了省委的重视,在1958年底到1959

年春整顿农村人民公社的过程中,各级党委为整顿农村公共食堂也做了大量的工作,但这种整顿是在充分肯定农村公共食堂的前提下进行的。1959年7月,省委批转了南充地委《关于改进伙食供给制和公共食堂情况的报告》。省委在批语中对进一步办好农村公共食堂做了详细的规定:在积极办好食堂的前提下,实行自愿的原则,对于那些仍然坚持要退出食堂的人,应当允许他们退出;为了照顾劳动力强、人口少的社员的积极性,在伙食供给方面,对劳动力强的社员划出的伙食工分比例可以再降低一些;所有食堂在吃粮方面,必须迅速贯彻执行"以人定量、分配到户、食堂吃饭、节约自得"的原则;所有公共食堂应积极养好猪、种好蔬菜、注意解决食堂燃料问题。

到年底,与公共食堂相关联的一些严重问题,也在省内不少地方出现,一部分公社粮食霉烂损害现象严重,一些公社食堂细粮吃得很少;公社的积累已经消耗殆尽,许多公社现金困难;很多托儿所出现了因麻疹传染发生儿童死亡的情况。这些问题也引起了省委的重视:"应当看到,这些问题虽然是某些地区的反映,在公社建立起来以后,因为各项组织工作和管理措施没有来得及制定出来,也是难以避免的现象,但是应当引起各个地区、各个人民公社的严重注意。"[①]

尽管省委下大力气不断整顿农村公共食堂,但以平均主义为特征,以公共食堂为核心的农村生活福利事业,随着国民经济困难局面的出现,已经难以为继了。

四、国民经济调整

"大跃进"和人民公社化运动导致了国民经济各项比例严重失调,加上

---

① 中共四川省委党史研究室:《中国共产党四川历史大事记(1950—1978)》,四川人民出版社2000年版,第177页。

自然灾害，粮食等农作物连年减产，中国已经处于极其严重的经济危机当中。从1960年起，全党大兴调查研究之风，八届九中全会提出了对国民经济"调整、巩固、充实、提高"的八字方针，国民经济转入新的轨道，到1963年国民经济形势明显好转，整个调整任务至1965年基本完成。从20世纪60年代初，四川各级党组织在思想认识不断提高的基础上，也紧随全国的步伐进行调整，在经济和政治领域进行了调整，使四川经济和全国一样走出低谷，走上了健康发展的轨道。

（一）纠"左"中断和"反右倾"

1958年入冬以来，党中央已经觉察到"大跃进"以来工作中存在的严重问题，并着手纠正"大跃进"以来"左"的错误，尤其是下大力气整顿农村人民公社。

省委尽管下大力气来整顿人民公社，也取得了一些成效。但整个工作是在充分肯定"大跃进"和人民公社化运动的前提下进行的。1959年7月2日至8月1日，党中央在庐山召开了政治局扩大会议。会议主题由纠"左"变成了反右。全党随即展开大规模的"反右倾"斗争。四川全省层层召开党委扩大会议反右倾。在这次"反右倾"运动中受到批判和冲击者，大多是在纠"左"过程中敢于反映四川经济困难真实情况，勇于从本地的实际情况出发进行工作的干部和党员。这些同志受到冲击，不仅使纠"左"进程中断，而且严重损害了党内民主，带来的危害是长远的。

"反右倾"运动后，急于向"高级"所有制过渡的思想又于1960年初重新抬头，共产风再度刮起，强迫命令风和浮夸风更加剧烈。当年，省委提出生产队、大队、公社养猪百、千、万头的口号。各地以扩大公社经济和坚持管理区（生产大队）为基本核算单位为名，无偿地从管理区（生产大队）和生产队抽调猪只、劳动力、土地和建筑材料。

1959年至1961年，中国出现了罕见的粮食短缺状况，中央加大了粮食调运的力度。为了保证京、津、沪三个大城市及辽宁等重工业省的粮食供应，中央采取了紧急措施从一些省区调出粮食。1959年至1960年四川粮食调出数为全国之首，而此时四川粮食却在大幅度减产。为了完成中央下达的紧急调粮的任务，省委采取了一系列非常措施以保证完成外调粮食任务，要求各级党委克服一切困难。此间，全省经常性动员150万左右的劳动力来完成短途的粮食调运，经常性集中近2000辆汽车运粮食。四川人民为了支援国家克服困难，做出了巨大牺牲。从1958年冬天起，农村出现了营养不足、水肿病流行的情况，许多地区发生人口非正常死亡现象。

(二) 对全省国民经济进行大调整

"大跃进"和人民公社化运动导致了国民经济的严重混乱。1961年1月，八届九中全会正式提出对国民经济"调整、巩固、充实、提高"的八字方针，这表明"大跃进"运动实际已经停止，国民经济转入新的轨道。

根据党中央、毛泽东的要求，四川各级党委迅速开展了农村调查并取得了成效。党中央向各中央局和各省、市、自治区党委批转了四川省委关于克服平均主义的文件，充分肯定了四川省委开展农村调查总结出的一些经验。中央肯定了四川省委调查研究取得的成果，对四川省委进一步搞好调查研究是一个极大的鼓舞。1961年5月，四川省委进一步要求县级以上党委的领导干部，要下决心深入群众中去，蹲下来，一年至少要有几次亲自进行系统的调查研究。四川省委领导以川东片和川西片分工进行深入调查研究，并在各自的片区范围内召开会议进行调查研究的经验总结。农村调查研究的内容还涉及粮食、公共食堂、经济管理体制等问题，由此也开始解决这些问题。

人民公社化运动中办起的大量公共食堂成为困扰农村经济的严重问题。公共食堂被称为"人民公社的心脏"，办不办食堂被提到搞不搞社会主义的高度，大批干部因为对办公共食堂有不同的意见而在"反右倾"运动中遭到严重打击。1960年秋后，在全省农村大片饥馑的情况下，很多食堂已经无力

开伙。此时在四川做调查研究的全国人大常委会委员长朱德写信给毛泽东反映四川农村公共食堂的问题,称公共食堂是"两道烟",即在食堂做一道,社员打饭回家再加工一道,对人力和物力浪费不少。1961年6月,中央关于《农村人民公社工作条例(修正草案)》明确规定,生产队办不办食堂完全由社员讨论决定。7月,四川省委正式发出指示,决定取消人民公社分配中的供给制,不办公共食堂。

从1960年下半年开始的调整尽管取得了一定的成效,但国民经济的困难局面仍然没有从根本上改变,全党的思想还需要进一步统一。中央于1962年1月11日至2月7日在北京召开了扩大的工作会议,即"七千人大会"。四川参加七千人大会的有省、地、县及一些重要企业的领导干部500多人,多数人是第一次出席中央的会议。由于大会突出地提出了总结经验教训和健全党的民主生活的问题,很多干部多年来首次敢于反映一些真实情况并对省委主要负责人提出批评意见。会议期间,李井泉、李大章、陈刚对"大跃进"以来的工作做了认真的检查。

这次会议以后,国民经济调整进入一个新阶段。四川参加七千人大会代表返川后,迅速传达学习七千人大会精神。在全省传达学习的过程中,各地基本能够以实事求是的精神来总结经验教训,用和风细雨的方式发扬党内民主,开展批评和自我批评,并且特别注意检查党委会内的领导成员存在的问题,研究改进的意见。3月23日至4月5日,省委在成都举行了共计1680人参加的扩大的工作会议。会议的主题是"健全党的生活,增强党的团结"。与会人员一致认为,学习领会了中央七千人大会精神,进一步增强了克服困难的信心和希望。

七千人大会后,在深刻总结"大跃进"经验教训的基础上,省委也改变了基本核算单位只能放在生产大队的固有观念,明确提出生产队既是公社组织生产的基层单位,也是公社组织分配的基本核算单位。省委开始将基本核算单位下放到生产队,到 1962 年 5 月,农户 20 户以下的生产队,占到了全省生产队总数的 25%。四川省"三级所有,队为基础"的经济管理体制到此时基本形成。全省共有 54.7 万个生产队。

在七千人大会上,邓小平代表党中央提出对 1959 年"反右倾"运动受到伤害的县以下干部平反要一揽子解决。"大跃进"开始后的几年时间,由于推行"左"的政策,四川连续处分了一大批敢于坚持实事求是原则的干部。据当时统计,受到打击应予甄别平反的干部全省约有 38 万人。通过甄别平反工作,在一定程度上使受到不公正待遇干部的政治处境和工作生活安排有所改善,使党的民主集中制优良传统得到了发扬,为整个经济的调整奠定了良好的政治基础。

(三)调整农村经济体制与压缩工业建设项目

七千人大会后,在深刻总结"大跃进"经验教训的基础上,省委也改变了基本核算单位只能放在生产大队的固有观念,明确提出了要将基本核算单位放在生产队的要求,并下发通知,要求全省各地对农村人民公社基本核算单位的调整工作进行一次切实的复查,凡工作做得不够切实,走了过场的地方,必须按照中央的指示,重新补课。通知还明确提出,生产队既是公社组织生产的基层单位,也是公社组织分配的基本核算单位。通知发出后,全省各地立即按要求开展调整,确立生产队为基本核算单位。

调整带来的重大变化是回归生产队作为基本核算单位,公社一般不再提积累,大队不再提公积金、公益金和机动粮,公社和大队占用的劳动力、土地及资金全部退回生产队使用。在调整核算单位过程中,省委对公社和生产大队的机构进行了精简压缩,规定凡是原来高级社的干部原则上一律回本生产队工作,使 1958 年以后从生产队调走的大批基层一线有丰富经验的干部充实到生产队领导生产。一些行之有效的经营管理制度,如评工记分制、生产责任制等也在调整核算单位的过程中,逐渐建立起来了。省委要求各级党

委和有关部门,都要把生产队作为一切农村工作的基点,经常深入生产队,帮助干部解决工作中的疑难问题,总结推广队干部的成功经验。

下放基本核算单位到生产队后,各地出现了不断缩小生产队的规模的倾向,到1962年5月,农户20户以下的生产队,占到了全省生产队总数的25%。缩小生产队的规模更有利于加强农业生产责任制,更有利于恢复和发展农村经济。但省委认为这种倾向若不立即制止,对加强生产队,巩固集体所有制是十分不利的,不能矫枉过正,发出通知要求各地应立即检查制止。各地接到通知后,立即停止了缩小生产队规模的倾向,严格按要求形成"三级所有,队为基础"的农村经济管理体制,全省稳定在54.7万个生产队的组织规模。

调整过程中,由于粮食的严重短缺是当时困扰全省经济的首要问题,因此城市经济的调整首先是压缩吃商品粮的城市人口和工业人口。1961年初,省委批转省计委党组、省劳动局分党组《关于从各方面节约压缩劳动力加强农业战线的意见》,在批语中要求:各地区、各部门必须下最大决心采取有力措施,节约压缩50万精壮劳动力于大春耕前投入农业生产第一线,同时又要保证工业、交通运输、基本建设等方面完成国家计划必需的劳动力。从1961年开始到1963年结束的四川压缩城镇人口工作,牵涉面广、政策性强,省委紧紧依靠各级党组织开展工作,广大人民群众与党同心同德共渡难关,几十万城镇人口,没有多少怨言回到农村,顺利完成了节约压缩任务,充分体现了党在人民群众中的崇高威信。全省在1961年和1962年,净减少全民所有制职工257万人,其中1962年净减155.6万人,超额完成了西南局报送净减150万人的计划,1963年继续做好压缩精简的扫尾工作。所有压缩的职工全部转入农业生产,极大充实了农业生产的劳动力。

其间开展的社会主义教育运动对全省农村的调整发展也产生了重大的影响。1962年9月召开的党的八届十中全会决定在全国城乡发动一次普遍的社会主义教育运动,以此开展大规模的阶级斗争。四川按照中央部署,省委随即组织开展了增强党员干部和群众对三面红旗的信心,纠正单干活动,打击投机倒把,进一步巩固人民公社集体经济的社会主义教育运动。1963年2月,毛泽东在杭州召开的中央工作会上总结了湖南社教和河北保定地区"四清"(清理账目、清理仓库、清理财物、清理工分,也称"小四清")的经验,并决定在全国农村开展以"四清"为主要内容的社会主义教育运动。全省在部署"四清"运动时多次强调,不要因为搞运动而耽误了工农业生产,省委也要求将运动和生产结合起来,抓紧抓好农业生产各方面的工作,尤其是农田水利建设工作。从1963年开始到1965年,每年的冬春,全省有80%左右的生产队进行了改土改田,大多数人民公社一般都用3个月左右的时间,以20%到25%的标准劳力,平均每人出工80天左右,投入兴修水利和改造土地(以下简称"改土")的基本建设中。省委要求在农田基本建设中,改土必须采取综合措施,将治山、治水、治坡、植树造林、深耕、面土等相结合,把挑沙面土作为农村改土工作的重点,1965年完成1000万亩左右,1966年改造低产田100万亩,改坡地为梯地70万亩左右。针对"大跃进"时期公共食堂造成的不利影响的教训,省委要求劳动力尽量采取就近出工、分段包工的办法,尽量在家里吃饭和住宿,要求严格控制远距离集中施工的时间和人数。通过人民公社的有效组织,大规模的农田水利基本建设的任务、措施、劳力安排能够得到很好的落实,各地很少出现窝工浪费的现象。这些农田水利建设总体上改善了全省农业生产的条件,一些水利工程还对促进四川农业发展产生了长远影响。

在国民经济调整过程中,四川也开始压缩工业和基本建设项目。四川经济结构在"大跃进"中严重失调,基本建设战线过长,投资很大,成为影响全省经济建设成效的主要问题,1959年至1961年三年的投资等于第一个五年计划投资的两倍,仅1960年四川基建施工项目就多达6000余个,到1960

年底,"大跃进"期间积累的种种矛盾已经非常尖锐。具体表现在3年来滞留在工商环节、最后不得不降价或报废所造成的损失达11亿元,钢铁工业经营亏损达15亿元,基本建设由于布点设计失误和施工的错误而停建或废弃的工程损失达12亿元。上述损失占3年积累资金的52%,财政收入的50.25%,同时市场供应极度紧张,1961年市场零售物价上涨23.7%。

1962年七千人大会以后,全国经济调整的步伐和规模逐步加大。四川随即对1962年的调整企业、缩短工业战线做了进一步的安排。省委要求凡是在1962年没有担负国家任务、产品大量积压的企业,要考虑停产或者放假一段时间,一部分还要加以撤销、合并。要求全年再安排冶金、机械等部门再撤、停、并、转企业200多个,全省只保留工业企业800个左右。基建上,省委要求原先严重超标但无法修通的100多条铁路全部下马,集中力量保住关键的基建项目顺利建成。

压缩工业和基本建设项目为全省工业生产带来积极变化。由于关停并转工厂企业的原则是坚决压缩原材料消耗高、产品成本高、质量低、劳动生产率低的企业,因此迫使许多企业为了图存而改善内部管理,提高生产率,减少亏损面,注重经济效益。到1962年,全省手工业企业劳动生产率提高了30%,企业亏损面下降到10%以下。

(四)国民经济调整的重大成就

七千人大会以后,随着调整的不断深入,四川的经济逐步走上了良性发展的轨道。

全省经过1962年的大调整,经济已在节节后退中站稳脚跟,开始从被动转入主动,重新走上比较顺利的发展道路;经济调整的任务也从各条战线的急剧收缩开始转向巩固和提高。到1963年底,工农业总产值达到1635亿元,较1962年增加131亿元;粮食产量340亿斤,较1962年增长6.3%;棉花产量2400万担,较1962年增长36%;油料、黄红麻、糖料等也都有较大增长；钢年产量由 660 万吨回升为 762 万吨；钢材、发电量、水泥、木材、农药、化肥、棉纱、棉布等也都有不同程度的增长。到 1964 年下半年，四川的经济面貌与"大跃进"以前相比较，发生了巨大的变化。

四川农村经济在逐步恢复的同时，国家也停止了从四川调出粮食。1962 年 3 月 30 日，周恩来约请有关人员谈东北三省的粮食问题，称赞四川省和黑龙江省从大局出发，不讲价钱，外调粮食支援全国，这种态度是很好的。在中央的统一安排下，1962 年调入四川粮食 3 亿斤，解决四川粮食缺口。其间，由于基本建设的投资大大压缩以后，直接用于农林水利的资金比重直线上升，1963 年、1964 年两年平均水平占投资的 17.1%，大大超过"二五"期间 2.5% 的水平，农业再现新的生机。同时，随着公共食堂的解体和基本核算单位的下放，四川农村从 1962 年春耕起，农业生产快速发展，当年的农业生产就开始回升，粮食产量增加 24%，农业总产值增加 8%，农民生活显著改善。1962 年秋收以后，市场农产品显著增多，物价狂涨的势头被扼制，到 1963 年，全省由于饥饿造成的水肿病基本消失。从 1963 年到 1965 年，农业总产值又以年递增 8.3% 的速度增长，粮食产量三年间增加 600 万吨以上。

调整促使全省经济结构发生了重大的变化。从 1963 年起的 3 年间，农业总产值以年递增 8.3% 的速度回升，工业的年递增率则达 20.7%。1964 年，工农业总产值之比变为 46.4∶53.6。到 1966 年，工业总产值即稳定地超过了农业总产值，达到 53.8∶46.2，千年来四川以农业为主的经济，从此发生了重大转折。四川的重要工业部门，也在这一时期初步形成规模。电力工业经过"大跃进"中大起大落的波折以后，重新开始稳步发展，与 1957 年相比，发电量于 1964 年增加 2.4 倍，1965 年增长 3.3 倍，形成东部以重庆为中心，西部以成都为中心，南部包括宜宾、自贡、内江、泸州等中心城市的川东、川西、川南电力网。机械工业中，峨眉机械厂和新都机械厂的建

立,开创了四川航空工业的历史;德阳第二重型机械厂和东方电机厂在"大跃进"期间动工,中途停工后又于1964年起开始续建。随着一批电子工业骨干企业的兴起,四川成为国家重要的重型机械、动力机械和电子工业基地。

四川的工业布局,到20世纪60年代中期也有明显改善。由于历史的原因,四川的近现代工业在20世纪50年代以前大部分集中于以重庆为中心的盆地东部沿江地带。经过多年建设,重庆经济地位继续得到加强,同时在盆地西部成都、德阳、绵阳一线传统的农业区域里,开始形成一个以加工工业为主的综合性工业基地,在川南形成以自贡、泸州为中心的盐化工业和天然气化工基地。各具优势的三大工业基地,使四川生产力配置得到重大改善。

这一时期全省交通事业发展迅速,7年内兴建公路2.1万公里。川黔铁路建设于1964年全面复工,1964年7月建成,成为四川与省外连接的第二条铁路干线。

通过调整,四川经济逐步走上了良性发展的轨道。到1964年底,四川经济全面回升,当年农业获得大丰收。12月,周恩来在三届人大会议上宣布经济调整的任务已经基本完成,并发出了把我国建设成为"具有现代农业、现代工业、现代国防和现代科学技术的社会主义强国"的号召。1965年元旦,《四川日报》发表社论,宣布全省已"基本上完成了国民经济调整的任务,工农业生产已经全面高涨,整个经济形势已经全面好转,并将进入一个新的发展时期"。

三线建设在四川

三线建设是在中国中西部的13个省、自治区进行的一场以战备为指导思想的大规模国防、科技、工业和交通建设。四川由于历史条件、地理环境、资源等方面的原因,成为三线建设的重点省份。三线建设时期国家对四川基本建设投资300多亿元,约占1949年新中国成立到1976年国家在四川基本建设总投资的80%左右,在四川建成了300多个以国防科技为主的企业单位和科研院所,形成了独立完整、门类齐全的交通能源、基础工业及国防工业体系,实现了党中央提出的在西部纵深地区建设一个比较完整的战略后方基地的目标。

一、三线建设的战略决策及组织实施

进行三线建设,标志着以毛泽东为核心的党的第一代领导集体对中国安全局势判断的转变,是党和政府分析当时中美、中苏、中印以及台海之间等国际国内多种矛盾做出的重大举措。三线建设是为迎接即将到来的帝国主义

侵略而准备的,与之紧密相连的是,经济发展重心从国民经济大调整时解决"吃穿用"问题,转向国防和基础工业的发展。

(一)三线建设战略决策的形成

三线建设的战略决策是从酝酿第三个五年计划开始的。"三五"计划开始编制时的指导思想是抓"吃穿用"问题。1964年4月下旬,国家计委提出了《第三个五年计划(1966—1970)的初步设想(汇报提纲)》,规定第三个五年计划的基本任务是:一是大力发展农业,基本上解决人民的吃穿用问题;二是适当加强国防建设,努力突破尖端技术;三是与支援农业和加强国防相适应,加强基础工业。

但是20世纪60年代初险峻的国际局势直接影响着中国的经济战略决策。当时的中国正面临着几方面的威胁。东面:台湾利用大陆出现的经济困难局面不断进行军事骚扰,叫嚣要反攻大陆。南面:1962年美国在越南的战争开始逐步升级,将战火烧到了我国的南大门。1964年8月美国又利用北部湾事件,对越南民主共和国进行大规模持续轰炸。中越边境地区、海南岛和北部湾沿岸都落下了美国的炸弹和导弹,中国军民也遭到伤亡。西面:1962年10月和11月,印度军队向中国领土发动大规模入侵,中国军队被迫两次进行反击,将印军击退。其后战争停止,但双方边界的军事对峙局势尚未得到根本缓和。北面:中苏两党之间的矛盾扩大到了国家关系领域,两国的边境争端不断发生。此外,从20世纪60年代初开始,美国对我国实行了紧缩包围圈的政策,与我国周边的不少国家和地区结成反华同盟。美国还在这些国家和地区建立了数十个军事基地,对我国形成半月形的包围圈。

1964年5月9日,中国人民解放军总参谋长罗瑞卿在向毛泽东和中央常委报送的一份报告中指出,在国家经济建设如何防备敌人突然袭击方面问题很多,有些情况还相当严重:一是工业过于集中。14个100万人口以上的大城市就集中了约60%的主要民用机械工业、50%的化学工业和52%的国防工业。二是大城市人口多，大部分都在沿海地区，易遭空袭，如何防空尚无有效措施。三是主要铁路枢纽、桥梁和港口码头多在大中城市附近，易遭轰炸破坏，缺乏应付措施。战争初期，交通可能陷于瘫痪。四是所有水库紧急泄水能力都很小。232个大水库中52个位于主要交通线附近，17个位于15个重要城市附近。一旦遭到破坏，将造成严重损失。报告建议国务院组织一个专案小组，采取积极措施予以解决，以防备敌人的突然袭击。外有强敌，内有隐患，这些都使毛泽东感到焦虑。

在1964年5月15日至6月17日召开的中共中央工作会议期间，毛泽东从存在战争严重威胁的估计出发，提出：在原子弹时期，没有后方不行。"三五"计划要考虑解决全国工业布局不平衡的问题，要搞一、二、三线的战略布局，加强三线建设，防备敌人的入侵。他特别强调应该在四川的攀枝花建立钢铁生产基地，并把与此相联系的交通、煤、电建设起来。6月6日，他更明确地提出三线建设的主张："我们不是帝国主义的参谋长，不晓得它什么时候要打仗。""要搞三线工业基地的建设，一、二线也要搞点军事工业。"8月17日、20日，毛泽东在中央书记处会议上两次指出，要准备帝国主义可能发动侵略战争。现在工厂都集中在大城市和沿海地区，不利于备战。各省都要建立自己的战略后方。这次会议决定，首先集中力量建设三线，在人力、物力、财力上给予保证。这样就改变了"三五"计划最初的指导思想，确定了"三五"期间重点加强三线地区基础工业建设，建立战略大后方的新思路。

所谓三线的范围，一般是指中国大陆的国境线依其战略地位的重要性（即受外敌侵略的可能性）向内地收缩，划为三道线所形成的地区。一线指位于沿海和边疆的前线地区；三线从地理环境上划分是指甘肃乌鞘岭以东、京广铁路以西、山西雁门关以南、广东韶关以北，包括四川、贵州、云南、陕西、甘肃、宁夏、青海等西部省区及山西、河南、湖南、湖北、广东、广

西等省区的后方地区,共13个省区;二线指介于一、三线的中间地带。三线地区位于中国腹地,离海岸线最近在700公里以上,距西面国土边界上千公里,加之四面分别有青藏高原、云贵高原、太行山、大别山、贺兰山、吕梁山等连绵山脉作天然屏障,在准备打仗的特定形势下,成为较理想的战略后方。1964年5月中央工作会议后,各有关部门迅速展开西南、西北三线建设的具体部署:一是在三线建设新的工厂,扩建部分工厂,由国家计委负责组织;二是把一线地区全国仅此一家的重要工厂和配合后方建设所必需的工厂搬迁到三线,由国家建委负责组织;三是组织好全国的工业生产,为三线建设提供设备和材料,由国家经委负责。随后又分别成立了西南、西北三线建设指挥部,负责组织中央有关部门在三线地区新建、扩建、迁建项目的计划协调和物资供应工作。1964年10月30日,中央工作会议通过并下发了国家计委提出的《1965年计划纲要(草案)》。这个计划的指导思想是"争取时间,积极建设三线战略后方,防备帝国主义发动侵略战争",总目标是"要争取多快好省的办法,在纵深山区建立起一个工农业结合的、为国防和农业服务的比较完整的战略后方基地"。大规模的三线建设随即轰轰烈烈地展开。

(二)西南局三线建设委员会的设立

1964年9月11日,根据中共中央的决定,西南三线建设筹备小组成立,负责人由中共中央西南局第一书记李井泉和国家计委常务副主任程子华担任。为了加强西南三线建设的领导,1965年2月,中央又决定成立中共中央西南局三线建设委员会。西南局三线建设委员会是中央设在西南的具体领导和指挥三线建设的权力机构,由李井泉任主任,程子华和中共中央西南局书记处书记阎秀峰任副主任,同年下半年又增派彭德怀、钱敏任副主任。委员有国务院各部和四川、贵州、云南三省负责人吕正操、朱光、杨超等22人,办公机构设在成都。根据中共中央、国务院《关于西南三线建设体制问题的决定》,西南局三线建设委员会的主要职责是:"(一)领导和督促检查中央各部负责的基建项目按国家要求的规模、质量、进度进行建设。发现问题时，能帮助解决即就地解决，不能解决时，由国家经委解决（国家建委成立后由国家建委解决）。（二）领导和督促检查各有关省、市在人力、地方建筑材料、地方协作产品、粮食和副食品供应等方面对各建设项目的支援，保证建设项目的顺利进行。（三）领导和督促检查由各省、市负责的地方建设项目（包括工业、农业、交通、地方军工等）的进行。西南局三线建设委员会的工作机构由西南局自行决定。西南局三线建设委员会组建后，还成立了三线建设铁道、煤炭、电力、建工指挥部。"

在建立西南三线建设指挥机构的前后，国务院有关各部都先后在四川设立了各自的指挥机构，负责本系统在西南三线建设的组织领导工作。

（三）邓小平等中央领导考察三线建设

党和国家领导人十分关心和重视三线建设，为了使三线建设决策更加符合实际，保证三线建设的顺利开展，邓小平、彭真、贺龙等老一辈革命家都曾亲临三线视察。

1965年11月初，邓小平受中央委托，带领李富春、薄一波和余秋里、吕正操等中央部委的负责同志到四川、贵州、云南视察三线建设情况。11月3日，他视察了德阳重型机械厂，11月8日、9日又到自贡视察化工厂、盐厂和威远石油会战基地。在听取了石油工业部副部长、四川石油会战指挥部总指挥张文彬等人的汇报后，邓小平非常高兴地说："要尽快把气田开发出来，用于社会主义建设，建设好西南地区"，"把四川建成让党中央、毛主席放心的可靠的战略大后方！""要搞好天然气的开发利用，多产些气，支援国家三线建设。"11月10日，邓小平视察了泸州天然气化工厂，11月12日，又到重庆视察军工企业生产情况。他指示大家要响应毛主席号召，把三线建设搞好。11月30日，邓小平来到攀枝花工业基地，代表党中央审定攀枝花钢铁基地建设的总体方案。他观看了攀枝花工业基地建设规划的沙盘模型，

冶金部副部长、攀枝花特区总指挥徐驰等同志向他汇报了钢铁联合企业及煤炭、电力、水泥、铁矿、石灰石等厂矿的厂址和建设安排。邓小平对攀枝花建设感到十分高兴,认为攀枝花建设钢铁工业基地条件得天独厚,当即代表党中央同意了攀枝花的建设方案。

结束对攀枝花的视察后,邓小平风尘仆仆地赶往昆明参加西南三线建设会议。他在会上对三线建设中要解决的问题提出了具体要求。他提出要加快贵昆铁路和成昆铁路的修建,成昆铁路按年 1300 万吨运力设计。对攀枝花的建设首先是开矿,要集中力量,落实开采设备,抓紧开采设备的生产和使用。钢、煤、铁路、设备制造等部门要很好地配合,共同完成"三五"计划对钢产量的要求。

1965 年 3 月,中共中央政治局委员、国务院副总理贺龙来到四川视察,检查中共中央关于全面开展三线建设战略决策的贯彻落实情况。在重庆听取了四川省军工生产情况的汇报后,他一再强调战争什么时候打响谁也不知道,所以三线建设一定要争取时间,加快建设。他还明确反对当时流行的"大、洋、全"的做法,认为厂房建得大而分散,不利于生产,最好是建得小一些,注意隐蔽,同时不盲目崇洋媚外,尽量在当地完善配套设施。1966 年 3 月,贺龙再次来到四川视察。当时"山、散、洞"的方针刚刚提出,对正在建设中的攀枝花钢铁基地影响极大。到底进不进洞,怎样进洞,争议较大。3 月 13 日,徐驰向贺龙汇报了关于攀枝花钢铁企业在车间布置上的修改方案。徐驰在汇报时说,钢铁厂原建设方案布置紧凑,经济合理,但不利于防空,为了做到既防空又经济合理,特区指挥部制定了两个方案,希望做到便于疏散同时又实事求是。贺龙听完汇报后指示,你们的想法很对,想法很好,同意你们的第二套方案。3 月 15 日,贺龙一行来到攀枝花,他察看了弄弄坪厂址、大渡口铁索吊桥、金沙江南岸地形、攀枝花建设规划沙盘模型等,对"山、散、洞"建设方案提出了不同看法。他认为"没有必要分开,都是高山,不怕飞机轰炸。分散不好管理,集中好"。贺龙的指示解决了钢铁厂分散进洞的难题,从而加速了钢铁基地的建设进程。

1965年11月,中央安排彭德怀到成都担任西南三线建设指挥部副总指挥。彭德怀到任后首先花了5天时间听取三线建设委员会的情况汇报,并在汇报结束后提出了一点、一线、一片的观点。他指出,西南大三线是重要的战略后方,要加快建设。攀枝花钢铁基地的建设是一点;成昆铁路、贵昆铁路是通向攀枝花的大动脉,与攀钢要同步建设,这是一线;贵州六盘水煤矿基地以及与其配套的电站和其他的国防工业项目也要跟上,这是一片。1966年3月31日,他亲临攀枝花,察看了弄弄坪钢铁厂厂址和兰家火山、西昌实验厂等地,还深入501电厂、宝鼎山太平煤矿、水泥厂、五七农场等检查指导工作。他在听取了攀枝花特区总指挥徐驰的全面工作汇报后,对攀钢慎重定点和前期建设工作很满意。他兴奋地说,我们要急毛主席所急,只要我们苦干3年,就会打开三线建设的局面。攀枝花有铁、有煤,在荒山里建设大型钢铁厂,真不容易,是伟大的事业。攀枝花热火朝天的建设场景让彭德怀深受鼓舞,他豪情万丈地在自己的笔记本上题诗一首:"天帐地床意志强,渡口无限好风光。江水滔滔流不息,大山重重尽宝藏。悬崖险绝通铁道,巍山恶水齐变样。党给人民力无穷,众志成城心向党。"4月20日至25日,彭德怀又视察了宜宾造纸厂、珙县芙蓉矿区、泸州天然气化工厂等地。

1966年,中共中央政治局委员、全国人大常委会副委员长彭真也来到攀枝花视察。2月25日至2月27日,彭真在攀枝花察看了兰尖铁矿、三井巷平硐、弄弄坪厂址、大渡口铁索吊桥、金沙江南岸地形地貌,观看了攀枝花建设规划沙盘模型。在视察了攀枝花建设情况后,彭真很高兴地说:"攀枝花综合利用价值很大","我们有了十几年的建设经验,要用毛泽东思想融化这些经验,在渡口形成一条中国建设的道路"。

1966年4月,全国人大常委会副委员长兼中国科学院院长郭沫若来到攀

枝花视察。他察看了弄弄坪厂址、兰尖铁矿等,还亲自参加了干打垒筑房劳动。他为工地题写了"雅江桥"和"兰家火山平洞"的题词,为于立群创作的花卉图配上了"万千军马出战场,渡口英雄自八方,女尽金花男闯将,要教熊虎并投降"的诗句,颂扬攀枝花人艰苦创业的精神。

在四川三线建设的过程中,国务院副总理兼国家计委主任李富春、国务院副总理兼国家建委主任薄一波,跋山涉水到三线建设现场考察调研,解决了建设中的一些重大问题,使三线建设的战略决策建立在更加科学合理的基础上,保证了四川三线建设的顺利开展。

(四) 三线建设的组织与实施

整个三线建设,由于是在突出战备和与"文化大革命"几乎同步进行这个特殊的历史背景下开展的,所以建设进程波动起伏较大,面临各种困难局面。四川党政机构始终恪尽职守,不仅努力克服困难履行好后勤支援工作职责,同时以实事求是的态度及时向上级反映情况、建言献策、争取支持;尽管步履维艰,但为四川三线建设任务的最终完成做出了应有的贡献。

1. 三线建设项目的管理机制

三线建设主要是采取中央、西南局三线建设委员会和各建设项目现场指挥部三级管理的形式。中央制定三线建设的方针、政策,决定三线建设的布局、项目和投资计划,审批三线建设委员会的实施计划。三线建设委员会负责贯彻执行中央的方针政策和建设计划,审定建设项目的设计方案、厂址选择、施工计划,协调中央各部门与各省、各地方之间的工作,确定各建设项目现场指挥部的负责人选,对方针政策的执行情况和建设计划的实施情况进行监督和检查。现场指挥部由建设单位、设计单位、施工单位、所在地方党委及物资、银行等有关部门的代表组成,实行党委领导下的指挥部首长负责制,主要职责是具体实施中央和西南局三线建设委员会批准的项目建设计划,统一指挥设计、施工、物资与资金的供应、地方支援等方面的工作,保证建设项目按部就班,按进度完成。

这种管理机制主要形成于攀枝花钢铁工业基地的建设过程中。1965年2月5日,中共中央、国务院批准西南局关于成立攀枝花工业区人民政府的报告,下达了《关于成立攀枝花特区人民委员会的批复》,规定攀枝花人民委员会仿效大庆的形式,政企合一,由冶金部党委为主、四川省委为辅,实行双重领导。2月26日,中共中央、国务院在《关于西南三线建设体制问题的决定》(以下简称《决定》)中规定,今后凡是在三线地区建设重大的综合项目,均采用集中领导、各方协作的办法,以中央主管部为主,统一指挥,统一管理,有关省市区和部门协助进行。《决定》确定成立攀枝花特区党委和工地指挥部,受冶金部领导,统一指挥工业区建设;成立以重庆为中心的常规兵器配套建设指挥部,由第五机械工业部统一领导,四川省委和重庆市委协助工作;西南铁路建设由铁道部负责总指挥。西南三线的中央直属建设项目由各有关部统一安排,解决施工力量、技术力量、设备和材料,由国家经委(在国家建委成立后由国家建委)督促检查执行情况。所需要的地方建筑材料、地方协作产品、粮食和副食品供应等问题由有关省市区负责安排。至此,三线建设项目的管理机制初步成型,这种机制使三线建设从计划的制定、实施到后勤保障都得到统筹安排,便于调动各方积极性,集中有限的人力物力财力,团结协作,保障建设的顺利进行。

2. 各地对三线建设的大力支援

1965年3月,西南局三线建设委员会成立后,四川省三线建设支援委员会也随之成立。支援委员会由省委书记负责,省人委有关厅局负责人组成,根据西南局三线建委的部署,负责搞好四川三线建设的后勤支援工作。相关地市县的支援重点建设领导小组也随后成立,配合三线建设单位的工作,提供劳动力和物资保障。

三线建设所需的物资供应和生活保障对三线项目的顺利推进起着至关重

要的作用。国家在三线建设物资供应上主要采取按建设布局和经济合理的物资流向设置物资供应机构,就地组织物资供应的方法,建立了精干有力的领导机构和指挥机构,统筹安排和统一管理物资工作。物资部在西南地区设置了指挥部,作为物资部的派出机构与西南局三线建设委员会内设的物资局联合办公,统率西南地区各级物资部门,做好西南三线建设的物资供应和调度工作。1965年,四川省委决定在重庆、成都、自贡、渡口等中心城市和重点建设地区设立物资局,统一负责所辖地区内建设项目所需的物资供应。

为支持三线建设,四川各级党政机构和广大群众做出了巨大贡献。以攀枝花建设为例,为了保障攀枝花建设的供给,国务院有关部门和相关省市按照基地建设的不同行业实行建设和生产承包制。如冶金部负责钢铁厂、铁矿厂、区域机修厂的建设和投资,同时安排建设所需全部钢铁材料的生产和供应。这些钢铁材料由鞍钢、重钢、六五厂、昆钢等厂分头生产,再由渡口地区物资局按物资部分配的指标从各厂直接订货。

为解决攀枝花地区所需生产建设和生活物资的运输,四川省在攀枝花组建了汽车运输公司,承担当地的运输任务,因为运力严重不足,1965年7月,交通部又决定从北京、山东、河南、安徽、辽宁等5个省市抽调精干人员4500人、各类汽车1500辆,组建交通部直属汽车运输公司,成建制地调往攀枝花,负担建设物资的运输任务,粮食和生活物资仍由四川和云南两省负责。到1966年上半年,由于交通部直属车队尚未完全到达,四川省还继续承担了一部分建设物资的运输任务。此外,四川省还承担了攀枝花地区部分公路建设任务,农场建设任务和服务型行业建设任务。

1971年8月,攀钢炼钢厂准备试炼。为保证试炼的顺利进行,渡口市革委会号召全市各级革委会、各单位、各部门、各行业紧急行动起来。对转炉炼钢投产必需的劳动力、原材料、机械设备、运输车辆均重点保证。各服务行业,做到服务上门,深入工厂、现场。省革委也要求各市、地、州和省级有关部门密切配合，大力从各方面做好支援工作；要求各承担攀钢设备制造和材料加工的单位，应根据需要及时提供设备和材料，保证试炼钢的顺利进行。

为支持成昆铁路的建设，1965年2月，四川省支援重点建设工作会议在成都召开。会议由省委书记处书记赵苍璧主持，专门研究支援成昆铁路建设的问题。会议要求各地积极采取措施，从地方建筑材料、三类物资、市场物资、生活供应、劳动力调配以及地方交通运输等方面认真做好支援重点建设的工作。同时，四川省委还派出一个工作组到凉山州等地，实地调查研究有关支援重点建设方面的问题。

为了方便成昆铁路施工，四川公路部门职工提前奋战一年新建和修复公路干线780多公里，地方公路1900公里，开辟引入便线、支线和环线约1100公里。电力部门在四川境内的三个供电区段，仅用1年零8个月时间，就建起内燃电站27座，火力、水力电站各一座，沿线架设输电线900多公里，加上地方电力，使总电量达到11万千瓦。邮电通信部门在沿线架设通信线路14449公里，保证每个新开工点都能立即通上电话。沿线各地还有各种"支铁"服务部，沿途人民组织了许多"支铁"义务队伍到工地义务服务。在工程紧张的时刻，四川地方党政机构还组织机关干部和工、青、妇各界人士前往重点工程参观慰问。

广大群众也为三线建设出力流汗。以修筑襄渝铁路为例，从1970年5月起，省军区从川东北地区组织了21万民兵参加襄渝铁路的修筑。1970年8月22日至27日，省革委和成都军区召开了加速襄渝铁路建设会议，成立了四川省支援襄渝铁路建设领导小组，负责组织修建铁路所需的地方二、三类物资及沿线部队、民兵、铁路专业队伍生活物资的供给。9月2日省革委和成都军区发出《关于贯彻执行国家计委〈关于加速襄渝铁路建设会议纪要〉的措施》，对支持襄渝铁路的具体工作进行了安排部署，如上场民兵数

量和待遇，施工用电、供煤和物资供应等。

二、四川三线建设的重点项目

三线建设期间，四川省总投资规模达到393亿元，占1981年前国家对四川省工业总投资526.2亿元的74.9%。新建、扩建、内迁了以重工业为主的项目250多个，加上地方工业的发展，到1982年全省工业企业达到46339个，职工人数达到1033.09万人。四川的工业生产能力、生产力布局、生产部类和职工队伍都发生了根本变化。

（一）攀枝花钢铁基地的建设

攀枝花的开发建设，是新中国成立后独立自主进行的第一个特大型钢铁建设项目，也是三线建设第一阶段各方面倾注力量最多的一个重点建设项目。

攀枝花地区拥有丰富的矿产资源，尤其以钒钛磁铁矿及其伴生矿最为丰富。二氧化钛8亿多吨，占全国储量的93%，居世界第三位。五氧化二钒2000多万吨，占全国储量的64%，居世界第一位。早在1958年3月，中央就做出了开发攀枝花钒钛磁铁矿资源的决定。三线建设开始后，攀枝花以其储量丰富、完整配套的资源优势和地形险要的地理优势，被确定为三线建设最理想的钢铁工业基地。在1964年5月的中共中央工作会议上，毛泽东明确提出，三线建设首先要把攀枝花钢铁工业基地以及与此相联系的交通、煤、电建设起来。建设要快，但不要潦草。他提出："酒泉、攀枝花钢铁厂还是要搞，不搞我总是不放心，打起仗来怎么办？攀枝花建不成，我睡不好觉"，"攀枝花是战略问题，不是钢铁厂问题"。

开发建设攀枝花的决策形成后，建厂地点的选择成为当务之急。1964年6月23日，攀枝花调查工作组在成都集合，成员由国家12个部委、中共中央西南局、四川省、云南省、贵州省有关方面的专家、学者、领导干部共

361人组成。工作组由国家计委常务副主任程子华带队，分若干专业小组，深入攀西地区实地调查资源、交通、水源情况，研究配套建设资金、煤炭、电力和各矿山、工厂的条件，提出建设方案和厂址选择建议。8月中旬，调查组根据实地调查研究的情况，提出将攀枝花钢铁厂建在弄弄坪的意见。同月，中共中央西南局又召集云、贵、川三省党政军有关负责人研究厂址选择问题。关于厂址的选择主要有三种意见：一是认为钢铁厂宜近矿、近煤、近水、近林，主张建厂攀枝花弄弄坪；二是认为西昌地势开阔，场地平坦，农业基础好，主张建厂西昌牛郎坝；还有少数同志认为乐山农产品比西昌丰富，且既有高山屏障，又有相对开阔的平地作基础，提出将厂址选在乐山。一时间，各种意见争论激烈，会议没有达成一致意见。

为了选择到比较理想的厂址，也为了统一大家的思想，几种意见被同时反映到中央。为了解决这一重大问题，李富春、薄一波于1964年10月25日至11月2日率领中央各部委和川滇两省负责人20余人，亲临攀枝花地区沿线实地考察，察看拟建钢铁厂的弄弄坪。11月5日，李富春、薄一波回到北京4次向党中央、毛泽东主席做了汇报并呈送了书面报告，详细介绍了攀枝花地区地理、自然、资源、规划等情况，分析总结了1958年前后开发建设攀枝花地区资源的经验教训。报告指出，攀枝花煤、铁、水、林俱全，各种辅助原料齐备，且地处内陆腹心，境内崇山峻岭，谷深流急，地形隐蔽，是建立战略后方工业基地的理想场所，开发建设可以矿山为龙头，分期分批地在攀枝花弄弄坪、贵州水城及云南宣威等处建厂，形成产品齐全、布局分散的钢铁体系，并认为弄弄坪最好，宜于首先建设。毛泽东肯定了钢铁厂选址弄弄坪的合理性，这一方案得到了最后确定。

攀枝花的开发和攀钢的建设是采用特殊的政策，用特殊的管理体制和特殊的方法进行的。攀枝花钢铁基地是新中国成立以来少见的特大型综合建设项目，工程浩大、项目繁多、涉及工种广泛，参建单位隶属于10多个不同

的部门。要在毫无城市依托、交通闭塞、物资奇缺的荒山野岭中建成如此巨大而复杂的工程,必须打破条块分割的管理体制,建立权力高度集中的统一指挥系统,因此攀枝花钢铁基地的建设采取了由党中央、国务院直接指挥的高度集中的体制和方法,并从政策上给予人力、物力、财力的充分保证。攀枝花特区成立后,由冶金部副部长徐驰担任特区党委书记兼工地指挥部总指挥。指挥部下设冶金、矿山、煤炭、电力、林业、交通、建工、建材、地质9个专业指挥部,对基地建设实行统一领导、统一计划、统一建设和统一管理。1965年8月20日,国家计委、国家建委在《关于攀枝花工业基地计划管理体制问题的复文》中,将特区建设列为国家级综合建设项目,在国家计划中对其实行计划单列,按统一领导和分工负责相结合的原则进行建设。中央各部在工业区内安排的建设和投资由各部自行负责,特区党委和工地指挥部编制工业区的长远规划并具体执行各部的建设计划,执行过程中可根据实际情况需要,在征得主管部门同意后对建设项目的计划和投资进行必要的调整。特区党委和工地指挥部还负责民用建筑的建设,人员、劳动力的调度,施工力量的安排调度,物资的分配,以及工业区内的农田水利、交通运输、商业、粮食、银行、文教、卫生、公安、消防和其他市政建设及公用事业的建设。这样就从计划决策、投资拨款、设计规划、物资供应、设备管理、施工指挥直至生产设备配套等各个环节保证基地的一元化领导和一体化建设。

攀枝花钢铁联合企业的主体工厂和基础设施的总图布置与设计,是攀钢建设过程中遇到的一个很大的难题。新中国成立后建设的一些大中型钢铁联合企业,一般都采用大平地、大厂区、大铁路、人字形的苏联模式,然而弄弄坪根本不具备这些条件。弄弄坪是较周围高山相对低矮的山坪,一面临金沙江,三面环山,且有五条大冲沟和两条断裂带横截场地,地质条件异常复杂。设计人员坚持从实际出发,反复推敲,想方设法利用山坡,改造山坡,最后形成了一个既切合实际又经济合理的方案。1965年1月25日,冶金部以文件形式批准了弄弄坪钢铁厂的设计方案。攀枝花钢铁联合企业一期工程铁、钢、钢材生产设计规模为：生铁160—170万吨，钢锭150万吨，钢坯125万吨，钢材110万吨，钒渣3.5万吨。在工厂的布置上，为适应山区特点和场地狭小的客观条件，采用了大台阶、多台阶的竖向布置，整个厂区有4个大台阶，23个小台阶，阶差5—21米。这种阶梯布局的方式充分利用了空间，巧妙安排了攀枝花钢铁联合企业的主体工程。

攀钢1970年6月29日炼出第一炉铁水，1975年9月一期工程基本建成。经过建设者们的精心设计、巧妙安排，在面积2.5平方公里，自然坡度高达10%—20%的地带上建成了后来年产钢250万吨（包括二期工程）的大钢城，吨钢面积仅1平方米，连日本最先进的沿海钢厂也自愧不如，被国外冶金专家称为"象牙微雕式的设计"。

（二）铁路干线的修筑

四川四周为崇山峻岭所环绕，交通不便严重制约着四川经济的发展。新中国成立后，党中央十分关心四川的交通建设，四川省委也把改善交通状况作为重要工作来抓。三线建设时期，四川的铁路建设又进入一个新的高潮期，相继修建了成昆铁路、襄渝铁路。由于特殊的地质环境，成昆铁路、襄渝铁路的修建成为世界筑路史上的奇迹。

1. 成昆铁路的修建

成昆铁路北起四川成都，南抵云南昆明，全长1100公里。南端在昆明与贵昆、昆河（内）铁路相通，北端在成都与宝成、成渝铁路相连，向北沿宝成铁路在宝鸡与陇海铁路接通，成为我国西部的一条南北走向的铁路大动脉。

成昆铁路的勘测工作开始于1952年。当时的西南铁路设计分局在极端困难的条件下在成都至昆明长1000多公里、宽200多公里的范围内，提出了三条线路方案：东线从成都经内江、自贡、宜宾、盐津、彝良、威宁、宣威、曲靖到昆明,全长1112公里;中线从成都经内江、宜宾、屏山、绥江、巧家、东川、嵩明到昆明,全长1033公里;西线从成都经眉山、乐山、峨边、甘洛、喜德、西昌、德昌、会理、广通到昆明,全长1167公里。西线沿途蕴藏着丰富的矿产资源,开发前景巨大;辐射范围13.6万平方公里,包括四川、云南的7个地、市和所属50个县、市,其中多数是相对落后的少数民族地区,铁路干线的建设可以大大促进当地经济的发展;沿途的川西平原、西昌地区和元谋至昆明,盛产粮食和经济作物,也急需运输通道与内地联系;线路靠近拟定建设中的攀枝花钢铁基地和龚嘴、铜街子水电站,能使铁路发挥最大的经济效益。考虑到这些因素,1955年国务院在召集专家反复研究后,最终确定采用西线方案。

1958年7月,在"大跃进"的高潮中成昆铁路开始局部施工,主要进行成都至峨眉段的施工和峨眉以南线路的布勘定测。这以后,因为国民经济的调整,工程时断时续。1964年8月,中共中央、国务院决定成昆铁路要快修,川黔铁路和贵昆(滇黔)铁路要快上,并把成昆、川黔、贵昆以及襄渝铁路作为西南三线建设的重要内容,四川的铁路建设进入一个新的发展阶段。9月,西南铁路建设总指挥部成立,李井泉任总指挥,吕正操、刘建章等任副总指挥。指挥部下设工地指挥部、技术委员会和支援铁路建设委员会,统一领导和指挥成昆铁路的修建工作。总指挥部研究决定成昆铁路采取南北对进的方式施工,主攻北段,争取1968年"七一"建成通车。

成昆铁路从始发站成都出发,经四川盆地向大小凉山进发,然后又爬上海拔2000多米的云贵高原,沿途跨越大渡河、牛日河、安宁河、雅砻江、金沙江和龙川江,纵向贯穿了被高山峡谷大江大河封闭的四川西南部和滇北地区。铁路沿线山高谷深,川大流急,地势险峻、地质结构复杂、气候多变,在如此复杂恶劣的自然条件下修筑长达1000多公里的铁路干线,其难度实属少见。广大的筑路人员充分发扬了自力更生、艰苦奋斗的创业精神,完成了一系列艰巨而繁重的任务。为了跨越地形障碍，全线建有桥梁 991 座，共长 92.7 公里，平均每 1.7 公里就有一座大中型桥梁；隧道及明洞 427 座，总长 341 公里，其中 3 公里以上的隧道 9 座，平均每 2.5 公里就有一座隧道。桥梁和隧道总长达 400 多公里，占线路总长度的 39.4%。其工程之浩大与艰巨，在世界铁路建筑史上也是罕见的。施工高峰时筑路队伍达 34 万人。经过筑路员工和铁道兵指战员的艰苦努力，克服艰险复杂的地形、地质条件带来的重重困难，1970 年 7 月 1 日，成昆铁路正式建成通车。成昆铁路的建成通车，把中国西南两大省会城市成都和昆明连接了起来，不仅对中国西南地区的开发建设具有重要的战略意义，而且在中国铁路建设史上写下了光辉的一页。

成昆铁路建成后，北接宝成铁路，可通陕西、甘肃；南经贵昆铁路，可通贵州；东接湘黔、黔桂线，可达株洲和柳州，形成了纵贯中国西南、西北地区的交通大动脉，大大缩短了祖国各地和西南边疆之间的距离。

2. 襄渝铁路的修建

襄渝铁路东起湖北襄樊，西抵重庆，全长 915.6 公里。东端与汉丹、焦柳铁路相接，中段在陕西安康与阳安铁路相通，西端与成渝、川黔铁路相连，是西南地区连接中原腹地的又一条东西走向的重要铁路干线。沿途经过第二汽车制造厂、军工布点区和煤炭、钢铁、水泥等原材料开发带，对发展鄂西北、陕南、川东北地区的经济有重要的作用。

新中国成立后，铁道部于 1958 年提出修建川豫铁路，准备从宝成线上四川境内的青白江出轨，东行至达县北上，在万源出大巴山进入陕西境内，经过陕西的紫阳、安康，沿汉水至湖北的朱家坡接汉丹线的莫家营到襄樊。从 1959 年到 1961 年，这个计划两次上马，又两次被调整停工。三线建设开始后，铁道部重新提出修建襄樊至成都的铁路即襄成铁路。1969 年，中央指示这条铁路从湖北襄樊修到重庆并定名为襄渝铁路。中央同时还指示，要先

修北头的莫家营至十堰段,以支援第二汽车制造厂的建设,并要求1970年通车;西头达县至重庆段要求一年建成,以支援重庆地区军事工业的建设。1969年5月,周恩来指示,西南铁路由铁道兵统一指挥施工。12月,在接见铁道兵领导干部时又说,毛主席亲自确定了襄渝铁路的走向,这条铁路要快修,修好这条铁路,四川就形成了四通八达的局面,"天府之国"的交通就活了。

襄渝铁路沿线地形之复杂,工程之艰巨,也是中国铁路修建史上少有的。铁路从1968年开始施工,到1973年10月全线建成通车,累计投资36.18亿元,最多时动用员工达82万余人。

此外,在三线建设前期建成通车的还有川黔铁路(1965年7月建成通车)和贵昆(滇黔)铁路(1966年3月建成通车)。以上4条铁路和湘黔、焦柳铁路的建成通车,不仅使川、黔、滇三省铁路连成一体,而且形成了川、黔、滇、鄂、湘五省的铁路运输网。加上已经建成通车的成渝、宝成和黔桂铁路,使整个西南地区与华中地区之间有了湘黔、襄渝两条钢铁通道,与西北和华南地区也有宝成和黔贵两条钢铁通道。这样就从根本上改变了中国历史上比较闭塞的西南地区内部及对外交通运输的落后状况,从而为这一广大地区的矿产资源开发和加强工业、国防建设创造了前提条件。

(三)国防工业建设

三线建设的国防工业建设主要集中在四川、贵州、陕西三省和豫西、鄂西、湘西地区,总体上具有建设项目布点分散、门类繁多的特点。但从四川情况来看,却发展了从常规兵器到战略武器、从车辆船舶到航空航天的全面配套的国防工业体系,成为国家重要的国防工业基地。

1. 常规兵器工业基地的建设

四川三线建设的重点项目被概括为"两基一线",指的是常规兵器工业基地、钢铁工业基地以及成昆铁路。1964年,中共中央和国务院决定,用3

年或者更多一点的时间建立起一个能生产常规武器并且有相应的原材料和必要的机械制造工业的工业基地，逐步建立西南的机床、汽车、仪表和直接为国防服务的动力机械工业。

1964年9月11日，西南三线建设筹备小组根据中央的指示，成立了"工业配套工作组"。工作组成立后，进行了近1个月的调查研究和实地勘察，对基地的建设提出了一些设想。1965年1月25日，工作组向中央报送了常规武器配套规划情况的报告。报告指出：常规兵器工业基地建设包括原有的七大老兵工厂的改建扩建和一批机械厂、研究所的新建（包括迁建）以及与之配套的冶金、化工、机械等方面重要项目的建设，主要生产各种枪支、高射武器、迫击炮、大口径炮、坦克车辆及其配套的光学仪器、弹药和炸药等轻重型武器装备。新建的机械厂有：红山、庆岩、红泉、晋江、青江等14个工厂以及两个研究所。

1964年下半年到1967年上半年是兵器工业基地建设的高潮阶段，大部分企事业单位都在这一时期建成或者动工修建，大部分工厂以及研究所的搬迁也在这一时期完成。新建项目的勘查选址工作从1964年底就开始了，并进行干部、技术人员、工人"三结合"的现场设计。1965年3月开始路通、电通、水通和平整地基的"三通一平"工作，并且调集施工队伍，进行各项施工准备；5月份开始施工，到1965年底，当年要求完工的项目全部按时完成。1966年虽然受到"文化大革命"的干扰，兵器工业基地新厂的建设基本上仍按原定计划进行，老厂的疏散搬迁和中央各部为重庆常规兵器工业配套与配合的项目，年底也基本上完成了计划。这样原定3年建成重庆常规兵器工业基地主体部分的计划，提前1年左右基本完成。

兵器工业基地总计投资15.23亿元，建设项目很多，工程技术也较为复杂，为了保证主体工程能够提前完成，建立了有高度权威的领导指挥体系。1965年，常规兵器配套建设指挥部成立。对重大项目实行了指挥部体制，由

建设单位、施工单位、设计单位、物资供应部门、当地党委联合组成项目指挥部，指挥长由建设或施工单位一把手担任，实行党的一元化领导。这种指挥部体制，完全按照国家批准的项目建设方案来控制投资，在计划经济条件下，是一种比较高效的体制。在各级指挥部的统一指挥下采取"搬""分""包"的办法，加快基地建设进度。"搬"，就是从国家的老工业基地和沿海将部分国防军工厂搬到新址。"分"，就是将部分老厂一分为二，或者分出部分车间、试验室、人员、设备到三线建新厂。"包"，就是由老厂对口包干，在新厂建设过程中，从调配人员到设备制造安装，再到建成安装投产，均对口包干负责；新厂建成后，老厂还要负责生产中的技术支援。此外还尽量利用四川原有的工业基地。在建设中，除将原有的兵工厂纳入统一的规划进行改、扩建以外，新建的许多项目都尽可能利用"大跃进"时上马，20世纪60年代因国民经济调整而停建、停产的厂矿。这些厂房虽然破旧简陋，但是有些设施经过改造整治后还可以利用。对这些设施的利用，使建设者一到现场就有一个安身之所，从而节约了建设时间，加快了建设速度。

从1964年至1978年，先后新建、迁建了兵器、船舶、航天、电子、核工业等30多个军事工业企业、科研单位和80多个与之配套的机械、仪器仪表、冶金、橡胶、化工原料等一批大中型骨干企业，形成了门类较为齐备的以常规兵器制造为主，电子、造船、航天、核工业等相结合的国防工业生产体系。

2. 航天航空工业建设

航天工业的三线建设按照型号为主、地区配套的原则进行，建成了比较完整的战术导弹和中、远程运载工具的研制基地，形成了具有先进水平的发射中心。航空工业建设是三线国防工业建设的又一个重点，在四川建成了飞机设计、发动机高空模拟实验和风洞实验基地以及一批仪器仪表厂。航天工业建设，主要建成了四川航天工业基地和西昌卫星发射中心。

四川航天工业基地是我国第一个在后方建设的火箭生产基地。基地于1970年动工兴建，1975年前后陆续投产，1980年正式建成。

卫星发射技术是一个国家尖端科技水平的集中代表。1969年，为了建设一个理想的大型航天发射场，国家选派了一批高级专家组成勘察组，在全国9个省区的81个县进行了勘测调查，提出16个选址方案上报中央。航天发射中心一般都建在低纬度地区，这样一方面可以充分利用地球自身的离心力，另一方面可以缩短地面到卫星轨道的距离，节省火箭的有效负荷。西昌纬度低、海拔高、一年之中晴好天气多、无污染、空气透明度高，具有天然发射场的优越条件。中央最终决定在西昌附近的山谷中建设我国第三个卫星发射基地。1970年，从酒泉卫星发射中心抽调的几十名干部来到西昌冕宁县，开始筹建西昌卫星发射中心，由于受到"文化大革命"的影响，建设所需物资和运输环节不能得到保证，直到1983年第一期工程才全部竣工并投入使用。西昌卫星发射中心建成后，在1984年6月8日成功发射了新中国第一颗地球同步轨道卫星。1986年，又成功地发射了一颗实用通信广播卫星，标志着中国卫星发射从此由试验阶段进入实用阶段。1987年，发射中心正式对外开放，20世纪90年代以来已多次为外国发射卫星，成为国际上著名的卫星发射基地。

四川是中国重要的歼击机研制生产基地，拥有中国技术水平最高的航空研究所之一成都飞机设计研究所和制造公司成都飞机工业公司。成都飞机设计研究所建于1970年。该所主要从事飞机设计和航空航天多学科综合研究，是著名的歼击机总体设计研究单位。成都飞机工业公司（代号132厂）是研制生产歼击机的重要基地。该公司于1964年建成，同年生产了中国第一架自行设计试制的高亚音速全天候歼击机。1989年7月，该公司与飞机设计研究所合并，组建为航空航天工业部成都飞机工业公司，实现了科研、生产一体化。该公司拥有一批代表世界先进航空制造水平的高新设备，成为中国设

计、研制和成批生产歼击机的重要基地。

中国航空燃气涡轮发动机研究所主要从事航空燃气涡轮发动机应用科学的研究，是全国航空发动机科研、设计、生产和使用单位的主要技术后方和试验研究基地。新中国成立初期，由于没有先进的大型实验设备，航空工业的发展遇到很大障碍。20世纪60年代初，中央军委根据有关专家的意见，决定建设自己的高空台，改变航空科研落后被动的局面。高空台的设计建造是一场全国范围的跨行业大协作。在既无完整的技术资料，又无实践经验的条件下，来自全国各科研院校的设计人员勇于探索，大胆实践，独立自主地完成了高空台的设计和建造。

中国空气动力研究与发展中心始建于1965年，是为适应中国航空航天事业发展的需要，按照著名空气动力学专家钱学森、郭永怀教授构想的蓝图而组建的。中心组建40多年来，形成了一个试验设备比较配套、研究手段比较齐全、技术力量比较雄厚的研究试验基地。

3. 核工业建设

三线建设期间，西南地区建成了以中国工程物理研究院、中国核动力研究设计院、核工业西南物理研究院为核心的研究基地，形成了核动力、核武器研制以及原子能和平利用等比较完整的核工业科研生产系统，具有较高的科研、生产能力。

中国工程物理研究院的前身是第二机械工业部第九研究院。1985年1月，为了适应对外交流的需要，第九研究院改名为"中国工程物理研究院"。现在的中国工程物理研究院是以发展国防尖端科学技术为主的理论、实验、设计、生产的综合体。

核工业西南物理研究院成立于20世纪60年代中期，是中国最早从事核聚变能源开发的专业研究院。

中国核动力研究设计院是1965年从北京迁到四川的，在中国高新技术领域与先进能源开发体系中占有重要地位。

4. 电子工业、船舶工业建设

四川电子工业基地主要沿铁路线分层次辐射布点，初步形成了4个各有所长的电子工业区，建成了23个大中型企业、6个研究所、1个设计院、5个职工医院和1所技校。主要产品为雷达、计算机、广播、电视、通信、专用设备、测量仪器和元件八大类，尤其以元器件工业实力最为雄厚。

四川三线建设的船舶工程，由造船、造机、船用仪器仪表等企事业单位组成，形成了造船工业基地，能够生产发动机、变速箱、成套船用仪器仪表以及部分舰船武器。

5. 能源建设

四川三线建设从一开始就注重财力、物力、技术等各方面保证能源先行，建设了一大批能源、原材料等基础工业。

在电力建设方面，先后开工修建的有龚嘴、映秀湾、渔子溪、南垭河等大中型水电站和豆坝、江油（扩建）、华蓥山、五通桥以及为确保攀枝花钢铁工业基地的用电而建设的河门口、新庄、渡口等大中型火电站，以及220千伏高压输电线路等。

龚嘴水电站位于乐山沙湾与峨边县交界的大渡河下游，是当时西南地区兴建的最大水电站。第一期工程设计安装7台10万千瓦国产水轮发电机组，其中地面厂房装机四台，地下厂房装机三台，四台主变压器总容量90万千伏安。水电站从1966年3月15日动工兴建，担任电站设计、施工的水电部成都水电勘测设计院和第七工程局的广大科技人员和职工克服了重重困难，顶住了"文化大革命"的干扰，保证了水电站于1970年1月全部竣工，第一台机组于1971年10月投产发电。龚嘴水电站的建成，使四川水电建设继狮子滩水电站建成之后又迈上了第二个重要的台阶，为进一步开发利用水力资源，建设更大规模的水电站积累了经验。

豆坝电厂位于金沙江下游的宜宾县豆坝场,为当时西南地区兴建的最大火电厂,安装两台 10 万千瓦机组和两台 5 万千瓦机组,总容量 30 万千瓦,就近利用川南无烟煤发电。电厂于 1966 年 4 月正式开工,由于受到"文化大革命"的干扰,延误了工期,直到 1974 年 4 月才全部竣工。

与发电能力扩大相适应,电网建设有了很大发展。1970 年 5 月,四川第一条 220 千伏高压输电线路——宜宾豆坝至龚嘴电厂线路建成,把两个即将投产的大型电站连接了起来。1972 年 5 月 1 日前,豆渝线工程竣工,实现了龚嘴、豆坝电厂向重庆送电,促成了川南、川东、川西联网,形成了四川电网的雏形。1972 年,龚嘴电厂至九里、九里至成都、渔子溪至成都的输电线路建成,整个四川的电力工业布局发生了重大变化。

四川的煤炭工业也在三线建设期间得到较大发展。1966 年至 1975 年,四川共建成松藻、芙蓉、宝鼎、华蓥山等重点矿井和一批地方小型煤矿,这批新矿区的开工建设和部分建成投产,以及南桐、天府、中梁山、永荣、广旺等一批老矿的改建扩建,把四川煤炭工业建设推向了一个新的发展阶段。

在天然气开采方面,1965 年 6 月石油部明确提出,四川盆地的勘探方针要以气为主,四川建设投资重点也随之转移到气田上。到 1966 年底,已获得气田总数增至 26 个,气井 102 口,天然气的年产量从 1957 年的 0.67 亿立方米猛增至 10.37 亿立方米。天然气的利用,也从初期只限于就地用于烧制炭黑的单一用途,扩展到向重庆、泸州、自贡、成都等大中城市长距离输送,用于化工原料、工业燃料和城市居民生活燃料等多个领域。

三、四川三线建设的意义及存在的问题

20 世纪 60 年代中期决策和展开的三线建设,是新中国成立以后,在特定的历史条件下、在特定的地域范围内、采用特殊的方式、按照预定的目标进行的一次以国防工业为中心的、牵动全局的大规模经济建设。实践证明,

三线建设对增强我国的经济和国防实力、改善生产力布局、促进内地资源的开发、带动少数民族地区的经济发展和社会进步，都有着重大的作用和意义。当年三线建设者们那种不讲条件、不计得失、艰苦奋斗、无私奉献的精神，为人们留下了一份宝贵的精神遗产。另一方面，三线建设尽管取得了重大成就，但毕竟是以战备需要为出发点的经济发展战略，建设中存在着布点过多、进山太深、工作过急、部分选址不当、配套设施不全、长期无法形成生产能力等问题，这些问题在20世纪70年代后期特别是改革开放以后逐步得到了调整改造。

(一) 四川三线建设的重大意义

四川是三线建设的重中之重，国家对四川的投资也达到了新中国成立以来的最高峰，四川三线建设所用资金约占中央对整个三线地区投资的近1/3。中央依靠高度集中的行政计划体制对四川三线建设的大规模投资，对四川的经济发展产生了深远的影响，主要表现在以下几个方面：

1. 在我国战略后方建立起配套完整的国防工业基地

三线建设最主要、最直接的目标是在西南、西北地区建设起一个配套设施基本完整的国防工业战略后方基地。经过十余年的努力，四川成为国家在内陆腹地的重要国防工业和科技基地，基本实现了预定目标。1965—1978年间，共建成国防科技工业企业、研究院所以及配套单位150多个，其中大中型企业占97%，固定资产原值占全国国防科技企业的17%和三线地区的32%，职工人数占全国国防科技工业的14.5%和三线地区的31.4%。从行业来看，常规兵器工业基地在全国占有重要地位，航空工业建成了中国技术水平最高的航空研究制造基地，在航天领域建成了新的卫星发射中心，在核工业领域，中国工程物理研究院、中国核动力院、核工业西南物理研究院的先后成立，使四川的核能研究、生产、应用在全国处于领先地位。经过三线建设，四川的国防科技工业已经发展成为一个行业和门类较齐全、技术装备

较好、科技力量较强、能独立研制多种军品和民品的生产科研体系,成为我国战略发展后方基地的主要组成部分。特别是核工业和航天工业的建立,改变了超级大国对核武器的垄断地位,极大地增强了中国在国际社会中的地位。

2. 建立起新兴工业基地,改善了我国生产力布局

三线建设除了考虑战争因素外还有一个重要的因素,就是调整我国的生产力布局,改善工业布局上沿海地区畸重、内陆地区畸轻的状况。三线建设实际上是继第一个五年计划的大规模建设以后,我国生产力布局从沿海到内地的又一次战略性大转移和规模空前的大调整。

三线建设在四川建成了 300 多个大中型企业,拥有了全部 38 个重工业门类,拥有了 160 个全国主要工业行业中的绝大部分内容。除国防科技外,与之配套和服务的能源、原材料等基础工业发展很快。三线建设时期,国家集中力量发展四川的钢铁工业,主要建设项目有攀枝花钢铁基地、重庆钢铁基地、成都地区钢铁工厂,另外还有一批改建扩建项目。对有色金属工业累计投资 100 多亿元,除对原有企业进行改扩建以外,还在重庆建成了西南铝加工厂。三线化学工业的建设主要是为国防军工配套的重水、炸药、树脂、橡胶、医药以及为农业服务的化肥和其他化工项目,四川重点建设了峨眉水泥厂和西南玻璃厂等。东方电机厂、东方汽轮机厂、东方锅炉厂、四川汽车制造厂等重点企业与湖北的第二汽车制造厂、陕西汽车制造厂形成了内地电机工业的主要体系。

三线建设使四川的能源与矿产工业得到了长足发展。1950—1983 年,国家对四川煤炭工业投资总计 1003240 万元,三线建设时期占 60% 以上;国家对四川的石油及天然气工业投资总计 293063 万元,三线建设时期占 70% 以上;同期国家对四川电子工业投资为 44686 万元,三线建设时期占 60% 以上;1965—1979 年,四川的铁矿石开采能力由 40.69 万吨增加到 817.15 万

吨，炼铁能力由 38.89 万吨增加到 271.69 万吨，炼钢能力由 59.56 万吨增加到 289.7 万吨，钢铁生产能力由 92.48 万吨增加到 251.85 万吨，发电装机容量由 83.47 万千瓦增加到 379.32 万千瓦，水泥生产能力由 117 万吨增加到 556.88 万吨。工业主要产品产量在全国所占比重显著上升。1979 与 1964 年相比，钢产量由占全国的 4.7% 上升到占 8.5%，成品钢材量由 5.3% 上升到 7.6%，原煤由 4.7% 上升到 6%，发电量由 4.1% 上升到 5.5%。经过三线建设，四川成为全国五大钢铁生产基地之一、四大电子工业基地之一、三大电站成套设备生产基地之一，机械工业形成了以重型矿山和工程机械制造、汽车、仪器仪表、农业机械等为代表的较为完整的体系，天然气、水泥、化肥的制造能力也在全国占有重要地位。

三线建设改变了新中国工业主要分布在沿海一带的原有格局，在交通闭塞、工业基础薄弱、经济文化相对落后但自然资源却十分丰富的四川地区初步建立起了一个现代化的、新兴的工业基地。

3. 四川的基础设施有了质的改观

三线建设前，四川省的交通、能源、矿产、通信等基础设施建设十分落后。"蜀道难，难于上青天。"1964 年以前，全省公路通车里程仅有 9000 多公里，铁路线也只有成渝、宝成、内宜、川黔四条。而成渝、宝成、川黔线都始建于新中国成立初期，运载能力已经不能满足四川对外交流日益扩大的需要，严重制约着经济的发展。三线建设时期，国家不仅对成渝、宝成、川黔三路进行了改造（其中宝成线于 1967 年至 1975 年进行电气化改造，是全国第一条电气化铁路），又新投资建设了两条重要省际铁路干线——成昆线与襄渝线（其中成昆线是全国第一条全线一次采用内燃机车牵引的一级干线）。同时，四川的公路建设也迅速发展起来，总里程增至 8 万多公里，约占全国的 9%，总里程位列全国第一。三线建设期间的公路多为配合三线企业而修建，而这些企业分布较散、离大城市较远，因此这一时期的公路建设

对解决四川偏远地区的交通难题具有非常重要的意义。此外,对长江、黄河等内河航道也进行了整治,新增内河港口吞吐能力3042万吨,极大地改变了三线地区交通闭塞的状况,不仅适应当时战备的需要,而且为以后现代化建设奠定了坚实的基础。

同期,为配合三线建设,四川的邮电通信事业也得到较快发展。1970年,陕西到四川、成都到重庆的微波通信线开始建设并于当年建成,1973年到1974年又对微波线路进行续建整治,沟通了北京同西南、西北、华南的重点通信网,增强了四川的通信能力。

4. 促进了新兴工业城市和企业群崛起

三线建设前,四川的工业只集中在重庆、成都等几个大城市;经过三线建设,四川的工业布局进一步展开。随着常规兵器工业基地,钢铁工业基地,天然气化工生产基地,电子、重型机械、发电设备制造工业基地的建立,四川的工业布局开始由几个中心城市向全省扩展,工业发展的格局基本形成,也为四川经济更好的发展奠定了基础。

随着经济实力的增强,新兴的工业城市在荒原崇山中崛起,古老的城镇焕发了青春。新建铁路的通车,矿产资源的开发,现代工业的布点,都使建设项目所在古老城镇的面貌发生了巨大变化。攀枝花是在三线建设中诞生的新兴城市的典型代表。随着攀枝花钢铁基地的建设,在一片荒山野岭中诞生和形成了这座以钢铁工业为龙头的新兴工业城市。此外,德阳、绵阳、广元、乐山、自贡、泸州等城市也得到了很大的发展。三线建设的指导方针是关键项目原则上不放在中心城市,但为了抢时间,也把一批基础工业和配套项目放在有一定条件的老工业城市,这样也使重庆、成都等中心城市的机械、电子、国防、轻纺和原材料工业得到了较大发展,增强了经济实力。

5. 使"老、少、边、穷"地区社会经济面貌得到改变

四川是一个多民族共同聚居的省份,由于历史原因,甘孜、阿坝、凉山

等少数民族地区经济发展缓慢。三线建设在这些经济发展十分落后的地区布点和展开，对于促进各民族的团结和共同繁荣，对于社会的稳定和协调发展，都具有十分重大的意义。成昆和襄渝铁路的建成通车，大大促进了铁路沿线少数民族地区经济社会的发展和进步。例如大凉山地区的四川越西县，彝族人口占60%，过去由于交通闭塞，山区人民长期刀耕火种，货物全靠人扛马驮。成昆铁路修建后，铁路通过该县的里程约79公里，境内设有9个车站，全县有50多个乡镇通了汽车，交通环境的改善使经济发展的条件有了根本性的改变。另一方面，由于产业转移使原先集中在大城市的先进生产要素带动了边远地区的社会、科研和教育的发展。在此期间大批农村青年通过招工进入国营企业成为国家职工，对中国社会的工业化转变起到了很大的推动作用。

（二）四川三线建设存在的问题

三线建设取得了巨大成就，但它毕竟是以备战为出发点的经济发展战略，特殊的历史原因使其在建设过程中存在一些比较严重的问题。

1. 投资建设规模盲目扩大，战线拉得太长

1965—1975年（也是三线集中建设的11年），国家累计完成基本建设投资2919.6亿元，三线地区共完成基本建设投资1269.67亿元，占同期全国基本建设投资总额的43.5%。也就是说，这11年中国家投资于基本建设的资金有接近一半是用在了三线项目的建设上。1964年和1965年，三线建设项目第一次集中安排，这时候计划安排的规模还是比较合适的。但1969年庞大的军工体系建设计划使建设规模急剧膨胀，需要投入的资金越来越多，大大超过了国家财力、物力的承受范围。1969年，用于三线建设的基本建设投资总额为200.83亿元，比上年增长77.6%。1970年，投资总额骤然增至312.55亿元，施工中的大中项目达1409个。按这个计划，"四五"期间三线地区国防科技工业的投资每年达25亿元，比"三五"期间的年平均投资增

加了48%。兵器工业在一年多的时间里要新建项目95个、改扩建项目93个，船舶工业也相继在三线地区开工12个项目。由于各个系统齐头并进、战线过长，建设中又不断扩大规模、脱离实际，导致不少项目中途下马，真正建成的项目不多，造成了很大的损失和浪费。

2. 选点过于分散，布局不够合理

三线建设期间，几乎所有项目在厂址的选定上都执行了"分散、靠山、隐蔽"的方针。对于一些国防尖端工程采取这种方针是有一定合理性的，但是片面强调"山、散、洞"，盲目钻山进洞，布局过于分散，导致一大批现代化企业孤立地建在大山沟中，隔断了企业与企业、车间与车间之间的联系，造成大量人力物力的浪费。这些都给企业的科研生产和职工的生活造成很大困难，使企业不能发挥应有的经济和社会效益。

3. 配套建设不够，综合生产能力很弱

三线建设从总体安排上看，综合平衡不够，重工业投入较多，轻工业投入较少；加工工业比重较大，原材料等基础工业比重较小。从国防科技工业来看，由于时间紧迫或资金不足等原因，不配套的状况是明显存在的。这使得三线企业有相当一部分生产能力未能很好地发挥作用，生产经营存在极大的困难。

党的十一届三中全会后，随着改革开放的深入，三线企业的调整也逐步展开，三线建设中的问题得到了纠正，三线建设的巨大成就也进一步显现出来了。

结束"文化大革命",开启历史新纪元

新中国成立后四川的发展状况、独特的政治文化生态、人文特性和地理特征等多种因素叠加,使四川成为"文化大革命"重灾区,四川"文化大革命"以动乱时间长、反复多、武斗严重而闻名全国。"文化大革命"结束后,四川痛定思痛,发扬敢为天下先的精神,率先开展经济体制改革试点,开启历史新纪元,一跃成为全国改革之乡。

一、"文化大革命"在四川的爆发

以1966年中共中央发出的"五一六通知"为标志性起点,历时十年之久的"文化大革命"开始了。四川和全国一样,陷入长期动乱中,党组织也历经了从受到冲击到瘫痪、再逐渐恢复的过程。在这场灾难中,广大党员干部和人民群众一道,在经历严重动乱的同时为维护社会稳定做出了努力,在遭受严重损失的同时也为四川的建设付出了汗水。

(一)"文化大革命"的发动

1965年11月10日,上海《文汇报》发表的姚文元《评新编历史剧〈海瑞罢官〉》一文和随之引发的对《海瑞罢官》的批判,成为"文化大革命"发动的导火线。当时的四川省委仍是1956年建立的四川第一届省委,书记处第一书记为廖志高,书记有李大章、许梦侠、杜心源、赵苍璧、杨超、杨万选、郭林祥、廖井丹、鲁大东。对姚文元的文章,省委最初因为对其背景并不知情而没有给予高度重视。但是,随着"革命大批判"之火愈烧愈烈,省委也开始着手对如何进行"文化大革命"做出安排。

从1966年3月中旬起,四川省委成立了以杜心源为组长的学术领导小组,负责领导全省的"文化大革命",开展学术讨论活动。同时,省委根据中央精神,发动群众积极参加全国的批判斗争,并开始寻找四川文化战线的问题。省委直接抓了成都晚报社、四川省文学艺术界联合会、四川大学三个重点单位,打算以点带面,开展全省的"文化大革命"。4月下旬,《四川日报》根据省委安排,开始刊登批判乐山地区文教局副局长、作家李伏伽的文章。5月5日,省委成立了由成都市委第二书记周颐任组长的"文化大革命"小组。之后,各级、各部门相继成立了"文化大革命"小组,省委向各地、州委发出了开展"文化大革命"运动的意见。

5月16日,中央政治局会议通过了《中国共产党中央委员会通知》(即"五一六通知"),要求批判和清洗"混进党里、政府里、军队里和各种文化界的资产阶级代表人物"。据此,省委于5月23日发出了《关于组织学习中央五月十六日通知展开社会主义文化大革命的几个问题的通知》,对全省学习"五一六通知"进行了初步部署,力图把"文化大革命"控制在文化领域,并且把"文化大革命"作为与"四清"类似的政治运动一样看待,要求正在进行"四清"的县级机关和文化单位把"文化大革命"纳入"四清"运动的范围内。

5月30日至6月10日,四川省委召开扩大的全体委员会议,学习和讨论中央以及西南局有关精神,并对四川省文化战线的状况做出了与中央同样错误的基本估计。此次会议对全省的"文化大革命"进行了全面的、具体的、认真的部署,表现出省委已经认识到"文化大革命"不同于以往任何一次政治运动。在此期间的6月5日,省委还召开了有省、市两级机关干部两万余人参加的大会,号召揭发省市委和各单位领导的问题,各大专院校也分别召开了全校大会进行揭发动员。会后,各地纷纷召开党委扩大会议,部署和实施"文化大革命"。一批所谓"资产阶级代表人物"开始受到批判。同时,各大专院校的校一级领导干部和省级机关的厅、局长也越来越多被打为"反党反社会主义分子"。尽管如此,从6月到7月,在省委的努力下,这一阶段全省的"文化大革命"基本上处于可控制状态。但是,情况很快急转直下,向着难以控制的方向发展。

8月8日,党的八届十一中全会通过了《关于无产阶级文化大革命的决定》(简称"十六条"),这是继"五一六通知"以后,中央关于"文化大革命"的又一个"左"的纲领性文件。此后,揭发、批判再次升级,无数大字报从学校和机关贴到了繁华街头和公共场所,形成了空前规模的大鸣大放、大揭露、大批判、大辩论的场面。绝大多数人不管主动或违心都陷入揭发、批判他人之中。全省各地到处举行大游行、大集会,数十万名群众到省委表态,决定将"文化大革命"进行到底。

从8月到9月,四川各地的造反组织纷纷成立起来,并迅速从各大中学校扩展至工厂企业。造反组织成立后,很快打出"炮轰西南局、火烧工作组""踢开厂文革,自己闹革命""炮轰西南局、火烧省市委""打倒李井泉、解放大西南"等口号,成为批判西南和四川地区"走资本主义道路当权派"的"先锋"。红卫兵们的"破四旧"、抄家和大串联等行动遍及各地。从8月下旬起,西南局、省委以及各级党政组织的负责人不断遭到各种造反派组织

的连续批斗、凌辱、折磨。与此同时，大城市出现的包围机关、限制干部的情况也蔓延到一些专区、县和少数较大的农村场镇。

此时，虽然大多数领导干部并不理解"文化大革命"，但西南局和四川省委仍在不同的场合检讨，并不断表示热烈欢迎广大群众放手提意见。为了避免混乱局势加剧，四川省委采取一系列措施对红卫兵的串联和其他活动进行限制与管理，并力图控制红卫兵的发展规模和数量。但是，局势越来越混乱。到年底，各级党政机构已处于停顿、瘫痪状态。在上海造反派夺权为全国的造反派做出表率之后，1967年1月11日，成都市各造反组织夺了市委、市人民委员会的权，组成"成都革命造反组织联合接管成都市委员会"行使权力。1月19日，造反派封了省委印章，并宣布夺权。之后，夺权之火迅速燃遍全川，正常的社会生产生活秩序被完全打乱。

（二）"二月镇反"及其被否定

在全国各地党政机构瘫痪的情况下，能够基本保持正常运转状态的唯有人民解放军系统。1967年1月，根据中央指示，成都军区专门成立支左办公室，迅速介入四川地区的"文化大革命"，派出大量干部战士分赴各单位进行"支左"。"支左"的主要形式为：对一些重要部门进行军事接管，派出毛泽东思想宣传队进驻大专院校，训练红卫兵等。"支左"部队采取了一系列措施恢复工农业生产。3月4日，由成都军区牵头组成的四川省生产委员会（于4月1日更名为抓革命促生产委员会）成立，主抓全省的工农业生产。

由于"支左"本身必须使军队选择一定的观点、立场，这就引起了一部分不被支持的群众派别的质疑、反对与攻击。成都军区机关驻地和许多市地军分区机关、县武装部机关也由此成为造反派冲击的对象。2月17日，中央军委秘书长叶剑英签发了《中央军委给成都工人革命造反兵团、川大八二六战斗团同志们的信》（简称"二一七信件"），要求造反派自觉执行中央《关于不得把斗争锋芒指向军队的通知》和军委的八条命令，不要围堵、冲击军区,不要干涉军人行动自由。从2月19日起,全川各地公安部门开始大规模收容审查冲击成都军区机关驻地的造反派头头和骨干分子,此即四川著名的"二月镇反"。与此同时,北京发生了一批老革命家对中央文革小组种种错误行为进行激烈批评的"二月抗争"。但是,"二月镇反"并不能解决各造反组织之间观点对立的问题。由于老一辈革命家的"二月抗争"被诬为"二月逆流",四川的"二月镇反"也迅速被中央否定。中央在1967年4月召开的解决四川问题会议上,为1964年在四川受到处理的、在"文化大革命"中成为造反派红人的刘结挺、张西挺平反。5月7日,中央又做出《关于处理四川问题的决定》(简称"红十条"),要求把斗争的矛头指向"党内最大的一小撮走资本主义道路的当权派",指向"四川最大的走资本主义道路当权派李井泉及其一小撮同伙",并认为"二月镇反"是错误的。"红十条"宣布由新任成都军区第一政治委员张国华、司令员梁兴初和前宜宾地委书记刘结挺、前宜宾市委书记张西挺组成四川省革命委员会筹备小组,张国华任组长,梁兴初、刘结挺任副组长。5月16日,中央又做出了《关于重庆问题的意见》(简称"红五条")。

"红十条"和"红五条"完全否定了"二月镇反",其目的在于稳定四川秩序。但由于这两个决定的主要观点错误,实际上并未解决四川问题,反而出现了更多的新问题,相当一部分解放军指战员和群众思想不通,加剧了各群众组织之间的矛盾和分化,为大规模武斗埋下了隐患。而刘结挺、张西挺重新得到重用后,不断在群众组织间制造矛盾和对立,由此加剧并延长了四川的混乱局面。

(三)武斗的逐渐平息

从1967年1月上海夺权开始兴起的全面夺权使派性斗争激化,以致酿成残酷的武斗。在四川,两派之间矛盾错综复杂,派性严重,积怨愈来愈深,从摩擦发展至武斗,从小规模的武斗发展至大规模的武斗,从使用冷兵

器发展到使用枪炮、坦克、舰船等现代化武器,造成了四川比全国其他地方更长时间的混乱、动荡。规模较大的、比较典型的武斗有1967年5月发生在成都132厂的武斗、七八月间发生在重庆的炮战以及从1967年5月到1968年7月发生在宜宾地区的"三次武装支泸"。四川其余各地均发生过规模不等的武斗。大规模、长时间的武斗给四川的工农业生产和人民群众生命财产带来了严重损失。从1966年到1969年,全省各项经济指标连续下滑。三线建设在这一时期也基本上陷于停顿,不少国家重点建设项目因此而拖延工期,损失了大量的资金和宝贵的时间。大规模长时间的武斗又一次拉大了四川经济发展水平同全国的距离。

针对严峻情况,中央高度重视并下令严禁武斗,成都军区和省革命委员会筹备小组也采取了各种措施。从1967年下半年起,各地重点进行两派群众的大联合工作,收缴武器并解散各种专业武斗队,为平息武斗做了一些釜底抽薪的工作。同时,由革命干部、军队干部和群众代表"三结合"的各级革命委员会也逐步建立起来。1967年12月,四川省第一个地市级革命委员会自贡市革命委员会成立。在历经22个月的曲折之后,四川19个市、地、州革命委员会全部建立起来。在此期间的1968年5月31日,四川省革命委员会(以下简称"省革委会")正式成立,这是全国成立的第24个省级革命委员会。

但是,由于"红十条"未能真正化解矛盾、解决四川问题,直到1969年,四川仍然处于不断的动乱之中。1969年11月5日至12月27日,中央在北京再次召开了解决四川问题的会议,并于12月25日做出"一二·二五批示"。"一二·二五批示"肯定了解决四川问题会议上对刘结挺、张西挺的揭发和批判,并从人事上对省级领导班子进行了调整,建立起以张国华为组长,梁兴初、李大章为副组长的四川省革命委员会核心领导小组,这对稳定四川局势、结束长期动乱局面起到了关键作用。尤其重要的是,具有中共四川省委常委会职能的省革委核心领导小组建立起来,实际上是从组织上建立起了党在四川的领导核心,不仅形成了省委的雏形,而且开始恢复省级党组织的领导作用。此后,全省开始落实"一二·二五批示",刘结挺、张西挺受到批判,武斗逐渐平息,四川的工农业生产和人民生活逐渐进入一个相对稳定的时期。

(四)省委的恢复和局势相对稳定

按照1969年4月召开的党的九大部署,省革委会在全省范围内开展了内容庞杂、引起更多矛盾与纠纷的"斗、批、改"运动。具体内容除包括建立"三结合"的革命委员会外,还有"大批判""清理阶级队伍""一打三反"(打击反革命破坏活动,反对铺张浪费、贪污盗窃、投机倒把)和"一批双清"(批极左分子,清理"五一六"和"三老会"骨干)等运动。这些运动由于受"左"的思想指导,内容错误,既不能统一人们的思想,也不能解决自"文化大革命"以来积累的社会矛盾,使得一大批干部群众再次蒙受冤屈,因而不得人心,难以深入。此外,"斗、批、改"还包括"改革不合理的规章制度""教育革命"以及知识青年大规模上山下乡和干部、知识分子下放五七干校劳动等内容。上述做法浪费了大量人力、物力,大批该受教育的青少年失去了教育机会,大批该为社会贡献脑力的干部和知识分子长时期被排除在各项业务工作和科研之外,给国家的现代化建设造成了重大损失。

在进行"斗、批、改"的同时,全省各级革委会核心领导小组也纷纷建立起来,并开展了重新整党建党工作,加强了党的一元化领导,为各级党代会的召开创造了条件。

1971年8月12日至16日,中共四川省第二次代表大会在成都举行,出席大会的代表1477人,列席代表437人。张国华代表省革委党的核心小组做了题为《在毛主席革命路线指引下,为把四川建成伟大祖国的一个可靠战略基地而奋斗》的工作报告。会议选举产生了由106名委员组成的中共四川

省第二届委员会。17日，省委第二届委员会第一次会议选举张国华等18人为省委常委。其中张国华为省委第一书记，梁兴初为第二书记，李大章、谢家祥、段君毅、谢正荣、徐驰、何云峰为书记。省委二届一次全会要求从省委到基层党组织，都要把活学活用马列主义、毛泽东思想摆在一切工作的首位。各级党委要建立中心学习组，健全和坚持学习制度。省委决定举办毛泽东思想学习班，分期分批轮训县以上领导干部，并要求市、地、州、县委也要有计划地轮训公社和支部书记以上党员干部。由于省第二次党代会是在党的九大后召开的，高举的是九大旗帜，因此，它无法摆脱"文化大革命"以来持续的"左"的错误。但是，省第二次党代会使从1966年底瘫痪以至中断多年的省委正式恢复，党组织重新成为领导核心，这就为全省各方面形势的好转奠定了组织基础。

在此前后，四川还按照中央的部署在全省范围内进行了批陈整风运动，不仅包括批判陈伯达，还包括揭发批判所谓国民党反共分子、托派、叛徒、特务、反革命分子等。1971年9月林彪叛逃事件发生后，围绕中央部署，全省又开展了揭发批判林彪反革命集团的批林整风运动。批林整风运动分三个阶段：第一阶段从1971年9月至1972年上半年，围绕传达林彪事件和中央公布的"关于粉碎林彪集团反革命政变斗争"的三批材料以及中央相关文件进行；第二阶段从1972年下半年起，围绕中央召开的批林整风汇报会议，落实会议精神，继续批林整风；第三阶段为1973年间，围绕批"极右"和即将召开的党的十大进行批林整风。

从党的九大到十大，四川和全国一样，"斗、批、改"，恢复和重建各级党组织，进行批陈整风、批林整风，继续"文化大革命"的"左"的错误。但是，由于通过"一二·二五批示"解决了四川的刘、张问题，特别是通过林彪叛逃事件和其后周恩来主持的纠"左"，广大党员、干部、群众从正反两方面的对比中提高了分辨能力，对"文化大革命"产生了一定程度的厌倦、反感、不满和抵制，从而使四川出现了一段政治上相对安定、经济上相对发展的时期。这一时期，搞农田水利基本建设使粮食产量得到提高。从1969年起，四川的粮食产量逐年回升。棉花、养猪等多种经营，尤其是社队企业的兴办，改善了农民生活，也为改革开放后乡镇企业的兴起打下了基础。重视农业机械和化肥生产，提高了农业生产效率。与此同时，工业也得到了恢复和发展，一批"老、大、难"企业长期的派性问题得到初步解决，工业总产值也从1969年起有较大幅度上升。尤其是三线建设的速度明显加快。1970年，三线建设与过去年份比较，所完成的工作量最大，是军工生产历史上最好的一年，重点项目建成投产最多，物资储备、通信联络、战时医药准备等各项工作也有改进。成昆铁路全线通车，攀钢一号高炉出铁，二号高炉已建成。重庆铝加工厂、峨眉水泥厂等16个重点项目基本建成。此外，新建和改建公路近1000公里。

二、1975年的整顿

从1974年起，全国范围的批林批孔运动展开。根据中央精神，省级机关和各地、市、州、县委，都先后召开了传达动员大会、批判大会，并举办学习班培训骨干，掀起批林批孔运动热潮，使四川刚刚稳定的政治局势再次出现动荡，原本有所恢复和发展的工农业生产再次遭受严重影响。1974年7月1日，中共中央发出《关于抓革命促生产的通知》，要求大力扭转批林批孔运动造成的全国工业生产、交通运输特别是铁路运输的困难局面。同年8月和次年1月，毛泽东两次指示要"安定团结好"。此后，邓小平全面负责中央党、政、军日常事务，在全国进行整顿。四川省委也着手在全省范围内进行全面整顿。

（一）全省工业的整顿

工业的整顿集中体现在对工业企业，尤其是重点企业的整顿上。1975年

2月22日至4月3日，中共中央、中央军委在北京再次召集四川省12个重点企业和山西省1个重点企业共13个重点企业的汇报会议，要求对这些企业进行整顿。此后，四川省委、省革委在军工和国防、水泥、钢铁、电力等多个行业进行整顿，取得了立竿见影的效果。1975年1至8月，全省工业总产值完成全年计划的65.4%，是历史上的最好水平。受批林批孔运动的影响，四川省委推广的1973年在北京召开的四川重点企业汇报会精神，此时被一些帮派分子认为是"中庸之道"，"没有搞斗争哲学"，"过时了"。对此，四川省委明确表态这种观点是错误的，并强调要解决好革命和生产的关系，各级党委要加强对工农业生产的领导，抵制有人对抽调干部到生产第一线的非议，批评所谓"以生产压革命""转移大方向"的说法。

1974年7月，四川省工业交通会议召开。会议表扬了一批生产搞得好的单位。针对上半年因批林批孔运动造成工业生产"欠产"较多的情况，会议要求下半年必须突出重点，狠抓煤炭、钢铁、电力和交通运输等薄弱环节，要保证铁路畅通，切实搞好轻工、化工、机械、农机、木材、盐业、石油、建材、邮电等行业的生产，全面完成今年的国家计划。之后，四川省委、省革委又召开了一系列会议，抓工业生产，重点抓保证铁路畅通的工作和"夺煤保钢"的工作，如市、地、州、县委书记会议和基本建设会议、国防工业会议、农机工作会议等。同年底，还在成都召开了四川省工业战线抓革命、促生产先进集体、先进生产（工作）者代表会议。

1975年1月13日，周恩来总理带病在四届全国人大一次会议上作《政府工作报告》，再次重申了三届人大提出的把我国建设成为现代化农业、工业、国防和科学技术的社会主义强国的四个现代化目标，并提出了分两步走在20世纪内实现现代化。几乎同时，邓小平在不到半个月的时间里被委以中共中央副主席、国务院副总理、中国人民解放军总参谋长职务。邓小平不负众望，在主持工作后开始了全面整顿。根据四届人大提出的目标和两步走发展战略，四川省委提出奋战三年，实现"两个100亿"的目标，即从1975年开始，用3年时间实现四川省粮食增产100亿斤，工业总产值增加100亿元。围绕这一目标，四川省进行了工业企业的整顿。

工业企业整顿的重点是对重点企业进行整顿。1975年2月22日至4月3日，中共中央、中央军委在北京再次召集四川省12个重点企业和山西省1个重点企业共13个重点企业的汇报会议。会议在邓小平大抓整顿的形势下，强调解决思想问题与采取组织措施相结合，对这些企业进行整顿。4月7日，四川省委、省革委在成都召开有20万人参加的大会，传达贯彻中央召开的第二次重点企业汇报会议精神。5月8日，《四川日报》发表社论《认真学习无产阶级专政理论，进一步贯彻中央重点企业汇报会议精神》。社论指出，对于贯彻中央重点企业汇报会议精神，要坚定不移地顶住冷风，排除干扰，坚持到底，决不能再有反复；对一些企业的落后状况，必须下决心，迅速改变，再也不允许拖下去；对领导班子懒、散、软的情况，要限期改变。社论还指出，贯彻中央重点企业汇报会议精神，不仅是工业战线的事，也是各行各业的事。各级领导要切实抓好，发动和依靠群众，把整顿工作办好。

1975年7月20日至8月4日，中共中央、国务院在北京召开国防工业重点企业会议。会议强调一定要建立敢字当头的领导班子；一定要坚持质量第一，通过建立规章制度保证质量；一定要关心群众生活。8月13日，四川省革委举行报告会，传达全国国防工业重点企业会议精神。之后，成都、重庆市委分别召开了20万人的广播大会，向省、市级机关干部、军民用企业的职工做了传达。军工企业较集中的9个地区，则由地委召开大会传达。许多企业党委认真组织职工学习讨论，运用各种方式宣传会议精神。8月28日至9月11日，全省国防工业会议召开。会议交流了重庆、成都市委和成都飞机厂（132厂）、绵阳接插件厂（796厂）等13个工厂解决"老、大、难"的经验，讨论了贯彻落实国防工业重点企业会议精神的具体措施。8月下旬，

省委又召开了绵阳机载雷达厂（780厂）、涪陵引信厂（564厂）等10个后进企业汇报会，到10月上旬，先后解决了这些企业的问题。①

此外，四川省委、省革委还大力进行了多个行业的整顿。在整顿工业企业过程中，四川一条非常有效的做法是抓领导班子的团结。其中，重点在解决领导班子的思想建设和组织建设问题。要求企业认真学习和扩大北京重点企业汇报座谈会议的经验，进行整风，上帮下促，坚持讲路线、讲团结、讲党性、讲大局、讲纪律，解决企业存在的派性、特别是领导班子中的派性问题。在抓好思想教育的基础上，采取了一些必要的组织措施。对于少数派性严重的，经过教育和批评仍不改正的领导干部，及时将其调离；对严重违法乱纪的给予处分；对一些不齐不力的领导班子，进行调整、充实、交流等。为此，四川省委还专门部署在省级机关和成都、重庆两市开展批判"资产阶级派性"的自我教育运动。

（二）全省农业的整顿

当时四川农业的发展状况令人担忧，与四川作为农业大省的地位极不相称。为此，1975年四川全年投入了3000余万人的劳动力进行农田水利基本建设，许多地方的地、县委书记亲自下到第一线参加劳动。针对邓小平1975年7月提出的四川要树立"农业第一"的思想，省委召开地、市、州、县委书记会议，认真总结经验教训，加强了农业部门的领导和基层领导班子建设，制定出全省农村发展规划，抓以粮为纲、多种经营以及发展山区、少数民族地区经济等问题，同时还开始在计划经济体制允许的范围内寻找发展农村经济的新出路。1975年，全川扭转了1974年农业生产下降的局面，农业总产值、粮食和多种经济作物的产量、生猪年末存栏数等均比上年有所增

---

① 川委发〔1975〕64号文件：省委《关于传达贯彻国防工业重点企业会议精神的情况报告》，1975年10月11日。

长，农业生产基本条件也得到了较大改善。与工业重点企业的整顿同步，农业方面的整顿在1975年初也开始了。当时四川农业的发展状况令人担忧。据国家计委1975年6月的统计，四川农业增产比例在全国倒数第一，农民分配水平倒数第二，农业机械化程度倒数第三，1974年四川省人均农业产值倒数第二，这与四川作为农业大省的地位极不相称。因此，改变农业面貌是四川省1975年整顿中的一项重要内容。1975年四川农业的整顿主要着力点在农田水利基本建设以及贯彻邓小平对四川农业的指示。

农田水利基本建设是改变农业面貌的基础，因此，是整顿的重要内容。抓农田水利基本建设首先抓的是劳动力的投入。1975年初首先进行的是冬季农田基本建设。全省共投入劳动力1568万人，比上年同期多400多万人，完成改土改田182万亩，比上年同期多一倍左右，还深翻平整土地84万亩，治河造地6300亩。动工的大小水利工程达84900处，新增蓄水能力达1.2亿多万方，成片造林103万亩。年底，省革委又在全省农田基本建设座谈会上要求，全省再上1500万人的劳动力，大战100天，由大队党支部统一规划，统一指挥作战，大打治山、治水之仗。在1975年的农田水利基本建设中，各级领导带头上阵：重庆市下到水利、改土工地的各级领导共912人，其中区、县委书记、常委60人；绵阳地区有167名地、县委书记、常委和14000名干部上了农田基本建设第一线。

（三）其他行业的整顿

在全省工农业进行整顿的同时，其他各行各业也进行着相应的整顿。其中最为重要的是对各级、各部门、各单位党、政领导班子的整顿。

1975年6月21日至7月4日，四川省委召开了全省组织工作会议。参加会议的有地（市、州）、县委分管组织工作的书记、组织部门的同志，省级机关、大型厂矿、大专院校的有关同志，以及部分基层单位的同志共800余人。会议学习了毛泽东关于理论问题、安定团结和把国民经济搞上去的三

条重要指示,以及中央有关文件精神和邓小平在全国钢铁工业会议上的讲话。邓小平在讲话中强调,必须建立一个坚强的领导班子,坚决同派性做斗争,认真落实政策,建立必要的规章制度。

全省组织工作会议着重解决了加强党的建设的思想认识问题,并联系实际,揭露矛盾,解剖典型,总结交流经验,制定出整顿领导班子的政策措施。会后,四川主要从以下几方面解决领导班子问题:一是大力宣传中央文件精神,认真推广北京重点企业汇报会议经验,即开展积极的思想沟通工作,各自多做自我批评;二是对领导班子进行组织调整,建立起有力的领导核心,对那些无法开展工作或群众完全不满意的班子由上级党委派出工作组进行重组。与此同时,1975年下半年,四川全省进行了"批派"运动,即在省级机关和成、渝两市机关,搞了批派性的自我教育运动,并对"文化大革命"中四川造反派的头面人物邓兴国、杨志诚、黄廉、周家瑜进行了点名批判。很快,各级领导班子的面貌发生大的改观,进而带动工农业生产效率上升。

在其他领域,1975年也出现了新的变化。如9月16日,省革委财贸组向省革委请示,建立集体所有制商业企业,解决一些地方商业网点严重不足的问题。新建的集体所有制性质的商业企业,不同于原有的合作商店和合作小组,是国营商业和供销社的基层代购代销代营的店或门市部。[1] 9月26日,省革委批转了省财政局《关于按临时经营征税问题的请示报告》。之后,对那些当时认为是"资本主义"性质的经营活动收取临时经营税。虽然当时认为对这些经营活动进行征税并不是承认它们的合法性[2],但征税的做法却从事实上证明了一味地对"资本主义倾向"进行围堵、消灭已不可能,省委、省革委只能做出一些顺应潮流的变通。

---

[1] 川革发〔1976〕15号文件:省革委《批转省财贸组关于建立集体所有制商业企业几个问题的请示报告》,1976年1月22日。

[2] 川革发〔1975〕98号文件:省革委批转省财政局《关于按临时经营征税问题的请示报告》,1975年9月26日。

三、"文化大革命"的结束与走在全国前列的四川经济体制改革试点

1975年整顿出现的良好局面被随之而来的"批邓、反击右倾翻案风"运动打断。中央于1976年10月6日粉碎"四人帮","文化大革命"的十年内乱至此结束。全省经过1977年和1978年两年的努力,较快地实现了社会的安定团结,国民经济和教育科学文化事业、工农业生产和各项社会事业得到恢复。在全国范围内,四川较早地开始了真理标准大讨论和经济体制改革的试点,为党的十一届三中全会实现伟大的历史转折提供了重要依据。

(一)"批邓、反击右倾翻案风"与"文化大革命"的结束

正当1975年的整顿取得了明显效果之时,"批邓、反击右倾翻案风"运动开始了。由于邓小平主持的整顿实际上是对"文化大革命""左"的错误的纠正和否定,这遭到了江青反革命集团的强烈反对,也为毛泽东所不能容忍。从1975年12月起,"批邓、反击右倾翻案风"迅速扩大到全国。为贯彻中央精神,四川省委于12月18日至28日召开地、市、州委书记会议,研究部署"反击右倾翻案风"。此后,全省教育系统各校利用寒假集中教职员工进行教育革命大辩论,并有组织、有计划地传达了中央文件。从2月到3月,省委连续多次按中央要求部署全省的"反击右倾翻案风"运动。在4月5日北京发生天安门事件之后,全省各地同全国各地一样,普遍召开了大规模的"批邓、反击右倾翻案风"大会。

"批邓、反击右倾翻案风"使1975年以来好转的政治、经济形势急转直下。帮派分子趁机活动,全省19个地、市、州委有8个被整瘫痪,还有相当一部分处于半瘫痪状态。工农业生产萎缩,人民生活受到严重影响。"批邓、反击右倾翻案风"还引起了人们思想上的混乱。大多数干部群众对十年"文化大革命"感到厌倦,人心思定,人心思治。1976年9月9日,毛泽东

逝世，全国人民陷入无限沉痛之中。就在全国人民哀悼毛泽东逝世之时，"四人帮"加紧了夺取党和国家最高权力的阴谋活动。10月6日，中央政治局采取断然措施粉碎了"四人帮"。消息传来，全国亿万群众无比振奋，纷纷举行盛大的集会游行来庆祝。从10月21日起，全省各地群众先后举行声势浩大的集会和游行，欢庆粉碎"四人帮"。成都市、重庆市连续举行庆祝游行，每次参加的军民都超过百万人。宜宾地区参加集会庆祝的人次达到400万人。人们欢欣鼓舞，奔走相告，举杯畅饮，到处鞭炮齐鸣、锣鼓喧天，一时间，大中城市均出现酒类脱销的情况。

长达十年的"文化大革命"终于结束。实践证明，"文化大革命"不是也不可能是任何意义上的革命或社会进步。这一点，在四川得到了充分体现。从"炮轰西南局、火烧省市委"到夺权风暴，从"斗、批、改"到批林批孔、"反击右倾翻案风"，矛头对准的是根本就不存在的所谓"资产阶级其及反动路线"，造成了严重的混乱、损失甚至倒退。尤其是"四人帮"对四川插手以及刘结挺、张西挺在中间起的恶劣作用，使得四川的政治局势不断反复，四川人民遭受到更重于全国人民的灾难。大批干部、知识分子、群众受到打击、批判、斗争，长期蒙冤受屈，他们的才华被白白浪费，四川社会主义现代化建设的脚步由此被耽误。

十年间，四川的经济社会发展严重滞后，同全国发展水平的距离拉得更大了。人民生活水平长时期没有得到提高，职工工资收入一直低于全国平均水平。但是，十年间，四川人民也一直没有停止过对"文化大革命""左"倾错误的抗争。从"文化大革命"初期西南局和四川省委对运动秩序的维持与引导到1967年的"二月镇反"，从1967年起反对刘结挺、张西挺到1972年批林纠"左"，从1975年进行各行各业的整顿到1976年抵制"批邓、反击右倾翻案风"，大批干部群众在"文化大革命""左"倾错误的政治环境下，忍辱负重，尽自己所能进行斗争，坚守岗位，维持工作及生活秩序。尤其是，在非常困难的情况下，四川的三线建设取得了令人瞩目的成就：攀枝花钢铁基地粗具规模，成昆铁路、襄渝铁路通车，在川东、川北地区建设了大批国防工业企业，包括常规兵器工业企业、航天航空工业企业、船舶工业企业、电子工业企业，初步形成了成都、绵阳、广元、重庆四个电子工业区。三线建设带动了四川经济社会的发展，为改革开放后四川经济的快速发展奠定了工业基础。正是由于广大干部群众对"左"倾错误的抗争，才保证了党、政、军队和整个社会的性质都没有改变：中国共产党仍然是中国工人阶级的先锋队，党领导下的政权仍然是人民的政权，党领导下的军队仍然是人民的军队，整个社会的性质仍然是社会主义性质。正因为如此，广大人民才可能对党寄托希望，党也才可能领导广大人民拨开云雾，开启一个充满希望的崭新时代。

（二）揭批"四人帮"与清理帮派体系

1976年10月18日，中央向党内发出《关于王洪文、张春桥、江青、姚文元反党集团事件的通知》。此后，全党开始对"四人帮"进行揭发批判。10月20日，四川省委与成都市委联合召开揭发批判"四人帮"大会。25日，省委发出通知，要求各级党委立即组织干部和群众在全省城乡迅速展开对"四人帮"反党集团的大揭发、大批判，同时严格区分和正确处理两类不同性质的矛盾，牢牢掌握斗争的大方向，把斗争的锋芒对准王张江姚反党集团。

随着揭批"四人帮"运动的深入，四川省委逐渐将运动的重心转向了揭批"四人帮"在四川的帮派体系上，重点点名批判了一些帮派的骨干、头头。各地、各单位也对"四人帮"帮派体系的基本情况进行了认真清理，对帮派头子和骨干分子进行揭发批判，对领导班子和党内的帮派势力做了清除处理，对问题严重的领导班子进行了调整和改组。

刘结挺、张西挺是"四人帮"在四川的帮派体系骨干。1977年9月6

日,省委专门召开了"深揭狠批刘结挺、张西挺罪行大会"。之后,刘结挺、张西挺的帮派骨干邓兴国、崔大田、黄廉、周家喻等也相继被处理。1982年3月6日至20日,四川省高级人民法院开庭公开审判刘结挺、张西挺一案,并于3月24日宣判:依法以阴谋颠覆政府罪、反革命煽动罪、诬告陷害罪,判处刘结挺有期徒刑20年,剥夺政治权利5年;判处张西挺有期徒刑17年,剥夺政治权利5年。

在揭发批判"四人帮"的同时,全省还对社会治安进行了整治,破获了一大批案件,查获了一批流窜作案的罪犯,社会治安有了明显的好转。

在清除帮派体系的基础上,全省进行了整党整风,特别是整顿领导班子。那些在"文化大革命"中同"四人帮"斗争立场坚定、旗帜鲜明的同志被选拔到各级领导岗位上来,一些成员不整齐、战斗力不强的领导班子被调整、充实,把那些按"四人帮"的标准选拔出来的、根本不符合接班人条件、经过教育坚持不改的干部调离了领导岗位和要害部门。在调整领导班子成员的过程中,全省还进行了有计划有步骤的交流干部工作。

经过思想和组织整顿,从1977年到1978年的两年时间里,有730多名干部被提升担任县委副书记以上的职务;12个市、地、州,130多个县(市、区),14所大专院校,30多个大型厂矿的领导班子分别不同情况进行了部分调整、充实,特别是配备好了一、二把手。各级领导班子得到了加强。

1977年12月,第五届省人民代表大会第一次会议召开。会议宣布:被"四人帮"搞乱了的路线是非已经基本澄清,"四人帮"在四川的帮派体系已基本摧毁,与"四人帮"篡党夺权阴谋活动有牵连的人和事已经基本查清,被他们窃取的那一部分权力已经夺回。仅用了一年多的时间,四川就实现了全省的由乱到治。

（三）真理标准大讨论和平反冤假错案

粉碎"四人帮"后，党在带领人民逐步开展拨乱反正、走向历史转折的进程中，遇到的最大障碍就是要破除"两个凡是"的禁锢。为冤假错案平反、恢复无辜受迫害的干部的工作也是迫切需要解决的问题。

1977年2月7日，《人民日报》《红旗》杂志和《解放军报》发表了《学好文件抓好纲》的社论，提出"两个凡是"："凡是毛主席作出的决策，我们都坚决维护；凡是毛主席的指示，我们都要始终不渝地遵循。""两个凡是"的指导方针维护了毛泽东晚年的"左"倾错误，也禁锢了人们的思想，使"文化大革命"中的许多错误决策迟迟得不到纠正，造成了党和国家在徘徊中前进的局面。真理标准大讨论就是在这样的背景下开展的一场思想解放运动。

1978年5月11日，《光明日报》以特约评论员名义发表了《实践是检验真理的唯一标准》一文，接着，各大报纸相继转载。文章发表后，立即引起了人们对真理标准问题的热烈讨论。8月7日至14日，四川省社会科学院召开真理标准讨论会，四川省委书记杜心源、四川省委宣传部部长刘子毅到会讲话，80多名代表联系四川实际对真理标准问题进行了深入的讨论。参会人员学习了《实践是检验真理的唯一标准》《关于真理的标准问题》《马克思主义的一个最基本原则》等文章，并联系四川各条战线实际，对真理标准问题进行了深入的讨论。会议对林彪、"四人帮"为了篡党夺权，大肆鼓吹唯心主义、形而上学，从根本上颠倒理论和实践之间关系的种种谬论和罪行，进行了深入的揭发和批判。在真理标准问题大讨论过程中，四川省委作了明确的表态，指出坚持实践是检验真理的唯一标准，不仅在理论上有深远意义，而且有非常重大的实践意义，并强调这是关系到是否真正高举毛主席的伟大旗帜的问题，是关系到新时期总任务能否实现的问题。省委还要求全省各级党组织在这个问题上要统一认识，解放思想，敢于从实际出发去思考问题、

解决问题,推动全省社会主义建设事业飞跃地向前发展。

10月13日,《四川日报》发表了《在理论、思想上来一个根本的拨乱反正》一文。文章报道了四川省委召开的省、地、县三级干部会议开展真理标准讨论的情况,指出全省要解放思想,就必须坚持实践是检验真理的唯一标准,在理论上、思想上来一个根本的拨乱反正;实践是检验真理的唯一标准,什么办法能够加速实现四个现代化,能够最快地发展社会生产力,那才是正确的,才符合国家的利益、人民的利益,只有社会生产力发展了,才能显示出社会主义制度的优越性,使社会主义战胜资本主义。11月2日,省委宣传部按照省委的部署,召开了各市、地、州委宣传部长参加的理论工作座谈会,要求深入学习《光明日报》特约评论员文章《实践是检验真理的唯一标准》。

在各级党组织的引领下,四川广大社会科学工作者积极投入真理标准问题的大讨论,其中,社会科学研究人员还对此积极开展了学术研究。在哲学方面,四川先后召开了三次关于"实践是检验真理的唯一标准"的专题讨论会,对于破除"两个凡是"观点,坚持解放思想、实事求是的思想路线起了促进作用。同时展开了马克思主义认识论的讨论,从不同角度对马克思主义认识论的基本原理和一些基本问题,进行了广泛的讨论和再认识,做了可贵的探索。在省委书记杨超倡导和支持下开展起来的关于毛泽东哲学思想的形成、发展以及各个侧面的研究,成为四川哲学研究中的热点。在经济学方面,为密切配合1978年开始的农村和城市的改革试点,经济学界开展了一系列的研究,为四川省委、省政府提供了一批决策咨询意见和建议。1979年初召开的全省第一次价值规律讨论会,突破了生产资料不是商品、社会主义经济中不存在竞争等传统观念,提出了计划调节与市场调节相结合等新观点,对于解放思想、促进改革起了积极作用。在社会科学其他方面的研究,也取得了一些成果,学术研究逐步活跃起来。

在开展真理标准问题讨论的过程中,随着思想的解放,全省人民群众和党员干部对平反冤假错案问题的反应非常强烈,四川省委对此做出了迅速的回应。1977年2月4日,省委批转省公安局党委《关于清理反对"四人帮"的案件的情况和处理意见的请示报告》,要求各地按照中央组织部的统一部署,全面落实知识分子政策,给长期受审查未做出结论的教师尽快做出结论;结论错了的,实事求是地加以纠正;冤案要平反昭雪;没有安排工作的,要安排适当的工作。省委批转的这份报告拉开了全省平反冤假错案工作的序幕。

在省委统一部署下,全省各市、地、州、县委组织力量,对各级学校执行知识分子政策的情况进行了检查,各级都做出全面落实知识分子政策的规划,做出相应平反处理。在平反冤假错案的过程中,一项比较大的工作就是为"文化大革命"前受刘结挺、张西挺迫害的李鹏、郭一等13个冤案进行平反。7月29日,省委同意宜宾地委《关于给"文化大革命"中再次遭受刘结挺、张西挺迫害的李鹏、郭一等十三个冤案进行平反的请示报告》。刘结挺、张西挺在"文化大革命"前担任宜宾地委书记、宜宾市委第一书记期间,严重违法乱纪,打击陷害同志,夫妻合谋,制造了12个冤案和1个非法侦查案。"文化大革命"中,刘、张再次对13个冤案中受害的同志大搞报复,统统重新扣上各种政治帽子,横加迫害。为了落实党的政策,省委认为应该给再次受到刘、张迫害的13个冤案中的受害同志彻底平反,死者予以昭雪。

为在1957年整风中错划为右派分子的同志平反,也是这一时期深得人心的一项重要工作。在中央〔1978〕55号文件精神的指引下,省委启动了全省摘掉右派帽子的工作。1978年10月24日至11月1日,全省摘掉右派分子帽子工作会议在成都召开。会议的主要内容是学习中央55号文件,传达中央五部召开的摘帽子工作座谈会的精神,研究贯彻执行55号文件,省委

书记许梦侠在会议开始和结束时做了动员讲话。这次会议以后，四川加快了为右派分子平反的工作。全省为在平反范围的 12160 人中（包括死亡的在内）的 11000 人平了反。另外，还有几百人的情况不明，各部门则持续加强调查工作，确保在平反范围查清一个，宣布平反一个。到 1978 年上半年完成了为右派的平反工作，并为绝大多数同志安排了工作，实现了对右派分子问题的处理不留尾巴。

平反工作量大，任务十分繁重，在全省上下的共同努力下，全省复查纠正冤假错案取得了重大进展。截至 1978 年 9 月底的不完全统计，全省共清理了"文化大革命"以来判处的政治案件 47188 件，查出有问题需要复查重新审定的有 4445 件，加上当年收到的刑事申诉案 4576 件，需要复查的共 9021 件，已经复查处理了 3432 件，其余 5579 件正在复查。凡是平反的，一般都召开了适当会议公开平反，恢复名誉，恢复工作和职务，按规定补发了工资，妥善安置了生活；被牵连的家属和亲友，也做了消除影响的工作，一大批干部和群众得到了解脱。

四、经济管理体制改革的试点

四川在拨乱反正的过程中，各级党委逐渐认识到"一大二公"的计划经济体制诸多弊端。经过真理标准问题的大讨论，全省干部的思想得到了解放，为进行一系列的经济体制改革试点奠定了思想基础。四川在恢复国民经济的基础上，较早地进行了改革经济管理体制的探索。探索先从农村开始，紧接着又在城市进行。

（一）广汉县农村生产责任制试点

农村人民公社化以后，实行"政社合一"体制，盲目追求"一大二公"，经营管理过于集中，分配上存在着严重的平均主义倾向，否认生产队和农民的自主权，否认商品经济的作用，严重地挫伤了农民的积极性，致使农业生产的发展和农民生活的改善都比较缓慢。这种状况，整整延续了20年。粉碎"四人帮"后，恢复和发展农业生产，是在肯定"三级所有、队为基础"的人民公社体制的前提下进行的。但是为了调动广大农民的生产积极性，全省上下开始进行了农业生产责任制的探索。先是改掉了"文化大革命"中推行的"大寨式工分"，恢复与推广了"定额包工""以产定工"等多种计酬形式，制定了按工分分粮加照顾的口粮分配方法。以后，又推广了包工到组的生产责任制。广汉县是四川最早试行"包产到组"的联产计酬责任制的县份。

广汉县"包产到组"联产计酬责任制经历了群众自发开展、县委领导总结推广到省委全力支持的一个过程。

在真理标准问题大讨论过程中，广汉县委书记常光南经常在思考："广汉是川西的一部分，水利这么好，土壤这么好，气候这么好，自然条件这么好，不富裕是我们的工作问题。农民群众也在想改变贫穷面貌，天天盼望富裕起来。我也在想咋个能把这个工作做好，传达中央领导的讲话，其中就有一个重要精神叫解放思想。要解放思想，多想门路，多想点办法，把经济工作搞上去。省委书记的讲话里面也反复讲要解放思想，把农业搞上去。"[①] 1977年秋，广汉县委书记常光南在西高公社作调查，发现一个生产队实行分组作业，定产到组，超奖短赔的办法，粮食连年增产，社员积极性高。他就在公社党委书记参加的县委扩大会议上详细介绍了这个队实行的生产责任制，引起了很多人的兴趣；同时也有人提出，"定产"和"包产"是一个意思，"定产到组"也就同"包产到组"是一样的。由于过去一些地方实行"包产到组"多次被当作"右倾倒退"受到了严厉的批判与处理，人们记忆

[①] 当代口述史丛书编委会编：《当代四川要事实录》（第一辑），四川人民出版社2005年版，第302页。

犹新。这一说又使一些人产生了疑虑,常光南认为:"要解放思想,把农业搞上去。群众当中就有人偷着搞包产到户,金鱼公社把河边、田坎、路边、空的地方都分给社员。我在全县看了十几个公社,都转完了,凡是我看到的河边、路边、沟边,还有自留地的庄稼都长得相当好。为什么这些地里的庄稼都长得很好,生产队的却长得不那么好?这是我之所以要搞包产到户的一个重要原因。"①当时广汉县委的决策处于一种矛盾的状态,一方面看到了"包产到组"带来的实效,另一方面又担心被当成"右倾倒退"受到批判。于是决定向省、地委请示。当时负责农村工作的省委书记杨万选回答,可以搞试点。②

1978年初,经过金鱼公社党委的再三主动要求和县委反复研究,确定在金鱼公社进行"分组作业,定产定工,联产计酬"的试验。当年全公社116个生产队,队队增产。全公社粮食产量猛增到250万公斤,比1977年增长22.5%,大大高于全县平均增产比例,亩产达到750公斤,每亩增产近150公斤。金鱼公社党委把这一年的包产到组的情况给县委划了一个表,一部分包了,一部分没包,一部分包得不好,县委将三种情况的主要数字给省委作了反映。1978年10月,省委书记杨万选带工作组到金鱼公社进行调研,工作组深入田间地头,与群众进行广泛交谈,通过实地调研更进一步看到了"包产到组"给金鱼公社带来的巨大变化。

金鱼公社试点的经验在10月27日报送省委第一书记,省委第一书记当天批示:"金鱼公社建立明确的生产责任制和奖励制的经验,是运用经济方法管理经济,具体体现按劳分配,多劳多得,使社员的劳动同自己的物质利益紧密结合起来,充分调动了社员的积极性看来,这种办法是可行的。各

---

① 当代口述史丛书编委会编:《当代四川要事实录》(第一辑),四川人民出版社2005年版,第302页。
② 当代口述史丛书编委会编:《当代四川要事实录》(第一辑),四川人民出版社2005年版,第300页。

地、县委可以选择有条件的社队,参照金鱼公社十一大队九队的办法,进行试点,摸索经验,不要一哄而起,以避免出现金鱼公社七大队七生产队的那种混乱现象。"① 省委第一书记的指示通过省委办公厅《工作简报》的形式印发到各地、县委。

10月底,温江地委在大邑县召开小春播种现场会,常光南介绍了金鱼公社通过"包产到组"两万多亩土地,一年增产500多万斤的经验。省委第一书记参加了这次会议并在讲话中指出,广汉金鱼公社这个办法,方向路线都没有问题,它的优点是调动了社员的积极性,产量一定会提高。想搞的人可以搞,不想搞的人可以搞试点。成功以后再推广。② 随即,"包产到组"的责任制就在全省农村广泛地推行起来。"包产到组"的推行,突破了长时间内农村生产责任制的这个"禁区",在农村改革中跨出了意义非凡的一步。之后,农村生产责任制开始在全省逐渐推广。

(二)城市企业扩权试点

粉碎"四人帮"以后,四川的工业生产得到了较快的恢复和发展。但是,长期以来经济管理体制上权力高度集中,企业没有自主权和相对独立的经济利益,忽视市场与价值规律的作用,分配中平均主义严重,束缚了企业与职工的积极性,企业缺乏应有的活力,宏观与微观的经济效益都很低。因此,要进一步发展工业生产,必须改革原有的管理体制。1978年,四川在农村改革试点的同时,开始了探索改革国营企业经营管理体制,增强企业活力的办法。

在开始酝酿改革时,对企业体制改革从何入手有各种主张。有的主张从改革计划体制入手,有的主张从改革分配制度入手等。归结起来,就是自下

---

① 当代口述史丛书编委会编:《当代四川要事实录》(第一辑),四川人民出版社2005年版,第298页。
② 当代口述史丛书编委会编:《当代四川要事实录》(第一辑),四川人民出版社2005年版,第303页。

而上从组织企业改革入手，还是自上而下从政府改革入手。省委主要负责人多次同工业企业干部和专家、学者一起进行研究讨论，并且明确提出，改革的目的是解放生产力，而生产力的源泉在企业；要解放整个社会的生产力，首先就要解放企业的生产力；而解放企业生产力，必然涉及改革政府管理企业的各种体制和规章制度。这样，企业改革必然会反过来推动政府的改革。因此，选择了扩大企业自主权作为改革的突破口。

扩大企业自主权在操作层面涉及的问题很多，主要有五个方面的问题，即要不要给企业一定的计划权，允不允许企业在国家计划之外，按照市场需要组织生产？要不要给企业一定的产品销售权，允不允许企业在市场上自销一部分产品，包括生产资料？要不要给企业一定的经济利益，允不允许企业根据经营好坏提留一部分利润作为企业基金？要不要给企业一定扩大再生产的权力，允不允许企业利用自有资金进行挖潜、革新、改造，搞资金价值量的扩大再生产？要不要给企业一定的人事权，允不允许企业自行提拔干部、招收工人，对职工进行奖惩？在现行体制下，要解决这些问题，直接涉及地方计划、财政、物资、商业、劳动、人事等部门的权限，而这些部门又受到中央有关部门规定的政策和规章制度的制约。因此企业自主权的扩大，必然要触及现行经济管理体制，触动各个部门掌管的权力，也要触动反映现行体制的传统观念。这就要求有关部门都参加试点工作，而且要在思想上、行动上做到协调一致。四川省委认为这样的改革路子，既能调动企业和职工的积极性，又可以自下而上地推动各个工业管理部门的改革，做起来比较顺当，改革的方向也比较明确。而且这种办法，只会提高劳动生产率和企业的经济效益，不至于影响生产。要学会运用经济方法管理经济，放手发挥经济手段经济组织的作用，减少行政区划、行政手段、行政层次、行政方法的作用，过去我们长期习惯于用行政的办法，外部干预的办法来解决经济问题，不善于运用经济手段和经济组织的作用，不注意运用经济杠杆来影响和调节经济，今后要改变这种状况。因此，四川省委总结出最基本的思路就是：一是认真贯彻按劳分配的原则，把明确的责任制和严格的经济奖惩制结合起来，解决那种人与人之间，单位与单位之间干好干坏一个样的问题。二是要充分考虑生产单位的利益，真正创造物质财富的是生产单位的劳动者，生产要上去，就要调动生产单位和生产者的积极性。

经过一段时间的准备，1978年10月首先在6个企业中进行企业扩权的试点。首批试点的6个企业是重庆钢铁公司、成都无缝钢管厂、宁江机床厂、四川化工厂、新都县氮肥厂和南充丝绸厂。试点工作从发动企业职工讨论增产节约计划入手，确定增产增收目标，并宣布在年终完成任务后，企业可以留下一定的利润，职工个人可以得到一定的奖金。这个办法简单易行，仅试行3个月时间就收到了较好的效果。这次试点尽管办法还很不完善，范围也比较小，但是在当时的情况下具有首创意义，为进一步深入改革开了一个好头。

在6个企业试点取得初步成效的基础上，1978年底，四川省委、省政府及时总结了这6个企业的试点经验，经过反复酝酿、讨论，进而制定出了新的试点办法，即《关于扩大企业权力，加快生产建设步伐的试点意见》（简称"十四条"），作为贯彻工作重点转移的主要举措之一，于1979年在较大范围的企业中继续进行试点。

在进行扩大企业自主权试点的同时，四川省委也已经把学习国外的先进企业管理经验提上了议事日程，提出"我们首先要把过去那些办法恢复起来，改变这种没有章程、没有制度的现象，但不能停留在这一步，要很好地研究世界上经济发达的国家管理经济的经验，为我所用"。省委还准备组织一部分干部到国外考察学习。有计划地开办县委书记、厂矿企业党委书记参加的介绍国外企业管理、企业发展趋势的学习班。

1977年到1978年，四川省委、省革委敢于实事求是，敢于拨乱反正，

敢于纠正过去批判错了的东西；领导人经常深入实际，深入群众，调查研究，倾听群众的呼声和意见，围绕恢复和发展生产，从实际出发，制定符合实际的受到群众拥护的政策。因此，全省形势发展很快很好，国民经济和各项事业得到全面恢复，取得了可喜的成绩。与此同时，在当时全国经济工作急于求成的指导思想影响下，发生了片面追求高速度的急躁冒进的错误，1977年底制定全省发展规划时，比照中央的规划要求，四川省提出到1985年建成一个"大庆"、一个"鞍钢"、两个"开滦"等，这些都是不切合实际的。

总的来看，在粉碎"四人帮"后的两年，虽然"文化大革命"已经宣告结束，各项工作也有所前进，但由于党的"左"的指导思想还没有实现根本性转变，从而导致党和国家的工作在总体上处于徘徊中前进的局面。四川在此期间与全国各地相比，步伐大致相同，但也与众不同。其特殊性表现在，率先在农村和城市开始了经济体制改革试点，这是四川逐步成为改革之乡、迈向新时期至关重要的一步，在全国范围内产生了深远影响。

后记

中国共产党四川历史十讲

本书的写作特点，一是按专题来写，而不是传统地按照历史发展脉络、依照章节目来写，这种写法可以让读者在较短的时间内了解四川地方党史的主要问题，取得事半功倍的效果；二是史论结合，论从史出，夹叙夹议，观点和材料相统一，让人感到有骨头有肉，印象深刻；三是尊重历史，秉笔直书，既写成绩也写失误，对事件、人物的评价比较客观公正，让人感到真实可信。

本书是中共四川省委党校党史党建教研部与中共四川省委党史研究室的党史研究者们通力合作的成果。各讲撰稿人分别为：第一讲，中共四川省委党校教授王友平；第二讲，中共四川省委党校副教授韩宏亮；第三讲，中共四川省委党校副教授张传能；第四讲，中共四川省委党校副教授储连伟；第五、六讲，中共四川省委党史研究室二级巡视员周锐京；第七、九讲，中共四川省委党史研究室四级调研员杨萍；第八、十讲，中共四川省委党史研究室副处长刘全。中共四川省委党史研究室副主任江红英、中共四川省委党校

党史党建教研部主任王凡负责本书的策划、框架和组织工作。最后,本书由中共四川省委党校教授侯德邻完成统稿工作。

本书既可以作为党校教材,又可以作为党员、干部、群众和青少年学习四川地方党史的通俗读本。由于水平所限,瑕疵在所难免,真诚欢迎党史界同人、读者不吝赐教。

编 者
2019 年 10 月